국내 항공사 승무원의
면접을 알자

김 영 진

● 광주대학교 항공서비스학과 부교수
● 전 대한항공 근무
● skyqueen747@gmail.com

국내 항공사 승무원의 **면접을 알자**

초판1쇄 발행 2013년 5월 5일
3 판1쇄 발행 2018년 8월 25일

지은이   김 영 진
펴낸이   임 순 재

펴낸곳   (주)한올출판사
등 록   제11-403호
주 소   서울특별시 마포구 모래내로 83(성산동, 한올빌딩 3층)
전 화   (02)376-4298(대표)
팩 스   (02)302-8073
홈페이지   www.hanol.co.kr
e-메일   hanol@hanol.co.kr

ISBN 979-11-5685-716-7

머 리 글

　최초의 승무원은 여성이 아닌 남성이었다. 객실승무원은 여성 직업으로 생각하기 쉬우나 1930년도까지 객실승무원은 남성만의 직업이었다. 2차 세계대전 이후 사람들이 처음으로 항공기에 탑승하면서, 승객들에게 제공될 물건들을 비행 전 준비하면서 기내서비스가 처음 시작되었다. 서구 쪽에서는 고급 서비스 업무를 남성이 맡아온 전통이 있었기 때문에 객실 서비스를 남성이 먼저 시작하게 된 것은 어쩌면 당연한 일일지도 모른다.

　최초의 여성 객실승무원은 간호사였다. 1930년 5월 15일 유나이티드항공^{United Airline}의 전신인 보잉 에어 트랜스포트^{Boeing Air Transport}가 간호사였던 엘렌 처치^{Ellen Church}를 채용하여 시험적으로 탑승시킨 것이 여성 객실승무원 제도의 효시이다. 이 당시 여승무원의 조건으로는 25세 미만의 쾌활한 성격의 미혼 여성, 키 5feet 4inch^{162.5cm}, 115pound^{52.5kg} 이하였다. 당시 객실은 좁고 천장도 낮았을 뿐더러 중량제한 때문에 객실승무원의 키도 몸집도 작아야만 했기 때문이다. 오늘날 객실승무원의 채용 기준이 국내 항공사의 경우 162cm 이상이고 결혼 여부나 연령에 제한을 두고 있지 않는 것과는 대조적이다. 이처럼 객실승무원의 선발기준은 많이 바뀌었다.

　저자는 객실승무원으로 일했고 승무원을 꿈꾸는 이들을 오랫동안 가르쳐오고 있다. 강의실에서 만날 수 없는 이들에게 승무원 면접의 노하우를 전달하고 싶은 마음으로 이 책을 썼다.

　지피지기 백전백승^{知彼知己百戰百勝} : 그를 알고 나를 알면 백 번 싸워도 백 번 이긴다는 말처럼 면접에 임하기 전에 지원자인 나 자신에 관해 알고, 지원회사에 관해 알고, 지원자와 지원회사가 속해 있는 이 사회에 관해 안다면 면접장에서 승리할 수 있을 것이다.

이 책의 구성은 다음과 같다.

제1장 '승무원을 알자'에서는 승무원이 하는 일, 승무원의 자질, 승무직에 관한 이야기를 하였다. 이 장에서는 객실승무원의 유래와 직무, 직급, 국내 항공사의 교육훈련, 국내 항공사의 조직 등에 관하여 배운다.

제2장 '면접을 알자'에서는 면접이란 무엇인가, 또, 객실승무원의 면접이란 무엇인가, 면접 시 필요한 몸가짐과 표정은 무엇인가, 면접 시 발성과 목소리는 어떻게 하여야 하는가에 대해 설명하였다. 이 장에서는 면접의 종류와 항공사 승무원 면접의 특징, 발성과 호흡, 면접 시 말씨 등에 관한 내용을 배운다.

제3장 '나를 알자'에서는 면접 질문의 절반을 차지하는 지원자에 관한 질문에 답변할 수 있도록 구성하였다. 예를 들면 자기소개, 자기 PR, 존경인물, 성격의 장·단점, 학교소개, 좌우명 등 자주 묻는 질문들을 정리하였다.

제4장 '회사를 알자'에서는 지원회사에 관한 질문에 답변할 수 있도록 국내 7개 항공사에 대한 전반적인 내용과 보유항공기, 취항지, 항공사 동맹체 등에 관한 내용을 외우기 쉽게 표로 만들어 놓았다.

제5장 '승객을 알자'에서는 역할 상황극Role-Play 질문에 답변할 수 있도록 불평 발생의 원인과 불평 처리요령, 불평 처리 시 응대원칙 등에 관해 설명하였다.

제6장 '사회를 알자'에서는 시사 질문에 답변할 수 있도록 시사 기출문제와 신문 스크랩 요령을 설명하였다.

제7장 '최근 기출문제를 알자'에서는 국내 항공사의 기출문제들을 정리하여 놓았다.

제3장, 제4장, 제5장, 제6장에서는 장이 끝나는 부분에 관련 기출문제를 첨부하여 각자 연습할 수 있도록 하였다.

부디 이 책으로 승무원이 꿈이 아닌 현실이 되길 바란다.

차 례

승무원을 알자 _2

면접을 알자 _28

Chapter
03
나를 알자 _80

Chapter
04
회사를 알자 _154

승객을 알자 _200

Chapter 06 사회를 알자 _230

Chapter 07 합격 수기를 알자 _242

Chapter 08. 최근 기출문제를 알자 _282

일러두기

1. 비슷한 기출문제가 많은 이유는 같은 뜻이라도 다른 단어로 질문을 하기 때문에 일부러 삭제하지 않았습니다.

2. 구어적인 표현을 그대로 둔 이유는 면접장의 생생함을 전달하고자 함입니다.

3. 추가 정보가 필요한 사항 부분에는 본문의 하단에 각주를 덧붙였습니다.

4. 이 책에 실린 합격 수기는 실제 합격생들이 직접 작성했으며, 본인 동의하에 게재하였습니다.

Chapter

01

승무원을
알자

객실승무원의 유래

오늘날 양대 국내 항공사의 객실 남승무원은 전체 객실승무원 중 11% 정도에 지나지 않는다. 객실승무원은 여자 직업으로 생각하기 쉬우나 1930년까지는 객실승무원은 남자만의 직업이었다.

세계 최초의 객실승무원

팬 암 항공Pan American Airways의 첫 남승무원이 1929년 미국 마이애미Miami에서 포즈를 취했다.

객실승무원의 시초는 2차 세계대전 이후 승객의 이동이 처음으로 항공기에 의해 수송되면서, 승객들에게 제공될 물건들, 즉 보온물병, 귀마개, 가죽코트 등을 비행 전 준비하면서 기내 서비스가 처음 시작되었다. 1922년 영국 다이믈러항공British Daimler Airways이 유럽의 주요도시를 운항하며 다과와 음료 등을 제공하면서 남자 객실승무원을 최초로 채용한 것이 그 효시라고 할 수 있으며, 그 후 1926년 임페리얼항공Imperial Airways에서는 파리와 런던구간의 노선에서 남승무원이 음료수와 점심을 제공하는 '실버 윙Silver Wing'이란 서비스 제도를 실시하게 되었다. 1928년 독일의 루프트한자항공Lufthansa의 베를린-파리 구간에서는 남승무원이 근무하였다. 서구 쪽에서는 고급 서비스 업무를 남성이 맡아온 전통이 있었기 때문에 객실 서비스를 남성이 먼저 시작하게 된 것은 어쩌면 당연한 일일지도 모른다.

같은 시기에 미국의 항공사에서는 부조종사가 여객을 보살피고 음료수 및 음식을 제공하였으며, Philadelphia Rapid Transport Airline에서는 항공 정비사가 이를 담당하였다. 미국 객실승무원의 경우는 유나이티드항공United Airlines의 전신인 스타우트항공Stout Airlines에서 1926년 처음으로 남승무원을 채용하여 디트로이트Detroit와 그랜드 래피즈Grand Rapids 구간에서 근무하게 하였다. 이때에는 남승무원을 aerial couriers, cabin boys, flight companions, airplane attendant 또는 스튜어드stewards라고 불렀다. 1929년에는 웨스턴 에어 익스프레스Western Air Express에서 남승무원을 채용, 로스앤젤레스Los Angeles와 샌프란시스코San Francisco 구간에 탑승하여 근무하게 하였다. 이때의 남승무원이 되기 위한 조건으로는 미국시민권, 영어와 불어를 포함한 3개 국어, 고등학교 학력, 호텔이나 레스토랑 또는 여객선에서 고객응대, 접대의 경험 등이었다김영진, 2005.

세계 최초의 객실여승무원

최초의 여자 객실승무원은 간호사였다. 1930년 5월 15일, 유나이티드항공United Airlines의 전신인 보잉 에어 트랜스포트Boeing Air Transport가 간호사였던 앨렌 처치Ellen Church를 채용하여 시험적으로 탑승시킨 것이 여자 객실승무원 제도의 효시이다. 미국 아이오와Iowa주 출신의 젊은 간호사였던 그녀는 보잉 에어 트랜스포트Boeing Air Transport 조종사로 취업하길 희망했지만 거절당하자 traffic manager인 스티브 스팀슨Steve Stimpson과 면담을 하여 '여자가 기내에서 일을 하면 남자들도 비행기 타는 것을 무서워하지 않을 것'이라면서 스티브 스팀슨

최초의 여승무원 앨렌 처치Ellen Church : 미네소타 간호대학the University of Minnesota's nursing school을 졸업함.

Steve Stimpson을 설득했다. 비행기 추락사고와 비행기 사고에 관한 신문사의 대서특필로 인해 승객이 감소하여 불황에 허덕일 때였다. 또한 조종사들은 별도로 기내서비스를 맡은 승무원들이 없어 기내청소나 운항 중 승객을 보살피는 역할까지 담당을 하게 돼 불만이 많은 터였다. 앨렌 처치Ellen Church의 끈질긴 요구와 설득 끝에 보잉

에어 트랜스포트Boeing Air Transport측은 타협안으로 3개월간 시험 삼아 그녀를 객실에 탑승하도록 허락하였다. 이리하여 간호자격증 소지자 7명을 선발하여 최초의 객실여승무원 8명이 탄생하게 되었다. 시카고에서 온 4명과 샌프란시스코에서 온 4명의 공인 간호사 출신 여승무원들은 샌프란시스코오클랜드-시카고 미 국내선 구간에서 샌드위치와 음료 등을 서비스하였다. 이들의 상냥하고 친절한 서비스에 승객들이 호평을 하자 보잉 에어 트랜스포트Boeing Air Transport는 여승무원제도를 본격적으로 도입하였다. 이 당시 여승무원의 조건으로는 25세 미만의 쾌활한 성격의 미혼여성, 키 5피트 4인치162.5cm, 몸무게 1백15파운드52.5kg 이하였다. 당시 객실은 좁고 천장도 낮았을 뿐더러, 중량제한 때문에 객실승무원의 키도 몸집도 작아야만 했다. 1933년 아메리칸항공American Airlines에서 4명의 공인 간호사를 객실여승무원으로 채용하는 등 여승무원제도가 실시된 지 2년이 채 지나지 않아 당시 미국 내의 20여 개 항공사가 모두 경쟁적으로 여승무원제도를 채택하게 되었다.

유럽의 항공사를 보면 에어프랑스Air France1의 전신인 파아망Farman항공사가 1931년 국제선에 여승무원을 탑승시키는 것을 시작으로, 1934년에는 스위스 항공과 네덜란드의 케이엘엠 네덜란드항공KLM Royal Dutch Airlines이, 1938년에는 당시 유럽 최대 항공사였던 독일의 루프트한자 독일 항공Lufthansa German Airlines이 여승무원 제도를 운용運用함으로써 유럽 전역에도 여승무원들의 활약이 시작되었다김영진, 2005.

1 에어프랑스Air France는 1933년 5대 민간 항공회사가 합병하여 동명의 민간회사로 설립되었고, 1948년에 의회법령에 따라 정부출자 70%의 국영기업이 되었다.

간호사 자격증을 소지한 최초의 여승무원 8명이 1930년 비행기 앞에서 유니폼을 갖춰 입고 찍은 사진. (www.unitedairlines.com)

세계 최초의 객실 여승무원

국내 최초의 객실승무원

객실승무원이 국내에 처음 소개된 것은 1948년이다. 한미 간 최초의 항로를 개설한 미국 노스웨스트항공^{Northwest Airlines}은 1947년 7월 15일 대권항로^{大圈航路2}를 이용하여 아시아 지역, 즉 서울, 도쿄, 상하이, 마닐라에 취항하기 시작했다.[3] 그리고 이듬해인 1948년 처음으로 국내에서 여승무원을 선발하였다. 일반인에게 생소한 용어인 '스튜어디스'도 이 일을 계기로 알려지게 되었다.

2 대권항법^{great circle navigation}은 지구상의 두 지점 간을 항행하는 경우 두 지점을 연결하는 대권상을 항주^{航走}하는 항법을 말하며, 그 항로를 대권항로^{大圈航路}라고 한다.

3 www.northwestairlines.com

객실승무원의 명칭

플라이트 어텐던트^{flight attendant}나 캐빈 크루^{cabin crew}라는 용어로 지칭되는 객실승무원의 처음 명칭은 에어 호스티스^{air hostess}, 플라이트 호스티스^{flight hostess}, 스카이 걸^{sky girl}, 에어 걸^{air girl} 또는 스튜어디스^{stewardess}였다. 최근에는 화려하고 여성스러운 느낌의 스튜어디스^{stewardess}라는 명칭보다는 전문 직업인으로서의 느낌이 강한 플라이트 어텐던트^{flight attendant}나 캐빈 크루^{cabin crew}라는 명칭을 사용하는 경향이 강하다.[4]

4 다음을 종합해서 정리함. 일본의 남녀 고용 평등법에는 채용 광고에서 남녀 한 쪽만 가리키는 표현을 써서는 안 된다는 규정이 있다. 이에 따라 예전에 없던 색다른 구인 광고가 속속 등장했는데 '스튜어디스^{stewardess}'는 객실승무원이나 플라이트 어텐던트^{flight attendant}로, '웨이트리스^{waitress}'는 플로어 스태프^{floor staff}로 채용 광고가 났다. 항공 회사인 재팬 에어 시스템^{Japan Air System}의 한 자회사는 40명의 신입사원을 채용하면서 예전 같으면 '스튜어디스 모집–간호사 또는 보모^{保姆} 경험자 환영'이라고 했을 것을 '객실승무원 모집–간호사나 보모^{保姆} 또는 보부 경험자 환영'이라고 고쳐서 광고하였다^{동아일보, 1999년 3월 23일, 재인용}. 염순섭²⁰⁰³, 이경식²⁰⁰⁴, 강미연²⁰⁰⁰, 박천우²⁰⁰², 서성희·박혜정¹⁹⁹⁹.

객실승무원의 직무

객실승무원의 정의

'객실승무원'은 남, 여승무원을 총칭하며 승객의 안전하고 쾌적한 여행을 위해 객실에 탑승하여 근무하는 사람을 말한다. 신입전문훈련 및 직급에 따른 임무수행에 필요한 소정의 교육과정을 이수해야 하며 객실승무원은 항공기 탑승근무에 적합한 신체조건을 유지해야 한다. 객실승무원은 항공기 비상시 필요조치를 취할 수 있는 지식과 능력을 갖춰야 하며 이를 습득, 유지하기 위하여 운항규정의 객실승무원 안전훈련 심사규칙에 명시된 소정의 교육을 이수하고 심사에 합격한 자이어야 한다.[5]

5 운항규정 부록 4-2, 객실승무원 안전훈련심사규칙 [박혜정 · 서성희 (2000)].

객실승무원의 직무

객실승무원이 제공하는 서비스는 크게 안전 서비스, 인적 서비스, 심적 서비스로 볼 수 있다. 첫째, 안전 서비스란 비행 중에 일어날 수 있는 비상사태 시에 통솔력과 판단력을 바탕으로 승객을 안전한 상황으로 대피시켜야 하는 직무이다. 객실승무원의 최우선의 직무라 할 수 있다. 둘째, 인적 서비스란 승객이 기내에 탑승해서부터 하기할 때까지, 즉 목적지에 도착할 때까지 쾌적한 여행이 될 수 있도록 하는 일체의 서비스이다. 기내에 탑승하는 다양한 승객의 기호에 대응하여 승객의 인적인 서비스 담당자로서 객실승무원은 세련된 매너와 국제적인 감각으로 승객의 여행에 필요한 정보, 각국의 환율, 기후, 문화와 특성에 대한 정보를 제공하여야 한다. 객실승무원이 기본적으로 지녀야 할 인적 서비스의 태도는 흔히 4S로 표현된다. 4S란 미소Smile, 민첩성Speed, 세련된 행동Smartness, 성실성Sincerity을 뜻한다.[6] 셋째, 대표적 정서 노동업의 하나인 객실승무원의 직무는 마음에서 마음으로 전해지는, 보이지 않는 심적 서비스가 직무의 중심이다. 장시간의 밀폐된 공간의 기내에서는 물질적 제약이 많으므로 객실승무원의 마음으로 전달하는 서비스는 승객에게 더 큰 감동을 안겨줄 수 있다. 객실승무원 직무는 자신의 감정 조절 없이는 수행하기 어려운 직무이다. 스튜어디스Stewardess에 의미를 담아 객실승무원에게 필요한 역량을 나타내자면 다음 표와 같다.

6 허희영 · 유용재[2003].

표 1-1 STEWARDESS의 숨은 의미

S	Smile	미소	밝은 미소로 먼저 인사하는 여유가 필요하다.
T	Technique	기술	서비스에는 전문적이고 숙련된 기술이 필요하다.
E	Emotion	감동	감정 없는 기계적인 서비스가 아닌 따뜻한 서비스
W	Wisdom	지혜	돌발상황을 헤쳐나갈 수 있는 문제해결능력
A	Attraction	매력	승객의 마음을 끄는 객실승무원으로서의 매력
R	Rapidity	민첩	상황과 시간에 맞는 적시 서비스를 하여야 한다.
D	Delicacy	섬세	세심함으로 각각 승객에 대한 맞춤 서비스
E	Elegance	단아	바빠도 우아한 자태를 유지하며 서비스해야 한다.
S	Smartness	기민	바른 판단을 내릴 수 있는 영리함이 있어야 한다.
S	Sincerity	성실	승객을 성실하고 신실하게 모셔야 한다.

자료 : 각종 승무원 양성학원 홈페이지 참고 후 저자 재작성.

객실승무원의 업무는 항공기의 출발예정시간 전부터 시작되어 목적지 공항에 착륙되는 시점까지 제공되는 일련의 서비스활동으로 이루어진다. 객실승무원의 업무는 항공사별로 '업무기준'에 명시한 기본지침과 제반 규정에 따라 수행된다. 업무기준은 크게 안전, 팀워크, 고객응대, 서비스, 용모 및 복장 등 5개 분야로 나누어진다.[7]

객실승무원에 있어서 객실 안전 및 쾌적 유지와 서비스 제공은 가장 중요한 업무이다. 항공기에서의 업무는 다음의 다섯 가지로 볼 수 있다. 첫째, 운항 전 필요

7 대한항공 Cabin Safety Manual 1. 업무기준[99. 07. 01] 재인용.

한 사항 확인 – 운항 전 필요한 사항을 확인하며 객실 내 비상 장구, 의료장구 및 기타 비품을 점검한다. 둘째, 운항 전후 안전 및 보안 점검 실시 – 운항 전후 기내 안전 및 보안 점검을 실시, 보고하며 기장이 지시하는 관련 업무를 수행한다. 셋째, 객실 수하물 및 우편물 탑재 상황을 파악 – 객실 수하물 및 우편물 탑재 상황을 철저히 파악하고 승객에게 안전 안내Safety Instruction를 실시한다. 넷째, 객실 내 승객에게 편안한 서비스 제공 – 기내 방송, 좌석 안내, 식음료 제공, 입국관련 서류 점검, 기내 면세품 판매 등 객실 내 승객에게 편안한 서비스를 제공하는 전반 업무를 수행한다.[8]

8 www.koreanair.com

객실승무원이 항공기에 탑승하여 승객 탑승 전부터 도착지 하기 전까지의 업무를 표로 나타내면 다음과 같다.

표 1-2 객실승무원 업무 점검표(check list)

시점	내용
상시	최신 서비스 매뉴얼 유지, 비행 전 학습 실시, 서비스 매뉴얼에 명시된 규정 및 지침 이행, 비행에 필요한 서류 소지
승객 탑승 전	비행 준비, 객실 브리핑 참석, 승무원 짐 정리, 운항 객실 합동 브리핑 참석, 비상장비 점검, 보안상태 점검, 오디오P.A.9 및 인터폰 상태 점검, 비행서류ship pouch10내용물 확인, 객실관리시스템 점검, 통제장치passenger control unit점검, 객실 설비 점검, 반입품목catering items점검, 주방galley11 준비, 신문 잡지 준비, 화장실 점검, 음료welcome drink 준비, 객실청소 상태 점검, 탑승 기념품giveaway 탑재 확인, OAG12 TIM13 탑재 확인, hanger 준비, 좌석 앞 주머니 물품seat pocket items 준비, 기내음악boarding music 작동

9 Passenger Announcement, Public Address의 약자로 기내방송을 뜻한다.
10 Ship Pouch : 객실 인수 인계 사항에 대한 서류로 Flight PouchCo-mail, Cargo Manifest, Flight Coupon, 기타 서류와 고객 PouchVIP/CIP 서류, Invalid Passenger, UM, Special Care 고객 서류 등이 있다.
11 Galley : 비행기 내 주방으로 주로 커튼이 쳐져 있다. 갤리 내에는 음식이 담긴 이동식 기내 카트cart, 기내식을 데우는 오븐, 커피 메이커 등이 갖추어져 있다.
12 OAGthe Official Airline Guides : 세계 항공사 스케줄 및 연결편 스케줄을 확인할 수 있는 여행 정보 책자.
13 TIMTravel Information Manual : 각 나라별 세관, 검역 등을 찾아 볼 수 있는 여행 정보 책자.

시점	내용
승객 탑승 이륙 전	유니폼 및 용모 점검, 탑승환영^{welcome}인사, 기내방송 실시, 좌석 안내, 휴대수하물 보관상태 확인, 신문 잡지 제공, 음료^{welcome drink} 제공, 타월^{hot towel} 제공, 안전관련 업무수행, 이륙준비 상태확인, 승무원 좌석^{jump seat}착석, 30 Second Review 실시[14]
비행 중	기내방송 실시, 서비스 브리핑 실시, 좌석배치표^{seat chart} 작성, 중요 및 특별 승객의 관찰 보호^{care}, 비디오 상영, 화장실 점검, 이어폰 제공, 독서물 제공, 메뉴 북^{menu book} 제공, 음료 제공, 식사 제공, 뜨거운 차^{hot beverage} 제공, 탑승 기념품 제공, 객실 청결 유지^{cabin cleaning}, 승객 입국서류 배포 및 작성 협조, 기내 판매, 영화 상영^{crew rest 실시, 간식 서비스 실시}, 기내 순시^{15 Min. Walk Around 실시}[15], 기내 오락물 제공, 기내 온도 기내 조명 및 온도 조절, 승객개별요구에 응대^{personal touch}, 도착 전 음료 제공
착륙 전	안전관련 업무수행, 방송 실시, 도착 안내, 승객 입국서류 재확인, 코트^{coat} 및 보관물품 반환, 기내도서 잡지 회수, 베개 담요 정리, 비디오테이프 정리 보관, 이어폰 회수 및 보관, 서비스용품 정리, 입항서류 작성
도착 후	도착안내방송, 기내음악 작동, 지상직원에게 필요서류 인계, 승객 하기 안내 및 작별인사^{farewell}, 특별한 도움이 필요한 승객에게 도움 제공, 기내 점검, 지상직원과의 인수 인계, 도착 보고

자료 : 대한항공 Flight Duty Manual, General Procedure^(00.03.01) 재인용(허희영 · 유용재, 앞의 책, 287~289쪽)을 참고하여 작성.

14 보잉사의 조사통계에 의하면 이륙 후 3분간과 착륙 전 8분간이 항공기 사고발생의 78%를 차지하는 가장 위험한 시점이라고 한다. 하여 이를 'Critical 11'이라 한다. 30 Second Review 이란 객실승무원이 매 이륙 후 30초간과 착륙 전 30초 간 현재 상태에서 발생가능한 비상사태를 스스로 가상하고 자신이 취해야 할 행동을 약 30초 동안 정리^{review}하는 것을 말한다.

15 정해진 서비스가 종료된 후에도 객실승무원은 담당구역을 정기적으로 순회하여 객실의 안전을 유지하고, 쾌적성을 배려하며 승객의 욕구를 충족시키는데, 적어도 15분 간격으로 순회하기 때문에 이를 '15 Min. Walk Around'라고 한다.

객실승무원의 직급

객실승무원의 직급은 시대에 따라 항공사에 따라 조금씩 다르나 대체로 일반 승무원, 부사무장, 사무장, 선임 사무장, 수석 사무장의 순이다. 국내 항공사 객실승무원의 직급체계는 다음 표와 같다.

표 1-3 아시아나항공 캐빈승무원 직급체계

일반직 직급	캐빈승무원 직급	영문 직급	근무 연차
차장	수석 매니저 선임 매니저	Chief Purser Senior Purser	12년 이상
과장	캐빈매니저	Purser	8년 이상
대리	부사무장	Assistant Purser	7년 이상
사원	퍼스트 선임 승무원 비즈니스 선임 승무원 시니어 승무원 주니어 승무원 수습 여승무원	Fs Sr STWS S Sr STWS Sr STWS Jr STWS OJT 승무원	6년 이상 4년 이상 2년 이상 1년 이상 교육 수료 후 3개월

자료 : http://club.cyworld.com/ClubV1/Home.cy/50572723를 참고하여 작성(2010).

표 1-4 대한항공 객실승무원 직급체계

일반직 직급	내용	객실승무원 직급	영문 직급	영문 약자	승격 연한
이사		수석 사무장	Chief Purser	이사 CP	
부장	객실 승무1급	수석 사무장	Chief Purser	CP	3년
차장	객실 승무2급	선임 사무장	Senior Purser	SP	4년
과장	객실 승무3급	사무장	Purser	PS	4년
대리	객실 승무4급	부사무장	Assistant Purser	AP	3년
사원	객실 승무5급	남, 여승무원	Flight Attendant	SD/SS	3년
사원	객실 승무6급	여승무원	Flight Attendant	SS	2년
사원	객실 승무7급	여승무원	Flight Attendant	SS	2년

자료 : http://club.cyworld.com/ClubV1/Home.cy/50572723를 참고하여 작성(2010).

국내 항공사의 조직

객실승무원이 무슨 일을 하는가를 알아보기 앞서 객실승무원이 항공사 조직 내의 어디쯤에 위치하는가를 알아보려고 한다. 조직도organizational chart는 일정한 시점의 전체적인 기업활동의 구조를 기술하기 때문에 끊임없이 변하는 조직구조의 부문별 활동을 정확히 설명하는 데는 한계가 있다. 그러나, 전반적인 기업활동의 흐름을 이해하는 데에는 유용한 도구가 된다.[16]

16 허희영 · 유용재[2003].

대한항공

대한항공은 회장하의 총괄사장이 재무본부, 인력관리본부, 경영전략본부, 종합통제본부 등 12개의 관련 본부를 관리하게 하고 있다. 객실승무원은 객실승무본부에 속해있다. 이를 그림으로 나타내면 [그림 1-1]과 같다.

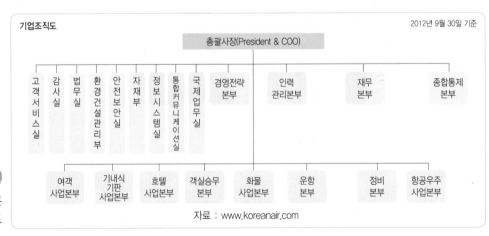

기업조직도
2012년 9월 30일 기준

총괄사장(President & COO)

고객서비스실 / 감사실 / 법무실 / 환경건설관리부 / 안전보안실 / 자재부 / 정보시스템실 / 통합커뮤니케이션실 / 국제업무실 / 경영전략본부 / 인력관리본부 / 재무본부 / 종합통제본부

여객사업본부 / 기내식기판사업본부 / 호텔사업본부 / 객실승무본부 / 화물사업본부 / 운항본부 / 정비본부 / 항공우주사업본부

자료 : www.koreanair.com

그림 1-1 ✓

대한항공
기업조직도

아시아나항공

아시아나항공의 조직도를 보면, 금호아시아나 그룹 회장하에 사장이 있고 그 사장직속으로 윤리감사실이 있고 그 밑에 윤리감사팀이 있다. 그리고 사장직속으로 전략기획본부와 경영지원본부, 여객본부, 화물본부, 정비본부, 운항본부, 서비스본부 총 7개의 본부로 나뉜다. 캐빈승무원은 서비스본부의 캐빈 서비스 운영 부문에 속해 있다.

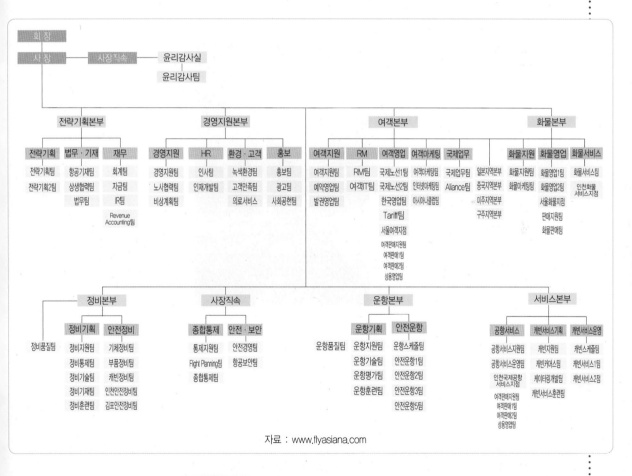

자료 : www.flyasiana.com

그림 1-2 아시아나항공 기업조직도

아시아나항공의 캐빈 서비스기획 부문은 케이터링 개발팀, 캐빈 커머스팀, 캐빈 지원팀, 캐빈 서비스 훈련팀의 5개 팀으로 이루어져 있다. 캐빈 커머스팀은 기내판매와 로고 숍 업무를 담당하고 있다. 캐빈 서비스 훈련팀에는 서비스 컨설팅과 안전훈련 파트, 서비스 훈련 파트가 있으며, 그 외 캐빈 지원팀이 있다.

객실승무원의 교육훈련

기업교육의 개념

객실승무원의 교육훈련에 대해 논하기 전에 기업교육에 대해 알아 보고자 한다. 기업교육의 정의를 열거하자면, '기업교육'이란 사고, 행동의 적절한 습관이나 태도를 향상시킴으로써 종업원이 현재 또는 장래에 수행해야 할 직무를 효과적으로 수행할 수 있도록 종업원을 원조하기 위해 계획된 조직적인 교육활동이다. 기업이 경영을 위한 이상적인 인간상을, 그리고 종업원들을 그 이상적인 인간상에 도달시키기 위해 실시하는 교육이다. 기업의 생산력 향상과 사원의 자기개발을 교육적으로 도모하기 위해 기업체가 의도적으로 실시하는 직장 내 훈련, 직장 외 훈련 및 자기개발을 포함하는 기업체 연수나 교육훈련이 곧 기업교육이다.

'기업 내 교육훈련'이란 기업의 영리 목적을 달성하기 위한 교육이며, 사회교육 관점에선 생산성과 인간성을 가미한 교육 효율성과 개인 존중성을 조합한 교육이고, 기업의 사회적 책임을 다하기 위한 교육이다.[17]

17 김귀현[1982], 산업훈련론, 서문출판사, 13쪽, 재인용. 손태근[1987], 인간자원개발과 교육훈련, 집문당, 144쪽, 재인용. 한준상[1995], 사회교육론, 청아출판사, 73~74쪽, 재인용.

기업 내 교육훈련의 목적

기업 내 교육훈련의 주요 목적은 크게 기업 측면, 개인 측면, 사회적 측면의 3가지로 나누어 볼 수 있다.

기업 측면으로서 교육훈련의 목적은 첫 번째, 지식과 기능을 전달함으로써 유능한 인재를 육성하고 이를 통하여 기업이 기술축적을 하고 태도개발과 태도변화를 일으킴에 있다. 두 번째 목적으로는, 기업 조직 구성원들 간의 의사소통을 원활하게 만들어 조직협력을 강화하는 데 있다. 즉, 교육훈련은 기업에서 요구되는 지식, 기능, 기술을 부여하고, 현재의 직무수행에 필요한 능력을 개발한다.

아울러 기업조직의 일원으로서의 자질과 책임을 함께 갖도록 하게 한다.

개인적 측면의 기업 내 교육훈련의 목적은 자기 발전을 위한 동기를 유발하여 자아실현을 추구하는 데 있다. 지식, 기능의 개발을 통해 근로자가 자아발전의 욕구충족을 달성하게 한다. 또한 능력개발을 통해 성취동기를 유발하여 보람차고 가치 있는 삶을 영위하도록 하는 것이다.

개인의 일생에 있어서 직장은 학교 다음으로 중요한 사회교육의 장소이다.

직장에서 개인은 학교에서 잘못 배웠거나 덜 배웠던 것, 아니면 더 배워야 할 것 등을 새로운 경험으로 익히게 되는 것이다.

사회적 측면에서 기업 내 교육훈련의 목적은 전 근로자에게 단순한 기업인, 산업인이 아닌 건전한 사회인, 생활인으로서 사회생활을 누릴 수 있도록 교육을 제공하는 기업체의 사회적 책임의 하나로 기여를 하는 것이다.

결론적으로 기업 내 교육훈련은 기업인으로서의 직무수행 능력을 가진 기업에 유익한 인간의 육성, 개인으로서 자아발전, 사회인으로서의 건전한 교양과 상식을 가진 사회에 유익한 인간의 육성을 목적으로 한다.[18]

18 이혜경, 국내 항공사의 경쟁력 강화를 위한 영업직 교육 프로그램의 개선에 관한 연구, 석사학위논문, 한양대학교, 1997, 10쪽.

대한항공의 신입교육훈련

대한항공의 객실승무원 교육의 목적은 고객을 최우선으로 하는 서비스 정신과 비행실무에 요구되는 기술과 능력을 갖춘 승무원 양성에 있다. 신입승무원으로 입사하게 되면 승객의 안전을 책임질 수 있는 강인한 정신력과 판단력을 키우고 기초적인 서비스 마인드의 함양을 목적으로 한 신입전문훈련을 받게 된다.

승무원 교육과정으로 첫째, 신입승무원 교육은 업무수행에 필요한 기본적인 지식과 실무 중심의 교육이 실시된다. 객실승무원은 특히 서비스 종사자이므로 그에 필요한 인성교육과 예절교육이 실시되며, 그 외에도 비행실무에 필요한 외국어, 기내방송, 비행실무 전반을 이해할 수 있는 교육이 이루어진다.

둘째, 기성승무원 교육은 담당 클래스 변경에 따른 서비스, 전반적인 업무에 대한 이해, 그리고 실습교육이 이루어지며, 직급이 올라갈수록 일반승무원들을 지도하고 통솔해야 하므로 리더십과 새로운 직무에 대한 추가적인 교육이 이루어진다. 직급이 올라갈 때 중앙 교육원이 주관하는 계층별 교육을 받게 되며 객실 내 career path에 의한 직무교육을 받게 된다.

셋째, 기타 연 1회의 정기적인 안전교육과 필요시마다 실시하는 서비스 보수교육, 출산 후 복직 시 이수해야 하는 산후 장기 휴직자 교육, 단기간의 병가 및 휴직 후에 실시하는 복직교육 등이 있으며, 항공사 자체 비행노선 운영에 의해 필요한 교육이 별도로 실시된다. 기존의 집체集體교육과 함께 인터넷을 이용한 온라인교육을 함께 실시하고 있다. 이것은 신입승무원에게도 적용되어 객실승무원 입사예정자들은 훈련원에서 실시되는 신입교육 이전에 온라인 자가학습을 해야 하며 훈련원 입과 후에는 집체교육과 온라인교육을 병행하여야 한다. 현재 신입승무원들을 대상으로 실시하고 있는 온라인교육의 내용은 다음 〈표 1-5〉와 같다.

온라인교육상에서 이루어지는 상호 문화교육 실태를 살펴보면 기본적으로 외국 승객과의 원활한 의사소통을 위한 언어교육, 음식을 통해 그 나라의 문화를 알 수 있는 음료·서양식西洋食의 이해, 서양의 문화를 중심으로 하는 테이블 매너·글로벌 에티켓 그리고 다문화의 이해 교육과정이 있다. 언어교육은 기내 서비스 절차별 필수 표현을 중심으로 객실승무원의 외국인 고객응대능력 향상을 위하여 영어, 일본어, 중국어 과정으로 구성되어 있다. 음료와 서양식의 이해는 기내 서비스 음료 및 기내식의 기본 지식 습득을 목적으로 그 특성과 종류에 대한 교육을 하고 있다. 테이블 매너와 글로벌 에티켓은 서양 테이블 매너와 에티켓을 기초로 하여 객실 승무원으로서 갖추어야 할 정중하고 세련된 매너와 태도를 함양시키는 데 교육의 목적이 있다.

마지막으로 다문화의 이해 교육은 다문화 사회의 요구에 맞게 다문화에 대한 이해를 통한 객실승무원의 대고객 서비스 향상을 위해 2008년에 신설된 교육이다. 객실승무원은 많은 나라를 비행하며 다양한 문화를 지닌 승객과 접할 기회가 많고, 문화의 이해를 통해서 승객들과의 공감, 이해와 배려를 실현할 수 있다. 이를 통해 기대하지 못했던 감동을 고객에게 줄 수 있고 고객 만족에 가까운 서비스를 할 수 있기 때문에 타문화를 이해할 수 있는 교육과정이 신설된 것이다.

표 1-5 객실승무원 온라인교육 내용

과정명	총 과정	사전 및 병행학습	후수 학습
객실승무원 기본 훈련 - 일반 공채	22 과정	**사전학습 : 7과정**(85.5시간) ● 고객응대매너 ● 기내방송 - 국내선 ● 기내방송 - 국제선 ● 기내방송 - PA ● 기내대화 - 영어 ● 기내대화 - 일본어 ● 기내대화 - 중국어 **병행학습 : 11과정**(24시간) ● 위험물 ● 음료의 이해 ● 서양식의 이해 ● 테이블 매너 ● 서비스 실무 - 일반석 ● 여권, 비자의 이해 ● 다문화의 이해 ● 효과적인 객실 브리핑 ● 글로벌 에티켓 ● 장애인 차별 금지법의 이해 ● 차별과 언어폭력의 이해	4과정(6시간) ● 기내판매 - 일반업무 ● IFE[19] System - 3000i ● IFE System - Ex2 ● IFE System - i5000

자료 : 대한항공 객실훈련원 업무 현황집(2010).

19 In Flight Entertainment

이 교육은 다국적 승무원 간의 커뮤니케이션, 다국적 승객과의 커뮤니케이션, 음식은 문화다, 한국문화와 글로벌 에티켓의 이해라는 4개의 하위영역으로 구성되어 있으며, 그 내용은 다음과 같다.

  첫째, '다국적 승무원 간의 커뮤니케이션' 영역은 다국적 승무원과 근무 시 올바른 대화예절과 상황별 대화방법을 다루고 있다. 함께 일하면서 국적과 생활방식, 언어의 다양함으로 인해 생겨날 수 있는 오해는 '호칭의 문제', '언어사용의 문제', '명령조의 토막말 사용', '갑작스런 제스처의 사용' 등에서 비롯된다. 다국적 승무원 간 커뮤니케이션에서 오해는 문화적 배경의 차이에서 발생한다는 것과 그에 대한 대응방법을 제시하고 있다.

  둘째, '다국적 승객과의 커뮤니케이션' 영역은 일본, 중국, 인도의 문화적 배경을 이해할 수 있도록 세 국가의 사례별로 고객 중심 응대방법을 다루고 있다. 각 국가의 기후와 음식문화, 주거문화 등 다양한 생활방식과 이러한 문화적인 차이에서 오는 각 국가별 승객들의 특징을 알려주고 문화의 이해를 통해 승객을 배려하고 응대하도록 강조하고 있다.

  셋째, '음식은 문화다' 영역은 각 나라의 자연적 환경을 바탕으로 한 음식은 그 나라를 대표하는 또 하나의 문화라는 전제 아래 프랑스, 영국, 독일, 이탈리아, 러시아 식음료 문화의 배경과 특징을 내용으로 하고 있으며, 각 문화권의 고객에 대한 효율적인 응대방법과 다문화 이해를 통한 우수한 서비스 사례를 제시하고 있다.

  마지막으로, '한국문화와 글로벌 에티켓의 이해' 영역에서는 한국문화와 서양(글로벌)문화의 특징이 소개되고 있으며, 각각 그에 맞는 서비스 방법을 제시하고 있다. 집체교육에서 이루어지는 직무별 교육과정의 커리큘럼은 다음 〈표 1-6〉과 같다.

20 Crew Resourse Management

21 Special Passenger

표 1-6 객실승무원 신입교육 내용

	구 분	교과목명	시간
안 전	Module1 (초기훈련)	항공기구조 / 항공기시스템 / 항공기 Door / Review Ⅰ / 항공법 / 객실승무원 훈련매뉴얼 / 비행원리 / 비행정보 / COM / 친숙화 / 규정, 지침 / Safety Demonstration / CRM[20] / 항공보안 / 위험물 / Review Ⅱ, Ⅲ / 응급처치 / 심폐소생술 / Review Ⅳ / 비상장비 / 비상탈출 기본원칙 / 준비되지 않은 비상사태 / 준비된 비상사태 / 감압, 실습 / 기내화재, 실습 / 비상착수 실습 / 비상처리절차 실습 / 실습 숙련도 평가 / General Review / 기본항공기 (B737 또는 A330) / Review Ⅴ, Ⅵ	116
	Module2 (운항경험)	2편 – B737 또는 A330(실기평가 포함)	12
	Module3 (기종전문훈련)	A330(또는 B737) / A330 / B777 / B747 / Administration Ⅰ, Ⅱ / 산재예방 / 산재예방 체조 / Administration Ⅲ	29
	합 계		157
서 비 스	Module1 (서비스 기본자질 및 기초이론)	서비스훈련 입문 / 객실승무원의 이미지 메이킹[Image Making] / 고객만족 서비스마인드 / 고객 중심의 커뮤니케이션 / 고객 만족 커뮤니케이션 / 내부 고객 간의 커뮤니케이션 / 조직 커뮤니케이션 / 정중한 고객응대자세 실습 / 다문화의 이해 / 고객이 바라본 객실 서비스 / 품위 있는 승무원의 글로벌 에티켓[Global Etiquette] / 성희롱 예방교육 / 승무기준/ 근무규정 / 승무절차 / 팀 워크 빌딩[Team Work-Building] / 필기평가	40
	Module2 (서비스 실무이론)	Galley 구조 및 탑재 / 기용품 서비스 기준 / 서비스 상품 / SPCL PAX[21] 응대지침 / 기내서류 취급절차 / 필기평가2 / 와인의 이해 / 기내음료의 이해 / 기내식의 이해 / 고객응대 기본원칙 / 일반석 단거리 서비스 개요 / 일반적 중, 장거리 서비스 개요 / 필기평가3 / 기내판매 현황과 전망 / 기내판매 절차 / 비행정보 Reading / IFE System의 이해 / 출입국규정 – 개요 및 한국, 중국, 일본, 미국, 괌) / 국내선 서비스 개요 / 필기평가4	40

구 분		교과목명	시간
서비스	Module3 (고객응대실습)	브리핑 실습 / 카트 핸들링Cart Handing 실습 / 지상 업무 실습 / 헤드폰Headphone 서비스 실습 / 식전주Aperitif 서비스 실습 / 칵테일 제조 실습 / Towel 서비스 실습 / 앙뜨레 셋팅Entrée Setting 실습 / 식사Meal 서비스 실습 / 착륙 전, 후 업무 실습 / 단거리 서비스 실습 / 국내선 음료 서비스 실습 / 실기 평가1(고객응대자세)	34
	Module4 (단거리 비행실습)	일반석 Simulation & CS[22] 사례 롤 플레이Role Play1 / 비행실습안내 / 실기평가2 / 서비스 경험 사례	4
	Module5 (장거리 비행실습)	일반석 Simulation & CS 사례 롤 플레이Role Play2 / 비행실습안내 / 실기평가2 / 서비스 경험 사례	6
	Module6 (Simulation & CS 사례 Role Play)	일반석 Simulation & CS 사례 롤 플레이Role Play3–장거리 / 일반석 Simulation & CS 사례 롤 플레이Role Play4–중거리 / 일반석 Simulation & CS 사례 롤 플레이Role Play–단거리 / Simulation & CS 사례 롤 플레이Role Play / 비행업무절차 Review / 필기평가(이론종합) / 실기평가(실무종합)	27
	Module7 (방송, 외국 어 및 기타)	ICN[23]/COC[24] Introduction / 기내방송 / 산재예방 스트레칭Stretching / 미국 비자 인터뷰 / 오리엔테이션(지원팀, 스케줄팀) / 기내서비스 일본어(필기평가) / 기내서비스 중국어(필기평가)/ 수료식	49
합 계			200
			357

자료 : 대한항공 객실 훈련원 업무 현황집(2010).

22 Customer Satisfaction

23 인천공항

24 Crew Operation Center : 대한항공 객실승무원 운영센터

아시아나항공의 신입교육훈련

객실승무원들은 해당 과정의 이수를 통하여 각자의 임무^{Duty}에 맞는 업무를 수행하게 된다. 직무 교육은 신입직무교육과 기성직무교육으로 나누어진다.

● 신입직무

아시아나항공은 신입 국제선 캐빈승무원[25]의 경우 2년제 대학 졸업자를 대상으로 전공에 관계없이 공개채용하고 있다. 인력 수급 상황에 맞게 채용하기 때문에 채용시기가 일정하지 않으며, 일반직 공개채용과는 별도로 승무직만 채용하고 있다. 캐빈승무원으로서의 기본자세를 확립하고 서비스 정신이 투철한 승무원을 양성하기 위해 비교적 장기간으로 엄격하게 진행된다. 주요 내용은 직업관 및 서비스 능력 함양, 객실 안전, 승무이론, 서비스 실습, 항공업무지식, 기내방송, 외국어(영어, 일어) 등으로 다양하게 구성된다.

캐빈승무원으로서의 자질과 서비스 정신을 제한된 시간 안에 갖추어야 하기 때문에 교육이 다소 빠르게 진행된다. 엄격하게 진행되기 때문에 교육 중 평가결과가 일정기준(80점)에 도달하지 못하거나, 교육태도 및 자세가 불량하면 중도탈락되거나 수료가 지연^{Need More}될 수 있다. 12주간의 과정을 성공적으로 이수하면 수료증을 받고 승무장^{Wing}을 달게 되며 수료 후 국내선 및 단거리 국제선 비행(비행시간 4시간까지)을 할 수 있게 된다. 신입승무원은 일정 기간 후 장거리 국제선(비행시간 8시간 이상) 전환 훈련을 받고 국제선 캐빈승무원으로서의 완전한 자격을 갖추게 된다.

2005년 신입훈련부터는 승무원을 국적별로 구분하여 훈련하지 않고 승무원이 근무시 필요로 하는 과목별로 훈련을 받는다. 즉, 기본예절과 공통되는 서비스 및 안전훈련은 한국인, 외국인이 다 함께 영어로 교육훈련받으며, 각 기종에 관한 훈련과 노선 특성 및 기내방송, 외국어 등은 자신에게 필요한 과목을 배우게 된다. 고등학교 수업처럼 주로 한 학과장에서 같은 이들과 한 과정을 마치게 되었었는데 2005년부터는 대학 수업처럼 공통 과목은 모두가 함께 듣고 나머지 과목들은 각자 자신에게 필요한 수업을 듣는 것으로 바뀌었다. 이로써 전(前) 차수의 신입훈련이 끝날 때까지 기다리지 않아도 되게 되었다. 한국, 미국, 필리핀 출신승무원들이 함

25 Cabin crew를 대한항공에서는 객실승무원, 아시아나항공에서는 캐빈승무원이라고 칭한다.

께 신입훈련을 받고 있다. 이는 노선 확장으로 인한 외국인 승무원의 비율 증가에 대비하여 글로벌한 체질로 바꾸는 한 단면이라 할 수 있다.

● 기성직무

객실승무원들은 회사의 장단기 인력계획에 의거한 Career Path에 의해 직급 및 근무연한에 따라 일정교육을 받는다. 객실승무원들은 해당 과정을 통하여 각각의 직책과 임무^{Duty}에 맞는 직무를 수행하는 것을 배운다. 반드시 전 단계의 과정을 이수하여야 만이 다음 상위 단계의 과정에 입과할 수 있게 되며, 근무연한, 어학자격, 방송자격, 인사평가 등이 입과 시 고려의 요인이 된다.

또한, 학습의 효율을 올리기 위해 입과 테스트를 실시하며 80점 미만인 경우 재시험을 보며 성적이 기준 점수에 미달될 시에는 입과가 취소되며 향후 6개월간 과정에 입과할 수 없다.

표 1-7 아시아나항공의 신입승무원 교육훈련 커리큘럼

구 분	과목명	교육내용
기본자세/ 태도 (40시간)	메이크업 / 피부 관리 / 워킹 / 인사 예절 / 헤어 두^{Hair-Do} 용모 & 복장 / 이미지 메이킹 / 승무원 에티켓^{Crew Etiquette} / 직장예절 / 기내 대화 / 친화력 향상	● 비행 임무에 적합한 용모 및 승무원으로서 지켜야 할 예절과 근무자세 ● 유니폼 착용 시 지켜야 할 복장, 메이크업 헤어규정 ● 바른 인사자세 및 상황에 적합한 인사요령 ● 활기차고 올바른 걸음걸이와 바른 자세 유지 ● 기내 상황에 따른 고객 응대 요령 ● 고객에게 호감을 주는 표정관리 및 고객유형에 따른 붙임성 향상
항공사 절차교육 (40시간)	항공 보안 업무 및 절차(관련법규) / 승무원 근무절차교육 / 항공 준사고 보고제도 / AOC²⁶ 조직의 이해와 운영범위 항공법, 항공기 운항 안전법 이해 / 승무원 업무 교범 / 운항 기술 기준 자격 관리 지침의 법규조건	● 국토교통부 운항기술기준에 의거한 운항 규정 및 항공업무의 이해

26 Airline Operators Committee(항공사운영위원회)

구분	과목명	교육내용
승객 브리핑 (8시간)	승객 브리핑 Passenger Briefing	● 비행 상황에 대비한 승객 안내
발정초기훈련 1 Initial Training (116시간)	기종 / 보안 / 비상장비 / 기내 감압 / 위험물질 취급 규정 / 비상탈출절차 / 화재 진압 절차	● 비행을 위한 보안 및 안전 규정과 절차
기종별 Training(15시간)	기종별 비상 탈출 절차 / 항공기 구조	● 항공기 기종별 안전 규정과 절차
서비스교육 (130시간)	Duty & Task / 국내선 비행 전 준비/ Boarding Activity / Manual Reading / O.J.T.[27] Flight / 서양식의 이해 & Meal Heating / 국제선 기내 판매 / 취항지 정보 Station Information / 서비스 절차 Procedure / 비빔밥 서비스와 특별식 SPML / Galley Packing / 서비스 Role Play / Cart Top Setting / 와인과 칵테일 Wine & Cocktails	● 서비스 구간 / 타입별 서비스 관련 이론과 실습
방송(30시간)	기내 방송 이론과 실습	● 방송 매뉴얼 숙지 및 향상 훈련
외국어 (50시간)	항공 기내 영어 In-Flight English / 기내 중국어 In-Flight Chiness / 기내 일본어 In-Flight Japanese	● 외국인 승객 응대를 위한 기내 영어, 일본어, 중국어
고객만족 (20시간)	고객 만족과 서비스 주제발표(세미나)/ 서비스 챌린지 Challenge / 상황별 고객 응대	● 고객만족 향상을 위한 방안 연구
팀-워크 / 인성 교육(20시간)	Knowing each other / All for Asiana	● 사회봉사 활동 및 팀-워크 활동
기타 (51시간)	CRT / 텔레피아3 / 노무관리 / 후생복지공항서비스 업무 / 스타 얼라이언스 Star Alliance 비자 작성 / I.S.O[28] 환경 품질 교육 과정 안내 및 입과식, 수료행사 / 종합테스트	● 기내 근무를 위한 노무, 복리후생 관련 안내 / 교육훈련 중 행사 및 테스트
총 520시간		

자료 : 아시아나항공 캐빈 훈련원 업무 현황집(2009).

27 On the Job Training

28 International Organization for standardization, International Standardization Organization의 약어 국제표준기구

객실승무원을 위한 온라인교육의 내용은 다음 표와 같다.

표 1-8 온라인교육훈련 내용

과 정	내 용	비 고
서비스 부문	<ul><li>기내 방송</li><li>기내 영어</li><li>기내 일어</li><li>기내 중국어</li><li>와인의 이해</li><li>취항지 서류Document의 이해</li><li>보너스 카드의 이해</li><li>훈련 규정 및 업무 지시</li></ul>	권장교육
안전 부문	<ul><li>비상장비</li><li>비상절차</li><li>CRM</li><li>위험물 규정</li><li>항공보안</li><li>안전 정책과 절차</li><li>First Aid</li></ul>	의무교육

자료 : 아시아나항공 객실 훈련원 업무 현황집(2009).

아시아나항공의 온라인교육은 기성승무원들을 대상으로 이루어지고 있다. 온라인교육 과정에서 상호 문화교육 관련 내용을 살펴보면 우선 외국인과의 의사소통을 위해 기내에서 활용할 수 있는 여러 가지 서비스 표현을 영어, 일본어, 중국어로 교육하고 있음을 알 수 있다. 또한 기내에서 서비스되는 음료인 와인에 대해 승무원이 알 수 있도록 와인의 이해라는 제목의 교육이 시행되고 있다. 온라인교육은 서비스 부문과 안전 부문으로 나뉘어 있는데 안전 부문은 안전훈련 입과 전에 꼭 받아야 하는 필수 이수 과정들임에 반해, 서비스 교육 부문은 권장교육으로 되어 있다.

국내 항공사 승무원의
면접을 알자

Chapter

02

면접을
알자

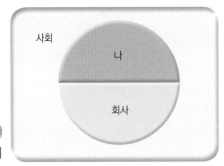

면접 기출문제는 크게 두 가지로 나뉜다. 하나는 지원자에 관한 질문, 다른 하나는 지원회사에 관한 질문이다.

예를 들면, 취미가 무엇이냐, 고향자랑, 학교소개, 특기, 좌우명 등의 질문은 지원자에 관한 질문이다. 우리 회사의 항공기 보유 대수, 신규 취항지, 승무원 수, 가입한 동맹체, 홈페이지 관련 등의 질문은 지원회사에 관한 질문이라고 할 수 있다. 더 나아가 지원자와 지원회사를 포함하고 있는 사회에 관한 일반적인 질문, 즉 시사질문으로는 악플러에 대한 생각 또는 연예인 자살에 대한 생각, 성형수술에 대한 생각, 조기유학에 대한 생각 등이 있다. 그래서 보통 1단계에 지원자에 대한 질문, 그 다음으로 지원회사에 관한 질문을 받고 더 나아가 시사에 대한 질문을 받게 되는데 꼭 이 순서대로 되지는 않으나 대체로 이 순서대로 된다. 예를 들어 아시아나항공의 남승무원 임원면접의 경우는 시사문제가 많이 출제되었다.

지원자에 관한 질문의 답은 지원자가 가지고 있다. 그러므로 면접위원 앞에서 주눅들지 말고 자신있고 당당하게 대답하여야 한다. 대체로 쉬운 질문이지만 준비를 하지 않거나 미리 생각해 두지 않으면 당황하여 제대로 답을 할 수가 없으므로 준비해 가야 한다. 예를 들어, '학교소개 해보세요.'라는 질문을 받으면 빨간 벽돌에 아름다운 캠퍼스를 가지고 있다는 뻔한 대답은 식상하다. 학교 홈페이지에 들어가서 학교에 대해 알아보고 가자.

회사에 대해 물어보는 질문은 답이 각 항공사 홈페이지나 신문에 있기 때문에 답은 어느 정도 정해져 있다. 그러므로 답을 외워서 가자. 그리고 면접위원이 답을 알고 있다. 그러므로 미리 답을 정리해서 숙지해 가야 한다.

모든 과목이 다 A+학점이어도 한 과목이 F학점이면 장학금을 받지 못한다. 차라리 모든 과목이 B학점일 때 장학금 받을 확률이 더 높다. 승무원 면접도 이와 마찬가지이다. 자신의 강점에 시간을 더 투자하기보다는 약점을 보완하는 데 시간을 투자하는 것이 바람직하다.

다음의 표는 예를 들어 만든 것일 뿐, 말을 못해서 떨어졌다는 뜻은 아니다.

● 합격

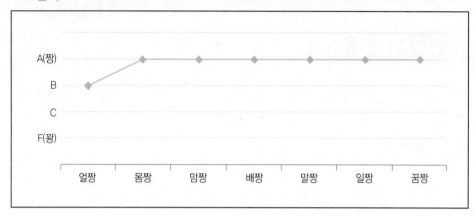

● 불합격

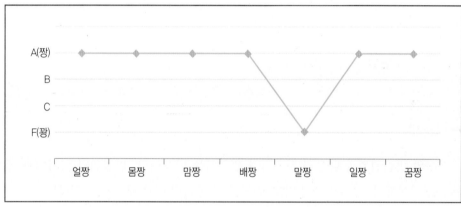

참고 : 저자 작성

그림 2-2
합격의 조건

면접의 종류

개별면접

　지원자와 면접위원이 독립된 공간에서 1:1 또는 1:다수로 진행하는 면접으로, 입사여부의 최종 관문으로 중소기업에서도 많이 사용하는 면접이다.

　개별면접 때 지원자는 정신적 압박감이나 긴장감이 훨씬 줄어들어 평소 실력을 발휘할 수 있다. 하지만 시간이 오래 걸리고 객관성 결여가 문제로 제기되고 있다.

　지원자가 많으면 각 방에 한 명씩의 면접위원을 두고 지원자가 각 방마다 각기 다른 분야의 면접을 받기도 한다.[1]

집단면접

　다수의 면접위원과 다수의 지원자가 면접하는 방식이다. 면접위원은 지원자 개개인을 관찰할 수 있는 시간이 많고, 여러 명을 동시에 비교 평가할 수 있다는 이점이 있다.

　지원자는 경쟁자들과 즉시 비교되기 때문에 상대적인 평가가 이뤄지는 점을 유의해야 한다.

　집단면접은 앉은 순서에 따라 불이익을 당할 수 있는 단점 때문에 개별면접이나 집단토론 면접과 병행해서 실시한다. 집단면접은 질문을 던지는 면접위원은 한 명이지만 그 질문에 답변하는 모습을 관찰하는 면접위원은 전체라는 것을 인식해야 한다.[2]

1 대한항공의 경우 영어 인터뷰와 방송 테스트가 이 방식으로 진행된다.

2 국내항공사의 실무 면접과 임원면접이 이런 방식으로 진행된다.

집단토론식 면접

5~10여명의 지원자가 일정한 주제로 토론을 진행하고 면접위원이 토론을 보고 평가하는 방식이다.

집단토론 면접의 특징은 집단 속에서 개인의 능력을 어떻게 발휘하는가, 어떤 일에 적합한가 등을 평가한다.

발언 내용이나 태도에 따라 그 사람의 인격이나 지식수준이 뚜렷이 드러나기 때문에 짧은 시간 동안 많은 요소들을 파악하는 데 효율적인 면접이다.

기업에서 사회자와 주제를 지정해주고 주어진 주제를 토론시키는 방법, 기업에서 주제만 정해주고 지원자 중에서 사회자를 정해 토론하는 방법, 사회자와 주제가 없는 상태에서 완전히 자유롭게 진행하는 방법 등이 있다. 주의할 점은 지나치게 자신을 돋보이게 하기 위해 말을 많이 하거나 시간을 끌면 감점 요인이 된다. 또 상대방의 의견을 무시하거나 자기 주장만을 고집하면 탈락된다.

압박면접

'당신은 이 업무와 맞지 않는데 왜 지원했죠?'와 같이 면접위원이 응시자의 약점을 들춰내거나 화를 돋우는 면접이다.

질문에 긴장하거나 당황하지 말고 여유롭게 대처해야 한다. 지원자에게 불쾌감을 주면서 자제력, 인내력, 판단력 등을 시험하는 것이다.

황당무계 면접

'Kill 115145425가 무슨 뜻입니까?'와 같이 평소 예상치 못한 질문을 던져 지원자의 위기대처 능력과 순발력을 알아보는 면접이다.

질문에 당황하거나 머뭇거리는 모습을 보이면 감점이다. 정답을 모르더라도 재치와 순발력으로 자신 있게 대답해야 한다.

블라인드 면접(무자료 면접)

면접위원이 지원자의 출신지역, 학교, 전공, 성적 등 기초자료 없이 표준 질문만으로 면접하는 방식이다. 블라인드 면접은 선입견을 배제한 상태에서 객관적이고 공정한 평가가 가능하다.

역할극Role-playing 면접

롤플레잉 면접은 객실승무원을 뽑기 위해 실시한다. 승객이 어려운 일을 요청하거나 커피를 쏟았을 때, 어린이가 소란을 피울 때 등 다양한 상황을 설정해 놓고 지원자들이 대처하는 방법을 살펴본다. 5년 이상 근무한 베테랑 여승무원이 짓궂은 승객 역할을 맡아 응시자들의 순발력과 재치를 평가하기도 한다.

 A급 면접위원이 A급 인재를 뽑는다

많은 면접위원들은 면접 시작 3분 안에 결정되는 첫인상으로 지원자를 평가한다. 즉, 첫인상으로 그 다음에 일어나는 일까지 결정하려는 '자기 확신 심리'가 강하다.

이른바 '첫인상 불변의 법칙'이 나타나는 사례가 많다.

지원자의 외모에 호감이 가면 그 사람의 내면까지도 좋게 평가하는 게 대표적이다. 채용 전문업체 헬로잡의 조사에 따르면, 국내 100대 기업의 면접에서 첫인상이 채용 결과에 미치는 영향력은 무려 77.8%에 달했다. 현대모비스의 면접 통계에서도 첫인상이 평가점수를 결정하는 데 60%의 영향을 미친다는 결과가 나왔다.

윤광희 – 피플비즈넷 대표

첫인상의 중요성

첫인상의 중요성 = 외모의 중요성

메라비언의 법칙(The law of Mehrabian)

미국 UCLA Albert Mehrabian 교수

'언어나 비언어적인 변수들이 의미전달에 미치는 영향'(Silent Messages : Implicit Communication of Emotions and Attitudes)

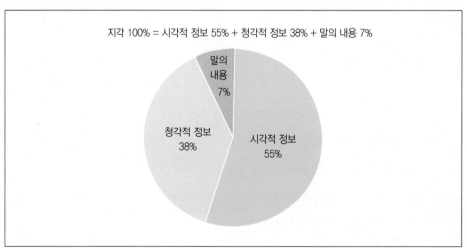

지각 100% = 시각적 정보 55% + 청각적 정보 38% + 말의 내용 7%

말의
내용
7%

청각적 정보
38%

시각적 정보
55%

그림 2-3
메라비언의 법칙

한 사람이 상대방으로부터 받는 이미지는 시각이 55%, 청각이 38%, 언어가 7%에 이른다는 법칙이다. 캘리포니아대학교의 앨버트 메라비언[Albert Mehrabian]이 1970년 저서 「사일런트 메시지[Silent Messages]」에 발표한 것으로, 커뮤니케이션 이론에서 중요시된다.

짧은 시간에 좋은 이미지를 주어야 하는 직종의 사원교육으로 활용되는 이론이다.

시각이미지는 자세·용모와 복장·제스처 등 외적으로 보이는 부분을 말하며, 청각은 목소리의 톤이나 음색(音色)처럼 언어의 품질을 말하고, 언어는 말의 내용을 말한다. 이는 대화를 통해 내용을 전달할 때 말의 내용보다는 직접적으로 관계가 없는 요소들이 93%나 차지함을 뜻한다.

매너의 5가지 기본 요소

1	온화한	표정
2	단정한	용모복장
3	바르고 절도 있는	자세
4	먼저	인사하기
5	부드럽고 상황에 맞는	말씨

듣기의 유형

5단계	공감적 경청	이해하려는 의도를 가지고 경청하는 것, 역지사지, 불만 승객 말의 경청, 하지만 '이해'와 '동의'는 같지 않다.
4단계	신중한 청취	모든 말에 주의를 기울여 듣는다.
3단계	선택적 청취	특정 부분만 듣는 것
2단계	듣는 척 청취	맞장구 치나 실상은 듣는 시늉만 한다.
1단계	무시	전혀 듣지 않음

자료 : 스티븐 코비 '성공하는 사람들의 8번째 습관'

면접 시 표정

 눈의 표정

- 눈동자는 항상 눈의 중앙에 위치하도록 한다.
- 상대의 눈높이와 맞춘다.
- 부드럽게 상대의 미간을 본다.

 입의 표정

- 입의 양 꼬리가 올라가게 한다.
- 입은 가볍게 다물거나, 윗니가 살짝 보이도록 한다.

 U자 라인 스마일 만들기

웃을 때 입꼬리가 야무지게 올라가야 한다. 웃을 때 앞니를 들어나게 하는 윗입술과 아랫입술 윗부분이 만드는 것을 '스마일 라인'이라고 한다.

매력적으로 웃으려면 이 스마일 라인이 'U'자형의 선을 그려야 한다. 우리나라 사람들은 선천적으로 입꼬리가 위로 당겨져서 올라가는 사람보다 올라가지 않는 사람이 훨씬 더 많다. 하지만 '입꼬리 올려주기'트레이닝만 열심히 하면 얼마든지 'U'자형의 스마일 라인을 연출할 수 있다.

입꼬리를 깔끔하게 보이게 하는 데 한 몫하는 것은 바로 립스틱 그리기이다. 립펜슬이나 립브러시를 이용해서 입꼬리에서 입술선 쪽으로 향하게 그려주는 것이 좋다. 그리고 입술꼬리에서 2~3mm 정도 올려서 입꼬리를 그려주면 입을 다물거나 웃을 때나 입꼬리가 올라가 보여 산뜻해 보인다.

입꼬리를 올려주는 근육운동과 웃는 연습을 하루에도 몇 번씩 생각날 때마다 거울을 보면서 꾸준히 해보자. 1개월만 지나면 웃는 얼굴이 몰라볼 정도로 매력적으로 변할 것이다.

면접 시 걷는 법

 면접 시 올바른 워킹방법

- 어깨와 등을 곧게 펴고 시선은 정면을 향한다.
- 어깨는 아래로 힘을 빼고 가능한 한 움직이지 않는다.
- 턱을 당기고 시선은 자연스럽게 앞을 본다.
- 손바닥이 안으로 향하도록 하고 팔을 자연스럽게 움직인다. 주머니에 손을 넣고 다니는 버릇이 있는 사람은 서류나 책자, 메모지 등을 들고 다니면서 손에 안정감을 준다.
- 무릎은 스치듯 11자 걸음걸이로 걷는다.
- 보폭은 어깨넓이 정도로 걷는다.
- 걷는 방향이 직선이 되도록 한다.
- 발소리가 나지 않도록 체중은 발 앞에 싣는다.

 자신의 워킹 이미지 체크하기

- ▸ 어깨를 구부정하게 굽힌 채 걷고 있지 않은가?
- ▸ 항상 주머니에 손을 넣고 다니며 뭔가 비밀스러운 느낌을 주고 있지 않은가?
- ▸ 배를 내밀고 다니면서 잘난척하는 거만한 사람의 이미지를 풍기고 있지 않은가?
- ▸ 엉덩이를 큰 폭으로 흔들고 걷지 않은가?
- ▸ 지나치게 쿵쾅거리는 발자국 소리로 허풍에 가득 찬 이미지를 주고 있지 않은가?
- ▸ 날카롭게 또각거리는 하이힐 소리로 자기 중심적이고 신경질적이라는 이미지를 풍기고 있지는 않은가?

면접 시 선 자세

- 시선은 정면을 향한다.
- 턱은 당겨 바닥과 수평을 이룬다. 턱이 들려지면 시선이 아래로 내려져서 거만해 보이며, 턱이 너무 밑으로 빠지는 경우 눈이 치켜 떠지므로 면접위원을 쏘아보는 듯 보여진다.

- 아랫배에 힘을 주고, 허리를 곧게 피면서 힘을 약간 빼는 듯 들어올린다.
- 어깨에는 힘이 가해지지 않도록 자연스럽게 힘을 뺀다.
- 무게 중심은 엄지발가락에 둔다.
- 여성의 경우 손은 공수자세로 가지런히 배 아랫부분에 놓는다.

면접 시 인사법

인사의 종류

- 15도(목례 : 目禮) : 눈인사, 가볍게 하는 인사자세, 좁은 장소에서나 두 번 이상 마주쳤을 때(실례합니다. 네, 알겠습니다.)
- 30도(보통례) : 일반적인 인사자세
- 45도(정중례) : 경례자세, 감사의 마음이나 사죄 등의 정중한 인사(대단히 감사합니다, 대단히 죄송합니다.)

항공사 면접 시 인사요령

- 기본자세로 선다.
- 밝은 표정으로 상대방의 눈을 본다.
- 인사말을 한다.
- 인사말은 짧고 간단하게 끝을 흐리지 않는다.
- 등과 목을 반듯이 펴고 허리부터 숙인다.
- 숙인 상태에서 2~3초간 정지자세를 취한다.
- 천천히 상체를 든다.
- 밝은 표정으로 상대방을 보고 Smile 한다.

인사하는 방법

손을 모을 때는 남자는 왼손이 위로, 여자는 오른손을 위로 하여 공수를 한다. 서비스맨으로 인사를 할 때 바른 자세는 오른손이 위로 오도록 양손을 모아 아랫배에 가볍게 댄다. 몸을 숙일 때는 손을 자연스럽게 밑으로 내린다. 발은 뒤꿈치를 붙인 상태로 두 발을 가지런하게 모아준다.

면접 시 앉는 자세와 일어서는 자세

 앉는 자세

- 의자의 반보 앞에 서서 한 발을 뒤로 한다.
- 오른손으로 스커트의 힙 부분을 가볍게 쓸듯이 왼손은 스커트의 허벅지 중간부분을 살짝 누르며 앉는다(남자의 경우 무릎은 어깨넓이로 벌리고 양손은 주먹을 가볍게 쥐어 무릎 위에 놓는다).
- 자리에 앉은 후 오른손을 그대로 왼손 위에 포개어 주며 반듯하게 허리를 편다.
- 뒤쪽에 있던 한 발은 자연스럽게 앞으로 향하여 양 발을 가지런히 모아준다.
- 어깨를 펴고 위로 솟지 않게 힘을 자연스럽게 뺀 후 시선은 면접위원을 향한다.
- 의자에 앉아서 의자 등받이와 등 사이에 주먹 하나가 들어갈 정도의 거리를 두며, 기대지 않도록 한다.

 일어서는 자세

- 어깨를 움직이지 않고 바로 일어선다.
- 한 번에 일어선 후 두 발을 가지런히 모은다.
- 어깨와 등을 펴고 선 자세를 취하고 시선은 면접위원을 향한다.

매력적인 목소리를 만들자

말을 할 때는 내용도 좋아야 하지만 그 내용을 전달하여 말하는 사람의 태도와 목소리에 따라 전혀 다른 결과가 나올 수 있다. 말하는 것은 청각에 의존하는 것이기 때문이다. 따라서 자신의 생각을 제대로 전달하기 위해서는 평소 자기 목소리가 사람들에게 어떻게 들리는지 점검해 볼 필요가 있다.

이때는 자신의 목소리를 객관화하는 것이 중요하다. 자신이 내는 목소리를 자신이 듣는 것은 남이 듣는 것과는 다르다. 따라서 자신의 목소리를 녹음하여 들으면 남이 듣는 자신의 목소리를 객관적으로 느껴 볼 수 있다.

자신의 목소리를 점검한 후 사람들에게 호감을 주지 않는 목소리라는 판단이 든다면 변화를 주기 위해 노력해야 한다. 보통 사람들이 싫어하는 목소리는 이런 목소리들이다.

- 저음으로 너무 낮게 깔리는 맥없는 목소리
- 쇳소리가 나는 것처럼 지나치게 높은 목소리
- 차가운 느낌을 주는 냉정한 목소리
- 목에 이물질이 낀 듯한 그렁그렁한 목소리
- 쉰 소리나 목이 잠긴 소리
- 코맹맹이 소리

이런 목소리는 상대에게 불쾌감을 주어 말하는 내용을 집중하는 데에도 방해요인이 된다. 흔히 사람들은 남자가 얇고 부드러운 목소리를 내면 소심한 성격이라고 판단하며, 높은 음조는 신경질적인 성격을 가졌다고 생각한다. 반면 강하고 깊은 목소리는 남성답고 자신감이 충만하다는 느낌을 전한다.

이와 같이 기본적으로 사람들이 생각하는 목소리에 대한 느낌이 있기 때문에 이에 어긋나는 목소리라면 하루 빨리 목소리 교정을 위해 노력하는 것이 좋다. 물론 목소리는 타고난 부분이 많지만 고치려고 하면 얼마든지 교정이 가능하다. 흔히 목이 약하다고 하는 사람들의 대부분은 쉽게 갈라지고 가라앉는 목소리를 갖고 있다. 하지만 목소리가 쉽게 변하는 원인의 50%는 자기 본 목소리를 제대로 내지 않기 때문이라고 한다. 현재 자신의 목소리가 제 역할을 다하지 못하는 것일 수도 있는 것이다. 따라서 목소리에 문제가 있다고 생각하면 이제부터라도 정상적으로 말하는 습관을 들여야 한다.

첫째, 말을 천천히 하는 습관을 들인다.

말을 빨리 하면 발음이 정확하게 되지 않을 수 있고, 발음을 정확하게 내더라도 논리적이지 못할 가능성이 있다. 그러므로 자신의 말이 빠르다고 생각하는 사람이라면 평상시 말을 천천히 하는 습관을 기른다.

둘째, 억지로 말을 끌어낼 필요는 없다. 차분히 말하라.

안 되는 말을 기어이 하려고 너무 힘을 주면 말을 더듬게 되기 십상이다. 따라서 가능한 한 편안하고 차분하게 말을 이어 나가야 하며 입술과 혀, 그리고 턱을 가볍게 움직이는 게 좋다.

셋째, 나쁜 몸짓이 나오는 습관을 고친다.

말을 하면서 지나치게 어수선한 동작을 취하는 사람들이 있다. 목소리가 떨리는 것을 감추기 위해 눈을 깜박이거나 손으로 입을 가리는 등의 동작은 한 번 시작하면 습관이 되어 버리는 경우가 많다. 그런 동작들은 말을 할 때 방해가 되며 듣는 사람에게도 좋은 인상을 줄 수 없다. 그러므로 자신이 무심결에 그런 동작을 한다는 것을 깨달은 후에는 반드시 고치도록 노력한다.

넷째, **복식 호흡으로 발성한다.**

좋은 목소리를 만들기 위해서는 후두를 진동시키는 에너지원인 산소의 공급이 충분해야 한다. 숨을 깊이 들이마시는 복식 호흡은 흉식 호흡보다 30% 정도 많은 폐활량을 확보할 수 있다. 폐활량이 많으면 많을수록 폐에서 성대로 가해지는 공기의 압력이 높아져 성대가 힘들이지 않고 손쉽게 소리를 낼 수 있는 것이다. 또한 소리는 들숨보다 날숨에 의해 만들어지므로 복식 호흡을 할 때는 가능하면 들숨보다 날숨을 길게 하는 것이 좋다.

올바른 호흡의 발성을 위해서는 말하기 전에 숨을 배까지 들이마시고, 이야기의 단어마다 첫 자는 약간 길게 한다. 그리고 이야기의 단어마다 첫 자는 가볍고 조용히 꺼내도록 한다.

이러한 발성 연습을 통해 발성에 대한 불안감을 없애고 성량도 풍부해질 수 있다. 그렇게 되면 발음이 시원스럽게 되는 것은 물론 장시간의 발표도 능히 감당해 낼 수 있다.

좋은 목소리를 만드는 훈련

목소리는 악기와 같다. 면접위원들에게 어필할 수 있는 말에서는 목소리라는 악기를 훌륭하게 연주해야 하는 것이다. 따라서 목소리를 유연하게 하는 훈련으로 좋은 목소리를 되찾을 수 있도록 하자.

이러한 훈련은 발성 연습부터 시작한다. 기본 발성 연습은 발음을 정확하게 만들면서 조음 기관을 단련시키는 데 그 목적이 있다. 일단 안면 근육을 부드럽게 하기 위해 굳어진 입을 풀어 주어야 한다.

첫째, 아래턱은 내릴 수 있는 데까지 내리고 입은 가능한 한 크게 벌린다.

둘째, '아, 이, 우, 에, 오'를 최대한 입을 크게 벌려 발음한다.

셋째, 위의 발음을 숨을 크게 들이마신 후 한꺼번에 내뱉으면서 뚝뚝 끊어 크고 굵게 내뱉는다.

넷째, 호흡을 잘 가다듬어 자연스러운 발음이 되도록 하며, 입 끝에서만 소리를 내는 것이 아니라 복식 호흡을 하듯이 깊은 곳에서 소리를 끌어올린다.

다섯째, 목에 힘을 주지 않고 자연스럽게 소리를 낸다.

여섯째, 혀끝을 의식하면서 자유롭게 움직일 수 있도록 한다.

일곱째, 소리를 삼키는 일 없이 될 수 있는 대로 내뱉도록 하며, 항상 발음을 정확하게 한다.

발성의 고저 훈련을 하는 것도 중요하다. 목소리 요소 중에서 가장 많은 변화를 주어야 하는 것이 크기이다. 따라서 목소리를 변화시키려면 평소 목소리보다 크게 내거나 작게 내거나 하는 훈련을 해야 한다. 처음에는 다소 어색하더라도 최고 음이 자연스럽게 나올 때까지 꾸준히 연습하도록 한다.

보다 높은 소리를 낼 수 있도록 저음에서 고음으로, 고음에서 저음으로 발성한다. '도레미파솔라시도'라고 점차적으로 음을 높여가는 것과 마찬가지의 방법이다. 발성 연습과 함께 발음 연습을 하는 것도 중요하다. 발음을 할 때는 입술, 혀, 턱, 입천장 등의 정확하고 분명한 위치를 유념하고 다음 문장을 자연스럽게 말할 수 있도록 연습한다. 이때는 입을 크게 벌리고 또박또박 분명하게 발음하는 것이 원칙이다.

- 사람이 사람이면 다 사람이냐, 사람이면 사람 구실을 해야 사람이지.
- 간장 공장 공장장과 성냥 공장 공장장
- 뜰에 콩깍지 깐 콩깍지인가, 안 깐 콩깍지인가?
- 눈이 오는데 눈에서 물이 흐르니 이게 눈물인가, 눈물인가?
- 배가 아파서 배밭에 나가 배를 먹는데 배를 타고 가던 사공이 배가 아프냐, 배가 고프냐 묻더라.
- 밤이 익어서 밤에 밤을 따러 갔더니 밤이 어두워 밤은 못 따고 밤만 깊어 가더라.
- 장이 없어서 장을 구하러 장에 갈까 했더니 장이 아파서 장에도 못 가고 장맛도 못 봤다.
- 일일(一日)부터 일하죠.
- 김군이 김밥을 먹는구나.

말을 할 때는 가능한 목소리에 충분히 공명을 일으키는 것이 좋다. 소리가 입 밖으로 나오기 위해선 성도를 통해 후두의 진동이 공명하는 과정을 거치게 된다. 공명이 일어나면 일어날수록 좋은 목소리가 나오게 되는 것이다. 이를 위해 평소 입술을 다문 채 '음~', '흠~' 등의 공명 음을 반복하는 습관을 들이도록 한다. 그러다 보면 자신에게 가장 편안하고 알맞은 목소리를 찾을 수 있다.

발성과 호흡

발성의 자세

발성의 기본자세는 우선 전신의 힘을 빼는 일이다. 손을 상하좌우로 흔들거나 어깨를 상하로 움직여 보거나 실내를 걸어보는 방법으로 심호흡을 해 본다.

 발성을 위한 기본자세

안면근, 목, 턱, 어깨, 팔 등에 힘을 빼고, 다리에 약간 힘을 주고, 시선은 전방 15~20도를 주시하고, 발톱 끝에 중심을 맞추고 몸 전체가 약간 앞으로 기울어진 상태를 만든다. 이때 발바닥은 지면에 붙여 놓아야 한다.

목과 머리 위치는 발성기관에 직접 영향을 주므로 너무 위나 아래를 향하지 않게 한다.

복식 호흡

- 우선 배에 힘을 주는 법을 연습한다.
- 숨을 천천히 들이 마신다(아주 천천히 배로 모은다는 느낌으로).
- 거의 다 모아졌을 때쯤 순간 배에 힘을 주면서 숨을 멈춘다.
  (배꼽 아래 5cm 지점 – 단전)
- 얼굴이 빨개질 때까지 참는다(목에 힘이 들어 가지 않게).
- 이 과정을 수시로 연습하고 습관화시킨다.

좋은 목소리란

- 밝고 건강하며 미소와 친절이 배어 있는 목소리
- 건강하고 힘이 있어 자신감과 확신을 전할 수 있는 목소리
- 회화적인 음률의 변화와 음의 고저, 강약 등의 표현이 자연스러운 목소리
- 부드러운 목소리
- 볼륨 변화가 있는 명쾌하고 밝은 목소리

발음 연습표									
	ㅏ	ㅑ	ㅓ	ㅕ	ㅗ	ㅛ	ㅜ	ㅠ	ㅡ	ㅣ
ㄱ	가	갸	거	겨	고	교	구	규	그	기
ㄴ	나	냐	너	녀	노	뇨	누	뉴	느	니
ㄷ	다	댜	더	뎌	도	됴	두	듀	드	디
ㄹ	라	랴	러	려	로	료	루	류	르	리
ㅁ	마	먀	머	며	모	묘	무	뮤	므	미
ㅂ	바	뱌	버	벼	보	뵤	부	뷰	브	비
ㅅ	사	샤	서	셔	소	쇼	수	슈	스	시
ㅇ	아	야	어	여	오	요	우	유	으	이
ㅈ	자	쟈	저	져	조	죠	주	쥬	즈	지
ㅊ	차	챠	처	쳐	초	쵸	추	츄	츠	치
ㅋ	카	캬	커	켜	코	쿄	쿠	큐	크	키
ㅌ	타	탸	터	텨	토	툐	투	튜	트	티
ㅍ	파	퍄	퍼	펴	포	표	푸	퓨	프	피
ㅎ	하	햐	허	혀	호	효	후	휴	흐	히

음성 위생법으로 좋은 목소리를 보존합시다.

- 금연과 금주(음주와 흡연을 동시에 하는 것은 더욱 금물)
- 충분한 수분섭취와 습포(수증기를 입을 통하여 깊이 들이쉬기)
- 우유, 치즈 등의 유제품과 카페인 섭취 삼가
- 음성 오용 및 남용 금지(큰 소리로 장시간 이야기하거나 소리지르기, 과격한 운동 중 발성 등을 삼가)
- 복식 호흡

면접 시 말씨

- 부드러운 표정으로 말한다.
- 말하기 전에 정리한 후, 침착하고 간결하게 말한다.
- 목소리의 억양, 크기, 속도 등에 따라 사람의 이미지가 달라진다.

억양
1. 같은 말을 반복한다. (X)
2. 높낮이를 두지 않고 밋밋하게 말한다. (X)
3. 미소 지으며 말한다. (O)
4. 중요하거나 강조해야 할 단어에 강세를 두어 말한다. (O)

속도
1. 너무 천천히 말하면 상대방이 다른 생각을 하거나 지루하게 된다.
2. 너무 빨리 말하면 상대방이 잘 알아 듣지 못하게 되거나 긴장하게 된다.
3. 성인의 평균 말의 속도는 1분당 100~120단어 정도이다.

대화참여자가 지켜야 할 원칙

 대화의 질 – 거짓말, 허풍, 자기비하, 자기과시

자기가 참이라고 믿는 사실만을 진실하게 말해야 한다. 확실한 증거가 없는 내용이나 거짓 내용을 말해서는 안 된다.

거짓말 – 체중이 얼마니? / 불면 날아갈 정도입니다.

대화의 양 – 간단명료, 장황, 거창, 긴 설명

대화의 장면에 맞도록 적절한 양의 내용을 말해야 한다. 꼭 필요한 내용이 빠져서도 안 되지만, 필요 이상의 많은 내용을 말하는 것도 좋지 않다.

그 사람이 올해 몇 살이지? / 저보다 두 살 적고 삼순이보다 세 살 많으니까 서른 셋이지요.

 대화장면 – 사오정, 동문서답, 뜬금

대화의 목적, 방향, 분위기 등과 긴밀한 관계를 가지는 내용들을 말해야 한다. 특히 상대방이 한 말을 제대로 이해하고 그것에 관계되는 내용을 말하는 것이 중요하다.

그만 놀고 공부 좀 해라. / 내일 시험 안 쳐요.

 대화의 태도

상대방이 잘 이해할 수 있도록 조리 있고 간결하게 말하는 태도를 지녀야 한다. 모호하거나 불명료한 내용을 말해서는 안 된다.

점심은 뭘 먹겠니? / 생각해 보고 마음 내키는 대로요.

 말을 할 때 피해야 할 행동

1. 몸을 좌우로 또는 앞뒤로 자꾸 흔들어댄다.
2. 한쪽 다리에 무게중심을 두어 비딱하게 선다.
3. 단추나 옷, 넥타이 등을 만지작거린다.
4. 귀를 잡거나 이마를 문지르거나 머리를 쓰다듬는다.
5. 머리카락을 뒤로 넘기기 위해 고개를 급작스럽게 젖힌다.
6. 손을 자주 비벼댄다.
7. 팔찌나 시계 등 장신구를 만지작거린다.

말에 변화를 주어라

    말이 느리냐 빠르냐에 따라 말할 때 내용의 분위기가 달라질 수 있다. 이는 말할 때의 어조를 살리라는 말이다. 딱딱한 내용을 말할 때 들뜬 목소리로 말하는 것은 적절하지 않을 것이다. 반대로 재미있는 내용을 말할 때 잔뜩 굳은 표정과 냉정한 목소리로 말을 한다면 그것 또한 어울리지 않는다. 따라서 내용에 맞게 말하는 능력을 키우는 것은 말하는 기술의 중요한 요소 중 하나다. 보통 날카롭게 말을 하면 말이 빨라진다. 그러나 정중하거나 상냥하게 말을 하면 말은 다소 느려지며 박력 있게 말하면 목소리가 커진다. 이와 같이 의도적으로 말에 변화를 주고 감정을 실으면 상대방은 말하는 사람의 어조를 통해 그 감정을 느끼게 된다.

    말을 하는 상황에서의 목소리는 너무 빨라도 느려도 좋지 않은데 음량과 목소리 톤, 그리고 중간 정도의 속도로 안정된 상태를 유지해야 한다.

    만약 급하게 말하면 시간에 쫓겨 말을 하는 느낌을 주기 때문에 성의가 없어 보이고 청중은 듣기에 급급해 생각할 겨를이 없어진다. 시간에 쫓겨 말을 해야 하는 상황이라면 전할 말의 내용을 전하는 것이 더 중요하다. 이러한 융통성을 발휘하는 것도 노련한 말하는 사람의 요건이다.

    반면 느리게 말하면 분위기가 처지고 늘어져 상대방이 잡생각을 하게 될 수 있다. 과도하게 느린 말은 심한 경우, 말을 하는 사람의 말만 느린 게 아니라 생각하는 속도도 느릴 것이라는 편견을 갖게 한다. 그가 실제로 그런 사람이 아니더라도 생각을 정리하느라 무척 고생하고 있다는 인상을 줄 수 있다. 따라서 자신이 평소 빠르거나 느리게 말하는 습관이 있다면 보통의 사람들이 말하는 속도를 익힐 필요가 있다. 말을 할 때 기본적인 말의 속도는 대개 10분에 2백자 원고지 15장 정도로 하는 것이 적당하다. 이 기준에 맞춰 목소리의 빠르기를 조절하도록 한다. 그리고 그 상태에서 적절하게 변화를 주어 표현력을 높이는 게 좋다.

특별히 중요한 부분에 힘을 주어 그 말을 강조하는 방법도 있다. 강조에는 높임 강조와 낮춤 강조가 있는데 상황에 따라 소리를 더 크게 내는 게 좋은지 살펴가며 사용한다.

보통 말의 한 구절이나 전체는 보통의 목소리 톤으로 표현하고 그 중에서 자신이 강조하고자 하는 중요한 단어나 구에 강세를 준다.

이처럼 말할 때의 속도를 조절할 때는 의미상으로 보아 한 어구를 띄어서 말하고, 단어와 단어 사이에는 쉬는 시간이 가장 짧도록 한다.

표정과 시선 관리에 유의하라

얼굴 표정은 그 사람의 감정 상태를 고스란히 드러낸다. 만일 경직된 표정을 짓는다면 매우 긴장해 있음을 알 수 있고 벌겋게 달아오른 얼굴 표정은 불안에 떨고 있음을 느낄 수 있다. 찡그린 얼굴은 그 사람이 매우 초조해하고 있음을 보여주는 것이다.

그렇다면 가장 이상적인 얼굴 표정은 무엇일까? 그것은 정색을 하면서도 약간의 미소를 띤 표정이다. 이때 정색을 한다는 것은 정신을 바짝 차리고 있다는 것을 보여주는 것이며 거기에 미소를 띠면 상대방에게 편안함을 줄 수 있다.

미소를 짓는 일은 결코 쉽지 않다. 정신을 바짝 차리고 있는 듯한 표정은 가능하지만 가뜩이나 긴장된 상태에서 미소는 쉽게 떠오르지 않는다. 그러나 의식적인 노력을 통해서라도 미소를 짓는 게 좋다. 불안하고 초조하더라도 억지로 미소를 짓고 나면 한결 마음이 편안해진다.

말을 시작한 후 내용의 변화에 따라 얼굴 표정도 적절히 변해야 한다. 표정이 주는 이미지와 메시지의 내용이 함께 이루어질 때 시너지 효과는 배가 된다. 즐거운 이야기를 할 때는 즐거운 표정을, 진지한 이야기를 할 때는 진지한 표정을, 강조해야 하는 부분에서는 표정에서도 힘을 주는 느낌을 전하도록 한다. 그러나 지나치게 흥분된 표정은 자제하도록 한다. 말을 하다가 실수를 하면 쑥스러운 표정이나 당황한 표정을 지을 수 있다. 그런 표정을 지으면 작은 실수도 더 크게 비춰질 수 있다. 따라서 실수를 하더라도 아무렇지도 않은 듯한 표정으로 일관해야 실수가 확대 해석되지 않을 것이다.

시선 처리도 중요하다. 보통 말하는 것에 자신 없어 하는 사람들을 보면 상대방을 잘 쳐다보지 않는 경향이 있다. 면접은 면접위원과 함께 하는 커뮤니케이션이다. 정면으로 면접위원을 자연스럽고 따뜻한 시선으로 바라보는 게 좋다. 그러한 시선은 서로 간의 교감 형성에 도움이 되기 때문에 말하는 것의 효과를 배가시킬 수 있다. 그러나 응시가 지나치게 강렬하거나, 한 면접위원만을 뚫어지게 바라보는 것은 좋지 않다.

만일 면접위원의 눈을 쳐다보는 것이 너무 부담스럽게 느껴진다면 억지로 해보려고 하는 것보다 다른 방법을 찾는 게 좋다. 그것은 면접위원의 미간을 쳐다보는 방법이다.

SOFTEN 기술

S	Smile	웃는 표정을 짓는다.
O	Open Posture	가슴을 편다. 팔짱을 끼지 않는다.
F	Forward Lean	몸을 앞으로 좀 기울인다.
T	Tone	어조 주의할 것. 밝고 건강한 어조. 상대방 톤에 맞추는 것도 기술
E	Eye Contact	시선을 맞춘다. 눈을 회피하면 신뢰가 없어 보인다.
N	Nod	동의와 이해의 표시로 가끔은 고개를 끄덕인다. 자주 끄덕이지 말 것

좋은 말하기 조건

어떤 조건을 갖추어야 좋은 말하기라 말할 수 있을까?

흔히 우리는 청산유수처럼 유창하게 말하는 것을 좋은 말하기라고 생각한다.

물론 유창하게 말하는 게 나쁠 것은 없다. 그러나 그것만으로는 좋은 말하기라고 할 수 없으며, 좋은 말하기가 반드시 유창해야 하는 것도 아니다. 따라서 말하기의 기술을 알아보기 전에 무엇이 좋은 말하기인지 짚고 넘어갈 필요가 있다.

첫째, **진실해야 한다.**

말을 하는 것이 진실해야 한다는 것은 도덕적인 측면도 강조되지만 결국 본인을 위해서는 진실되게 말하는 것이 효과적이라는 사실 때문이다. 프레젠테이션, 발표, 강의 등 정보 제공을 목적으로 하는 연설에 불확실한 사실이 섞여 있다면 그것은 결코 좋은 스피치라 할 수 없다.

우선 면접위원들을 설득해 놓고 보자는 생각에 거짓 증거를 들이대거나 마음에도 없는 말을 하다가는 언젠가 그 거짓은 탄로나게 되고, 영원히 돌이킬 수 없는 사태가 벌어질지도 모른다.

신뢰란, 사회에서 자신의 능력을 인정받는 것만큼이나 중요한 부분이기 때문이다. 사람들이 말하는 사람에게 부여하는 신뢰감은 스피치의 성패에 커다란 영향을 미친다. 평소에 신뢰를 쌓은 사람이라면 증거가 빈약하더라도 그 사람의 말을 믿으려 하지만, 거짓 증거나 불확실한 자료로 신뢰를 잃은 사람이라면 이후에는 아무도 믿지 않을 것이다. 따라서 장기적으로 볼 때 진실되게 말하는 것이 가장 효과적이라는 것이다.

둘째, **명쾌해야 한다.**

말하는 것의 내용이 명쾌해지기 위해서는 주장이나 결론은 물론 논리와 표현방식 모두가 명쾌해야 한다. 무엇이 좋은지 나쁜지, 이것은 이렇게 해야 좋은 것인지 저렇게 해야 좋은 것인지 상대가 확실히 알아들을 수 있게 해야 한다는 것이다.

이를 위해서는 말하는 것의 논리와 조직 또한 일관적이고 체계적이어야 한다. 모호하게 말을 하는 사람의 경우 대개 스스로가 자신이 하는 말을 확실히 이해하지 못하고 있기 때문에 일단 자기 자신이 말할 내용을 확실하게 파악하고 있어야 논리도 세워질 수 있는 것이다.

주장과 논리를 설명하는 표현력 또한 명확해야 전체의 윤곽이 살아나는 법이다. 명쾌한 주장, 명쾌한 논리, 명확한 언어는 말을 할 때의 필수조건이다.

셋째, **간결해야 한다.**

아무리 좋은 음식도 많이 먹으면 질리는 법이다. 이와 같이 자꾸만 늘어지고 복잡해지는 말로는 면접위원들의 마음을 사로잡을 수 없다. 말을 할 때 내용이 복잡해지면 면접위원들은 말의 중심을 찾아내기가 힘들어지고 그러다 보면 말하는 사람의 자질마저 의심하게 된다. 괜히 욕심을 부려 하고 싶은 이야기를 다 하려고 했다가 오히려 핵심을 잃고 혼란에 빠지게 될 수 있다.

따라서 말을 할 때 내용이 간결하다는 느낌을 주기 위해서는 서론과 결론이 짧아야 한다. 서론이 길어지면 본론에 들어가기도 전에 면접위원들은 집중력을 잃게 되고, 결론이 길어지면 지루함을 느낀 면접위원들은 끝날 시간만을 기다리게 된다.

넷째, **자연스러워야 한다.**

말하는 것은 웅변과는 다르다는 것을 항상 기억해야 한다. 면접위원들의 앞에만 서면 아직도 부자연스럽고 경직된 말투로 일관하는 경우가 많은데 이것은 좋은 태도가 아니다. 말을 할 때는 대화를 하듯 자연스러워야 한다. 얼굴 표정도 자연스럽고, 면접위원들을 바라보는 시선도 자연스러우며, 면접위원과 대화를 하듯 자연스럽게 흘러가야 한다. 여기서 중요한 점은 낭독조의 말하기는 성의도 없어 보일 뿐

더러, 단조롭고 부자연스러워 면접위원들에게 좋은 인상을 남길 수 없기 때문에 주의해야 한다.

다섯째, **적절해야 한다.**

아무리 좋은 말도 때와 장소에 잘 적응해야 그만큼의 효과를 얻을 수 있다. 같은 말이라도 상황에 따라 대상에 따라 반응이 달라질 수 있기 때문이다. 따라서 주어진 상황에 따라 스피치의 내용과 발표양식을 적절하게 변화시킬 줄 알아야 한다. 이는 말하는 이의 순발력도 중요하지만 어떤 대상인지, 장소는 어떤 곳인지를 미리 파악해 둔다면 그 상황에 맞게끔 스피치를 준비할 수 있을 것이다.

우리가 자주 틀리는 말

말 잘하는 사람의 내공은 '디테일'한 표현도 실수하지 않는 데서 드러난다. 국립 국어원이 펴낸 자료집 '국어연구원에 물어보았어요'와 올해 3월 발간된 책 '더 건방진 우리말 달인 – 달인편'(다산초당 펴냄)에 게재된 우리가 흔히 실수하는 말들을 정리했다.

첫째, "부장님, 과장님 지금 자리에 안 계신데요?"

직급상 부장이 과장보다 높으므로, 과장에게 높임말을 써서는 안 된다. "할아버지, 아버지께서 모셔오라셨어요."도 같은 이유로 잘못된 말. "아버지가 모셔오래요."라고 말하는 게 원칙상 맞다.

둘째, "사장님실로 모시겠습니다."

사장실, 국장실, 부장실이라고 부르면 왠지 예의에 어긋난 것처럼 생각하는 사람이 많다. 그래서 사장님실, 국장님실, 부장님실이라고 부르는데 이는 어법에 맞지 않다. '사장실'이란 회사에서 사장 역할을 맡은 사람이 쓰는 방이란 의미로 고유명사다. '화장실'이나 '회의실'처럼 특정한 공간을 뜻하는 것. 그러므로 그냥 '사장실'이라고 써야 한다.

셋째, "선생님, 수고하세요."

'수고하다'는 '일을 하느라고 힘을 들이고 애를 쓴다'는 의미가 담겨 있다.
따라서 '수고했다'는 말에는 아랫사람이 윗사람의 일을 평가하는 의미가 내포되므로 윗사람에게 쓰는 것은 바람직하지 않다. '~하세요'라는 어미 역시 명령형이므로 윗사람에게 명령하는 것이 된다. 아랫사람에게 쓰는 것도 권장할 만하지 않다. 사람은 누구나 고생을 피하고 싶어 하는데 '수고(고생)하라'고 독려하는 것은 덕담이 되기 힘들기 때문이다.

넷째, **"이 상자 안에는 도넛 6개가 들어가세요."**

서비스업 종사자들이 고객을 친절히 대하기 위해 과도한 높임말을 사용하는 경우가 많다. 그러나 이는 어법에 맞지 않고, 오히려 고객의 반감을 살 수 있으므로 조심해야 한다. '이 상자 안에는 도넛 6개가 들어가신다'는 듣는 사람이 아니라 도넛을 높이는 말이다.

경어법 – 상대방에게 그 신분에 따라 언어적으로 달리 표현하는 방법

- 주체 경어법 : 주어를 높이거나 높이지 않는 경어법

    32C 손님께 신문 갖다 드려라. UM에게 어린이 선물 갖다 주어라.
- 객체 경어법 : 목적어, 간접 목적어를 높이는 경어법

    –께, –님
- 상대 경어법 : 말을 듣는 사람을 존대 / 비존대

상대경어법 6등급

1	합쇼체	아주 높임	~습니다, ~습니까, ~읍시오, ~소서	격식체 최상급
2	해요체	두루 높임	해체 + ~요	비격식체 친밀체
3	하오체	예사 높임	~소, ~오, ~으오, ~읍시다	
4	하게체	예사 낮춤	~게, ~이, ~나, ~ㄴ가	장모, 사위
5	해체	두루 낮춤	~아, ~지, ~ㄹ까, ~거든, ~군, ~구먼	반말체
6	해라체	아주 낮춤	~다, ~느냐, ~자, ~어라, ~거라, ~너라, ~냐	

면접위원과 승객에게는 합쇼체/다까체를 사용한다.
어린이 승객에게는 해요체를 사용한다.

OX문제

우리나라	O	스튜어디스	X	저의 이름은 홍길동	O	서울대학교 영문학과 4학년에 재학 중입니다	O
저희나라	X	승무원	O	저의 이름은 홍 길자, 동자입니다.	X		
승무원이	O	어머니	O	홍 길자, 동자입니다.	O		
승무원 언니께서	X	어머님	X	홍자, 길자, 동자입니다.	X	서울대학교에서 영문학과를 전공하고 있습니다	X
저가항공	X	아버지	O	결론-본론-결론	O		
저비용항공	O	아빠	X	서론-본론-결론	X		
저는	O	~데요, 구요	X	지금 말씀하신 대로	O	제 옆의 지원자	O
나는	X	~입니다	O	지금 질문자가 말한 대로	X	첫 번째 지원자	O
대한항공의	O	알바	X	면접위원님	O	조금 전에 말씀 드렸습니다만	△
귀사의	X	아르바이트	O	면접관님			

대화 방식 점검표

1	상대방이 집중할 때 이야기를 시작하는가?	
2	표정을 풍부하게 하며 대화에 임하는가?	
3	말을 알아듣기 쉽게 분명히, 천천히 하는가?	
4	직선적으로 말하되 갑작스럽게는 말하지 않는가?	
5	나의 목소리가 다른 사람들에게 흥미 있게 들리는가?	
6	등을 반듯하게 세우고 앉아 있는가?	
7	대화 시 상대방의 눈을 바라보는가?	
8	주기적으로 고개를 끄덕이면서 상대방의 얘기에 동의하는가?	
9	상대방이 말할 때 주의 깊게 듣는가?	
10	상대방의 말을 방해하지 않는가?	
11	칭찬하는 데 인색하지 않으며 상대방의 칭찬을 고맙게 받는가?	
12	은어나 방언 그리고 기술적인 용어들을 사용하는가?	
13	감정적인 표현이나 비판 그리고 대립은 피하는가?	
14	개방형 질문How Question을 많이 사용하는가?	
15	완전하고 분명한 정보를 신중하게 캐내는가?	
16	이해가 안 되면 자주 묻고 핵심어나 확실한 정보를 부연하는가?	
17	습관적인 관용어는 사용하지 않는가? (You Know, Listen, See what I mean)	

11

객실승무원의 채용

아시아나항공의 한국인 객실승무원 채용은 세 가지로 나눌 수 있다. 첫째, 4년제 대학 졸업 후 국제선 노선에서 근무하는 승무원의 채용과 둘째, 2년제 대학 졸업 후 국내선 노선만을 근무하는 국내선 전담 승무원의 채용 셋째, 아시아나항공 전직 승무원 중 계약직으로 재입사하여 국내선 노선에서 근무하는 승무원의 채용이 있다. 대한항공의 한국인 객실여승무원의 채용은 두 가지로 볼 수 있다. 첫째는, 2년제 이상 대학 졸업자의 채용으로 국내선, 국제선 구분 없이 근무하게 된다. 둘째는, 대한항공에서뿐 아니라 어느 항공사든 상관없이 객실승무원 경력 1년 이상인 자의 채용으로 이들은 계약직으로 주로 국내선 근무를 하게 된다. 다음 표는 대한항공 신입승무원과 아시아나항공 캐빈승무원의 지원 요건을 나타낸 것이다.

표 2-1 국내항공사 지원 요건

| | 대한항공(2015년 1월 기준) | | 아시아나항공(2015년 1월 기준) | |
	국내	국제	국내	국제
학력[3]	전문학사 이상 학위 보유자 또는 4년제 대학 2년 이상 수료한 자		2년제 대학 이상 학력 소지한 자	
나이[4]	언급 없음			
신장	언급 없음		언급 없음	

3 학력 : 4년제 졸업예정자만 지원 할 수 있는 기존의 채용기준이 2008년 국가 인권위원화 제정명령으로 2년제 이상으로 변경되었다.
4 2006년도 국가인권위원회로부터 승무원 채용 시 만 23~25세로 연령을 제한하는 채용 관행을 개선하도록 권고 후 2007년부터 나이제한이 폐지되었다.

	대한항공(2015년 1월 기준)		아시아나항공(2015년 1월 기준)	
	국내	국제	국내	국제
시력	교정시력 1.0 이상		교정시력 1.0 이상 권장 (라식 및 라섹 수술의 경우 3개월 이상 경과 권장)	
어학	해당사항 없음 TOEIC 550점 이상 취득한자 • TOEIC Speaking LVL 6또는 oplc LVL IM 이상 자격 소지자 지원가능 (서류 전형 합격자 발표일 2년이내 응시한 국내시험에 한함)		제한없음 (토익/ GMAT 성적 미제 출 시 전형 중 자 체 영어시험 실시)	국내정기 TOE-IC 성적 또는 G-TELP 성적 (지 원마감일 기준 2 년 이내)을 소지 하신 분 (필수)
제출 서류	어학 성적표원본 최종학교 성적증명서 졸업(예정) 또는 재학증명서 • 석사 학위 이상 소지자는 대학 이상 전 학력 졸업 및 성적증명서 제출 기타 자격증 사본 - 소지자에 한함		• 국문 입사지원서(온라인작성) • 어학성적표 원본 • 최종학교 졸업(예정)증명서 • 성적증명서 • 자격증 사본 • 취업보호 대상 증명원(해당자) • 기타 입사지원서에 기재한 내용을 증징할 수 있는 서류 증빙 할 수 있 는 서류	
주안점	밝고 건강한 이미지, 적극성, 유니폼 이 어울리는가 이미지메이킹, 신장, 서비스 마인드		• 밝고 건강한 이미지, 적극성, 유니 폼이 어울리는가, 체력테스트 중요 • 기내 안전 및 서비스 업무에 적합한 신체조건을 갖춘 사람 • 물 공포가 없어야 함 • 이미지메이킹, 신장, 서비스 마인드	
특이 사항	• 국가 보훈 대상자는 관계 법령에 의 거하여 우대합니다. • 영어구술 성적 우수자는 전형 시 우 대합니다. • 국제선 객실승무원은 2년간 인턴으 로 근무 후 소정의 심사를 거쳐 정 규직으로 전환 가능합니다.[5]		수영 : 25m 자유형 25m완형조건(1분 이내) 신장측정엄격, 서비스 정신과 자세 중시	영어 구술 성적 표(TOEIC Speak-ing SEPT, G-TELP 구술시험)는 소 지자에 한하여 기 재 하 며 성 적 우수자는 전형시 우대함.

	대한항공(2015년 1월 기준)		아시아나항공(2015년 1월 기준)	
	국내	국제	국내	국제
전형절차	서류전형 → 1차면접 → 2차면접 영어구술 TEST → 3차면접 → 건강진단 체력/수영 TEST[6] → 최종합격		온라인 입사지원 → 서류전형 →1차 실무자 면접 →2차 임원면접/인성검사 →건강검진 체력측정/→최종합격자발표	온라인 입사지원 → 서류전형 → 1차 실무자 면접 → 2차 임원면접/영어구술 → 건강검진 체력측정/인성검사 → 최종합격자발표
채용주기	연 1~2회			
원서접수방법	recruit.koreanair.co.kr 인터넷 접수		recruit.flyasiana.com 인터넷 접수	
	항공사 사정에 따라 변동될 수 있음			

자료 : recruit.koreanair.co.kr, recruit.flyasiana.com을 참고하여 재작성.

5 2년간 인턴승무원으로 뽑는 이유는 기내 안전 및 서비스업무 등 항공사의 핵심적인 역할을 담당하는 객실승무직의 특성상, 일정기간 동안 객실승무원으로서의 서비스 마인드 및 자질에 대한 검증이 요구되어 인턴승무원 제도를 운영하고 있다. 2년 계약기간 종료 후 근무성적이 양호한 자는 정규 객실승무원으로 채용된다.

6 신체/체력검사 및 수영 TEST : 체력검사는 최신의 측정기구에 의한 신장, 체중 및 체지방, 악력, 사이드 스텝side step, 제자리 높이뛰기, 눈감고 외발서기, 윗몸 일으키기, 심폐지구력 등의 측정과 수영TEST가 있다. 수영TEST는 비상착륙훈련 및 물공포테스트가 주 목적으로 배영을 제외한 영법(자유형, 평영, 접영)으로 대한항공은 25m를 35초, 아시아나항공은 1분 내 완주해야 한다. 수영 완주 여부를 테스트하는 것으로, 입사 후 업무수행을 위한 기초체력의 구비 여부와 건강하게 비행근무를 지속할 수 있는지를 측정하기 위한 것이다.

표 2-2 국내 저비용항공사 지원 요건

	제주항공 (2015년 1월 기준)	진에어 (2015년 4월 기준)	에어부산 (2015년 4월 기준)
학력	전문학사 이상의 학력을 가진 자 (전공 제한없음, 기졸업자 및 2015년 2월 졸업 예정자)	기졸업자로 전학년 성적평균 2.5이상 (4.5만점)인 자 – 2015년 8월 졸업 예정자 포함	전문학사 이상 자격 소지자
신장	여 : 162cm 이상 남 : 172cm 이상	162cm 이상	
시력	나안시력 0.2 이상 교정시력 1.0 이상 (라식 수술 3개월 후)	교정시력 1.0 이상인 자	
어학	영어(필수) : TOEIC 550점, TOEIC SPEAKING 5급(11)점 이상 혹은 이와 상응한 공인 영어점수를 보유한 자 중국어 (우대) : 新HSK 5급(180점), HSK회화 중급 이상 혹은 이와 상응한 공인 중국어 점수를 보유한 자 일본어 (우대) : JPT 600, JLPT N2 이상 혹은 이와 상응한 공인 일본어점수를 보유한 자	TOEIC 550점 또는 TOEIC Speaking LVL 6이상 자격 취득자 - 2013년 4월 1일 이후 국내정기시험 성적에 한함	제한 없음(영어, 일본어, 중국어 성적 우수자는 전형시 우대)
제출 서류	최종학교 졸업증명서 및 성적증명서 원본 각종 자격증 및 어학증명서 사본 취업보호대상자 증명원 (해당자에 한함)	1차 면접 시: 취업보호대상자 증명원 원본 1부(소지자에 한함)	국문 입사지원서(온라인작성) - 주민등록등본 - 어학성적표 원본 - 최종학교졸업(예정)증명서 - 성적증명서 - 자격증 사본 - 국가보훈증명원, 장애인증명원(해당자) - 기타 입사지원서에 기재한 내용을 증징할 수 있는 서류

주안점	제주항공의 기업문화에 맞는 새로운 도전의식을 가지고 함께 발전해 갈 비전을 가진 자를 선호.	젊고 창조적인 열정의 소유자	싹싹하고 참신한 서비스 마인드의 소유자
특이 사항	JPT, HSK 등 어학능력 우수자 국내외 항공사 경력자 우대(경력 2년 이하 가능) 면접 시 간단한 영어 테스트 있을 수 있음. 수영/체력 테스트는 별도로 진행하지 않음	제2외국어(일본어, 중국어) 능통자 우대 2년간 인턴근무 후 소정의 심사를 거쳐 정규직 전환	홈페이지에 등재된 자격증 및 기타 국가공인 자격증 외에 사설, 해외 취득 자격증은 인정되지 않습니다. 전형 전 과정은 부산에서 진행
전형 절차	서류전형→실무면접→체력검정→임원면접→신체검사	서류전형→1차 면접→2차면접(영어구술Test) →건강진단 및 체력Test →최종합격	입사지원→서류전형→1차면접→체력측정 인적성검사→2차면접→건강검진→최종합격
원서 접수 방법	www.jejuair.net	www.jinair.career.co.kr	www.recruit.airbusan.com
항공사 사정에 따라 변동될 수 있음			

자료 : www.jejuair.net, www.jinair.career.co.kr, www.recruit.airbusan.com을 참고하여 재작성.

2013년 2월 기준 토익 550점 이상 취득자에 한해서 지원할 수 있으나 그 전에는 600점 이상 지원할 수 있었음.

	티웨이 항공 (2015년 1월 기준)	이스타항공 (2015년 2월 기준)
학력	2년제 전문대학 졸업 이상, 전공무관	전문학사 이상 2015년 8월 졸업예정자 및 기졸업자로서 남성의 경우 군필/면제자
신장	162cm이상	162cm이상
시력	교정시력 1.0이상	나안 0.2이상, 교정시력 1.0이상인 자 (라식 등 시력교정 수술 후 3개월 경과자)
어학	TOEIC 550점 이상 성적 소지자 외국어능력(중국어) 우수자 우대	토익 550점 이상 중국어 : HSK 4급 이상, TSC 3급 이상 HSK회화 중급 이상 우대 일본어 : JPT660점, JLPT N1급 우대
제출 서류	최종학교 졸업(예정)증명서 최종학교 성적증명서 공인기관 발행 어학 성정증명서 원본 (2013년 1월 이후 취득 조건) 자격증 사본 (해당자에 한함) 경력증명서 (해당자에 한함) 취업보호 대상자 및 장애인 증명원 (해당자에 한함)	
주안 점		
특이 사항	휴대 가능한 악기 연주자 우대	기타 개인적 특기 보유자 우대
전형 절차	서류전형→ 1차면접→ 2차면접→ 수영TEST → 3차면접 → 신체검사 → 최종합격	서류전형 → 1차면접(신장측정) → 2차면접 → 건강검진 → 최종합격
원서 접수 방법		
항공사 사정에 따라 변동될 수 있음		

대한항공 객실승무원 채용공고와 지원서

채용안내

※ 아래 내용은 2015년 1차 신입 객실여승무원 채용 시 적용되는 사항이오니 참고하시기 바랍니다.

1. 지원서 접수 기간 : 2015년 1월 29일(목)~2015년 2월 9일(월) 20:00

2. 지원서 접수 방법
   - 대한항공 채용 홈페이지(recruit.koreanair.co.kr)를 통한 인터넷 접수

   ※ 우편, 방문 접수 및 E-mail을 통한 접수는 실시하지 않습니다.

3. 지원 자격기준
   - 해외여행에 결격사유가 없는 자
   - 기 졸업자로 전학년 성적평균 2.5이상(4.5만점)인 자(2015년 8월 졸업예정 포함)
   - TOEIC 550점 이상 취득한 자
     - TOEIC Speaking LVL 6 또는 OPIc LVL IM이상 자격 소지자 지원 가능
     - 서류 전형 합격자 발표일 2년 이내 응시한 국내시험에 한함
   - 교정시력 1.0 이상인 자

4. 전형절차

5. 제출서류(2차 면접 시 제출)
   - 어학 성적표 원본
   - 최종학교 성적증명서
   - 졸업(예정) 또는 재학 증명서
     - 석사 학위 이상 소지자는 대학 이상 전 학력 졸업 및 성적증명서 제출
   - 기타 자격증 사본(소지자에 한함)

6. 기타 사항
   - 국가 보훈 대상자는 관계 법령에 의거하여 우대합니다.
   - 영어구술 성적 우수자는 전형 시 우대합니다.
   - 국제선 객실승무원은 2년간 인턴으로 근무 후 소정의 심사를 거쳐 정규직으로 전환 가능합니다.
   - 서류전형 합격자는 2015. 2. 17(화) 채용홈페이지에 별도 공지 예정입니다.
   - 상기 일정은 회사 사정에 따라 변경될 수 있습니다.
   - 온라인 원서접수 마감일에는 지원자 급증으로 인해 원활하지 않을 수 있으므로 조기 제출 바랍니다.
   - 제출된 서류는 채용목적 이외에는 사용하지 않습니다.

7. 문의처 : 대한항공 인재개발실(e-mail : recruit@koreanair.com)

면접위원을 알자

 면접위원은 사람이다.

- 면접위원의 기분을 상하게 하지 말 것.
- 면접위원의 실수를 보고 비웃거나 '푸하하' 웃지 말 것.
- 면접위원에게 가르치려 들지 말 것. 뻔한 걸 길게 설명하지 말 것.
- 면접위원이 말할 때 시작하지 말 것.

 면접위원은 피곤하다.

- 면접위원이 친절할 것이라고 기대하지 말 것.
- 면접위원이 미소 띤 얼굴을 하고 있을 것이라고 기대하지 말 것.
- 면접위원이 인상쓰고 있더라도 심지어 지적하고 혼내더라도 지원자는 여유를 갖고 밝은 표정 유지할 것. 주눅들지 말 것.

 면접에 임하는 자세 7훈

- 지원회사에 대해 집중 분석, 연구하라.
- 침착하라.
- 예의 바르게 행동하라.
- 모르는 질문에도 성실하게 답변하라.
- 면접분위기를 주도하라.
- 가급적 면접위원에게서 눈을 떼지 마라.
- 기회가 주어지면 적극적으로 잡아라.

면접 준비요령

- 지원회사의 소재지를 정확히 알 수 있다.
- 기업이나 단체의 정식명칭Full Name을 알고 있다.
- 지원회사의 주력상품, 경영이념 등 회사의 개요를 파악하고 있다(홈페이지, 신문 등).
- 약속된 면접시간 30분 전에 도착하도록 스케줄을 짠다.
- 교통량과 거리, 소요시간 고려-지각은 금물, 시간나면 답사
- 면접실에 들어가서 공손히 인사한 후 또렷한 목소리로 본인의 수험번호와 이름을 말할 수 있다.
- 앉으라고 할 때까지 앉지 않는다.
- 면접할 때 면접위원을 편안한 마음으로 바라보며 시선을 많이 부딪칠 수 있다.
- 회사를 선택한 이유를 묻는 질문에 구체적으로 설명할 수 있다.
- 자신에 대해 3분간 이야기할 수 있는 준비가 되어 있다(영어/한국어 기본, 어학전공자는 전공어).
- 최신 시사상식을 잘 정리한다(특히 지원회사 관련 기사).

면접위원이 좋아하는 인물형

- 생활방식이나 주관이 뚜렷한 사람
- 조직의 일원으로서 목표달성에 이바지할 수 있는 협조적인 성향을 지닌 사람
- 어려움을 뚫고 나갈 수 있는 진취적인 사람
- 업무의 본질을 파악하고 이에 융통성 있게 대처할 수 있는 사람
- 개인의 감정을 자제할 수 있는 사람
- 소박하고 성실하며, 품위가 있는 사람
- 질문의 요지를 정확하게 파악하고 대답하는 사람
- 장점을 키우고 단점을 솔직하게 인정하며 고치려고 노력하는 사람
- 공손하나 비굴하지 않고 소신 있는 사람
- 명랑하고 긍정적인 인생관을 가진 사람

면접위원이 싫어하는 인물형

- 협동심이 부족하고 개인 중심적이어서 남을 의식하지 않는 사람
- 의지력이 약하고 패기가 부족해서 눈치만 보는 사람
- 책임감이 없고 성실하지 못한 사람
- 판단력이 부족하고 지혜롭지 못한 사람
- 문제의식이 없고 물에 물탄 듯, 술에 술탄 듯 하는 사람
- 논리적 사고가 부족한 사람
- 감각이 둔하고 창의력이 부족한 사람
- 인간관계에 서툴고 성격이 모나서 조직원 간의 인화에 문제가 있는 사람
- 지나치게 자기과시가 심한 사람
- 자기비하가 지나친 사람

면접 평가표를 알자

면접 시 용모 복장 평가표

면접 시 용모 복장 〈여자〉

항목	번호	내용
머리	1	전체적 – 청결하게
	2	염색/파마/유행하는 머리모양은 금물
	3	드라이 상태가 양호한가 – 뒷머리 납작하지 않게
	4	앞/옆머리 – 흘러내리지 않게
	5	뒷머리 – 빠지지 않게
	6	리본 – 화려하지 않게, 삐뚤어지지 않게
	7	리본 망 – 고정 되게, 헐겁지 않게
	8	실 핀 – 많지 않게
	9	말하면서 머리 만지는 것 절대 금물
화장	10	얼굴/목 색깔, 마스카라
	11	지나친 유행 화장은 금물 – 컬러렌즈, 서클렌즈 X
	12	아이섀도 / 립스틱 색 – 화사하나 튀지 않게

항목	번호	내용
복장	13	모집 안내사항의 복장대로 입었는가
	14	크기 적당한가 – 너무 헐렁하거나 꽉 끼지 않게
	15	속옷 비치지 않게 – 피부색 속옷 착용으로 보완 가능
	16	전체적 – 깨끗하게
	17	다림질 상태 – 양호하게
	18	치마 뒤트임 상태 – 양호하게
	19	옷 매무새 – 블라우스 빠지지 않게
	20	단추/지퍼 상태 양호하게
	21	검정, 회색, 청색 등 짙은 단색으로, 원피스 X
손	22	손톱길이 길지 않게
	23	매니큐어 칠했는가(1mm – 투명, 2mm – 색상)
	24	매니큐어 색상 적당한가 – 펄 X
	25	매니큐어 벗겨지지 않게 – 네일아트 X
액세서리	26	반지는 한 손에 1개 – 1cm 이내, 유색보색 X, 돌출형 X
	27	귀걸이 한 귀에 1개씩 – 부착형, 화려하지 않게
	28	시계 – 왼쪽, 여성용 시계
스타킹	29	색상 – 흐리지 않게, 살색 · 커피색으로, 검정색 X
	30	구멍/ 올 풀리지는 않았는가
	31	예비 스타킹 지참
구두	32	크거나 작지 않게 – 깔창
	33	반짝거리게 잘 닦았는가
향수	34	땀 냄새 나지 않게
	35	너무 강하지 않게
기타	36	수험표, 옷핀, 제출서류, 토익 성적표, 여권 복사, 이력서, 필기구, 약도, 물 휴지, 휴지, 헤어스프레이, 화장품, 손거울, 치약, 칫솔, 구강 청결제, 비상금, 물병, 우산, 생리용품

자료 : 저자 작성

구 분			CHECK 사항	YES	NO
머리	공통		1. 청결하게 관리합니다.		
			2. 지나치게 염색하지 않은 자연스러운 머리색입니다.		
	짧은머리		3. 앞머리가 눈을 가리거나 옆머리가 흘러 내리지 않습니다.		
			4. 지나치게 머리가 짧아 부자연스러운 이미지를 주지 않습니다.		
			5. 뒷머리가 뻗지 않고 드라이기로 정리가 잘 되어 있습니다.		
	긴머리		6. 잔머리를 헤어 제품으로 깔끔하게 정리하였습니다.		
			7. 지나친 컬Curl이 있는 퍼머 머리가 아닙니다.		
			8. 뒷머리는 그물망으로 고정되어 있거나 정리가 잘 되어 있습니다.		
얼굴			9. 자신의 피부 톤에 맞고 진하지 않은 자연스러운 기초 화장을 했습니다.		
			10. 너무 진하지 않은 자연스러운 색조 화장을 했습니다.		
손			11. 매니큐어를 하였습니다. (짧은 손톱에는 투명, 긴 손톱에는 컬러가 있는 매니큐어)		
			12. 손이 트지 않고 손톱 주변 정리가 잘 되어 있습니다.		
정장			13. 정장에 구김이 없습니다.		
			14. 정장에 더러움이나 얼룩이 없습니다.		
			15. 정장과 블라우스에 단추가 제대로 달려 있습니다.		
			16. 정장 겉으로 심하게 속옷이 비치지 않습니다.		
			17. 치마단이나 바지단이 뜯어져 있지 않습니다.		
			18. 스커트 길이가 너무 짧지 않고, 바지는 너무 달라 붙지 않습니다.		
소품			19. 귀걸이, 목걸이, 반지, 브로치는 각각 1개 이하로 하고 있습니다.		
			20. 시계는 패션시계나 만화 시계가 아닌 정장에 어울리는 시계입니다.		
			21. 반지는 폭 10mm 이내의 금, 백금, 은 소재의 반지를 착용하였습니다(돌출형 반지 금지).		
			22. 귀걸이는 5mm 이내의 1쌍을 착용하였습니다. (유색 보석류나 흔들거리는 디자인의 귀걸이는 금지)		
			23. 컬러렌즈나 서클렌즈를 사용하지 않았습니다.		
			24. 가방과 구두는 정장에 어울리는 것으로 착용하고 있습니다.		
			25. 스타킹은 반드시 착용하였습니다.		
			26. 구두굽이 너무 낡지 않았으며 구두가 깨끗이 손질되어 있습니다.		
			27. 자신에게 맞는 은은한 정도의 향수를 사용하고 있습니다.		

여러 가지 면접 평가표

면접 평가표		면접자	
		면접일	
성명		성별	
수험번호		나이	
최종학력		출신학교	
평가요소	평가항목	평가점수	평가소견
외관	용모 청결/단정성 태도 경어사용(인사성) 표정 예의성	⑤ ④ ③ ② ①	
성격	명랑/쾌활성 성실/근면성 지구력/자제력 인품호감도	⑤ ④ ③ ② ①	
원숙도	안정감 신뢰감 침착성	⑤ ④ ③ ② ①	
지력	기민성 지각력 사고력 위기대처능력	⑤ ④ ③ ② ①	
의사소통	설득력 이해력 표현력	⑤ ④ ③ ② ①	
의욕 및 패기	적극성/진취성 추진력/지도성 단체 활동 책임감/관심도	⑤ ④ ③ ② ①	
전공적합성	전공적합성 특수자격조건	⑤ ④ ③ ② ①	
외국어능력 교양/상식지식	외국어구사능력정도 교양 및 상식/지식	⑤ ④ ③ ② ①	
평가점수 합계 및 소견			
면접위원확인란		(인)	

날짜 :　　　　　수험번호 :　　　　　이름 :

평가 항목	평가요소	평가등급					평가소견
		5	4	3	2	1	
자세	걷는 자세						
	인사 자세						
	선 자세						
	앉고 서는 자세						
	뒷모습-머리, 어깨, 무릎						
용모	신장과 체중의 균형						
	피부톤 및 얼굴 이미지						
	전체적인 이미지						
표정	밝은 미소						
	시선처리						
	자신감						
	신뢰감						
복장	치우치지 않은 세련미						
	전체적인 조화						
	어울리는 화장						
말씨	표준어 구사						
	발음						
	신뢰감						
	순발력						
	표현력						
음성	신뢰감						
	안정감						
	목소리 톤						
성격	성실/근면성						
	의지력/적극성						
	마음가짐						
업무 지식	자기표현력						
	정확성						
	창의력						
포부	목표의식						
	직업의식						
	자기계발						
외국어	이해력						
	표현력						
	정확성						
종합평가							

수험번호 :   이름 :

자세 (Attitude)

선 자세	머리		어깨		허리		다리	
	정대칭	비대칭	정대칭	비대칭	정대칭	비대칭	곧음	

앉은 자세	머리		어깨		다리	
	정대칭	비대칭	정대칭	비대칭	곧음	

걷는 자세	대칭		속도		표정밝기		
	정대칭	비대칭	빠름	느림	上	中	下

인사 자세	대칭		속도		표정밝기		
	정대칭	비대칭	빠름	느림	上	中	下

용모(Appearance)

Hair~do	上	中	下
Make~up	上	中	下
복장	上	中	下
구두	上	中	下
기타	귀걸이	시계	스타킹

인터뷰(Interview)

표정처리	上		中		下	
시선처리	上		中		下	
말의 속도	정상		빠름		느림	
미소	지속적	차분	밝은	당황		미흡
내용의 질	上		中		下	
언어적 습관	어~어~음	쩝, 후르릅	손불안/다리불안/팔불안/시선불안			
답변	정확성		성실성		침착성	

기타

개인별 CHECK LIST   이름 :

1. 걷는 자세		
걸어가는 자세	상 / 중 / 하	
시선	상 / 중 / 하	
미소	상 / 중 / 하	
2. 서 있는 자세		
인사동작	상 / 중 / 하	
시선	상 / 중 / 하	
미소	상 / 중 / 하	
3. 앉은 자세		
앉아 있는 자세	상 / 중 / 하	
시선	상 / 중 / 하	
미소	상 / 중 / 하	
4. 인터뷰		
한국어	상 / 중 / 하	
영어	상 / 중 / 하	

항공사 승무원 면접의 특징

항공사 승무원은 최고의 서비스를 자부하는 전문직이다. 이러한 전문인을 육성하는 항공사에서는 일반 기업과 달리 신장과 시력 등의 신체적 조건을 지원 자격사항에 포함시키고 있다. 이것은 승객의 짐을 올려 보관하는 공간 및 서비스를 준비하는 작업 공간의 높이를 고려한 것으로 기내 작업공간에서의 능률성을 위한 것이라 할 수 있다.

또한 시력은 항공이라는 특수한 환경에서 일어나게 되는 예측치 못한 상황에 대비하여 원활하고 신속한 대처를 위한 하나의 신체조건이며 기내 서비스 시 승객과의 대면에 있어서도 밝은 인상을 주기 위해서도 필요한 조건 중 하나이다. 시력이 나쁘면 멀리 있는 승객의 요구에 빠르게 응하기 어렵고, 미간을 찌푸리는 등의 좋지 않은 이미지 습관이 생길 수도 있기 때문이다.

높은 고도로 비행하는 항공기의 기내에서는 지상보다 부족한 산소량과 기압차로 인한 시체적 변화(소화불량, 어지러움, 혈액순환 장애 등)를 경험하게 되고 매우 건조하여 수분을 자주 보충해 주어야 하는 등 지상과는 다른 특수한 환경이다. 여기에 장시간 비행인 경우 시차를 극복하고 업무를 해야 하는 어려움도 있다. 그러므로 이러한 환경에서 근무해야 하는 승무원에게는 강한 체력과 정신력이 요구된다. 이러한 이유로 항공사에서는 체력검사와 신체검사를 매우 엄격히 실시하고 있다.

면접에서는 지원자의 서비스 마인드와 성실성을 알아보기 위한 질문이 많이 주어진다. 그리고 객실 서비스 또한 팀워크가 중요하므로 원만한 대인관계와 다양한 승객의 요구 및 예측치 못한 상황에 대응하는 능력을 알아보기 위한 특징이 있다. 대한항공에서는 면접 중 실제 서비스 상황을 연출하여 다양한 승객의 요구와 상황에 대처하는 역할극role-play이 실시되기도 한다.

인사담당자는 이런 자기소개서를 원한다.

- 분량이 적절하게 나누어진 자기소개서(A4 1~2장)
- 솔직하게 쓰려고 노력한 자기소개서
- 지원동기로 시작하는 자기소개서
- 지원기업에 맞는 맞춤 자기소개서
- 지원동기와 지원분야가 구체적이고 확실한 자기소개서
- 진실감이 느껴지고 진솔한 자기소개서
- 문장 및 표현이 일관성 있는 자기소개서
- 과잉 치장과 진부한 표현이 적은 자기소개서
- 전문용어, 약자가 적은 자기소개서
- 자신의 열정과 정성을 전략적으로 표현한 자기소개서

Chapter

03

나를 알자

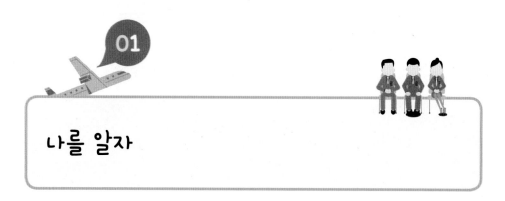

나를 알자

자기분석 3단계

자기분석 ─┬─ 과거
          ├─ 현재
          └─ 미래

자신의 성격 취미
자신의 미래
(Life Plan)

─┬─ 자신이 하고 싶은 직업 분석
 └─ 회사 선택의 기준

자기분석의 흐름

과거의 모습	현재의 모습	미래의 모습	직업 · 업종 연구
● 열중했던 일	● 장점, 단점	● 목표	● 직종
● 학업	● 특기과목	● 이상	● 업종
● 동호회	● 취미, 특기	● 생활계획	● 기업
● 동아리	● 좋아하는 것	● 추진방안	● 경영상태
● 여가생활	● 신조, 좌우명	● 어려운 점	● 근무조건

나를 알자

표 3-1 🖋 나를 알자	오늘날짜[1]

이름	
키	
시력(나안, 교정)	
토익 점수	
기타 외국어	
해외 경험	
봉사 경험	
서비스 경력	
기타 경력	
체력	
취미	
특기	
자격증/수료증	
단점 3가지	
장점 3가지	
성격의 단점 3가지	
성격의 장점 3가지	
좌우명	
존경하는 인물	한국여성	
	외국여성	
	한국남성	
	외국남성	
지원동기	
입사 후 포부	
학교소개	
학과소개	
가족소개	
자기소개	

자료 : 저자 작성

1 나를 알자 표를 솔직하게 작성하고 자격증 취득이나 봉사경험 등 추가할 부분이 생기면 수시로 수정한다.

면접장에 들어가 면접위원에게 처음 단독으로 이야기하는 것이 이름이기 때문에 정확하게 전달하기 위해서 특이한 성, 특이한 이름, 초성에 'ㅎ'이 들어가는 이름은 발음을 제대로 해야 한다. 또한, '김진아', '김지나'와 같은 경우 처음 듣는 사람이 자신의 이름을 잘 알아들을 수 있도록 명확하게 전달하는 것이 중요하다.

키는 항공사 지원서에 승무원의 업무 특성상 기내의 머리 위의 선반을 열고 닫을 수 있어야 하기 때문에 키를 작성하게 한다. 그래서 최근 아시아나항공에서는 면접 시 키뿐만 아니라 암리치arm-reach도 재고 있다.

시력은 나안시력, 교정시력을 지원서에 쓰게 하는데 자신의 정확한 시력을 알고 있어야 하고 승무원이 되려면 미리 건강검진을 받아 볼 필요가 있다. 대한항공의 경우 나안시력은 보지 않으나 교정시력이 1.0이 되는 않는 경우 건강검진을 통과할 수 없다. 아시아나항공의 경우는 나안시력을 보는데 0.2 이상이어야 하며 교정시력은 시력교정수술을 받은 경우 3개월이 경과되어야 한다.

토익점수는 국내항공사의 국제선 승무원 지원가능 점수는 550~600점이다.

해외경험이 있는 경우는 승무원 면접 시 빈번하게 나오는 질문이다. 자신이 다녀온 곳, 인상적인 곳을 전략적으로 얘기하는 것이 좋다.

봉사경험은 면접위원이 묻지 않는 이상 한두 차례 봉사활동을 한 경우는 언급하지 않는 것이 좋고 지속적으로 한 경우만 언급한다.

서비스 경력은 특급호텔이나 놀이동산, 패밀리 레스토랑 등 면접위원이 알 만한 곳에서 아르바이트한 경우만 지원서에 작성한다. 호프집, 편의점, 일반식당 등에서 아르바이트한 것은 지원서에 작성하지 않는 것이 좋다.

체력은 승무원에게 가장 중요한 요건 중에 하나이다. 그래서 빈번하게 체력에 관한 질문이 나오는데 '체력이 좋습니다.'라는 대답으로는 부족하다. 체력관리를 위해 평소 어떤 운동을 하고 있는지 구체적으로 이야기하는 것이 좋다. 특히 키가 작고 과소체중인 사람에게 질문하니 잘 준비해두기 바란다.

취미와 특기는 같은 분야로 이야기하지 않는 것이 좋다. 예를 들어 취미가 '트로트 듣기', 특기가 '트로트 부르기'처럼 비슷한 분야는 추천하지 않는다. 취미, 특기 중에 하나가 실외활동이라면 다른 하나는 실내활동이 좋고 하나가 동적이면 다른 하나는 정적인 것으로 택하는 것이 좋다. 여기서 거짓말을 하지 말고 자신의 취미,

특기 중에서 선택해야 한다. 그리고 지원서에 취미, 특기를 무엇을 썼는지 반드시 기억하고 면접장에 가야 한다.

자격증이나 수료증은 평소 스캔해서 정리해둘 필요가 있다. 지원직종에 전혀 맞지 않는 자격증이나 수료증은 작성하지 않는 것이 좋다. 예를 들어 객실승무원을 지원하는데 공인중개사 자격증은 기입할 필요가 없다. 유효기간이 있는 자격증이나 수료증은 지원시기에 맞추어 취득할 필요가 있다. 예를 들어 심폐소생술 수료증의 경우 유효기간이 2년이기 때문에 4년제 대학에 다니는 학생의 경우 1학년 때 수료하기보다는 3~4학년 때 수료하는 것을 권한다.

자신의 장·단점에 대한 질문은 매 채용 때마다 나오는 질문이고 앞으로도 계속해서 나올 질문이다. 자신의 '장·단점을 이야기하세요.'와 '자신의 성격에 대한 장·단점에 대해 이야기하세요.'는 완전히 다른 질문이다. '장·단점을 이야기하세요.'라고 할 경우 답변으로는 "저는 길치입니다, 몸치입니다, 기계치입니다." 류의 답변이 가능하다.

그러나 성격의 장·단점으로의 "저는 길치입니다, 몸치입니다, 기계치입니다." 류의 답변은 불가능하다. 자신에 대한 장·단점이라 정답은 없지만 승무원을 하기에 적합한 성격은 있기 마련이다. 예를 들어 규칙적으로 생활하는 것이 자신의 장점이라고 이야기하기에는 승무원을 채용하는 자리에서는 적합하지 않다. 그 이유는 승무원은 스케줄에 따라 불규칙하게 생활하는 직업이기 때문이다.

'자신의 장·단점을 이야기하세요'라고 질문이 나오기 때문에 장점을 먼저 얘기하고 다음에 단점을 이야기하는데, 이럴 경우 단점만 면접위원의 기억에 남을 수 있다. 그러므로 단점부터 이야기를 하고 어떻게 그 단점을 극복하려는지, 어떻게 개선하려는지, 노력하는 바를 말하고 장점은 나중에 말하는 것이 좋다.

단점을 하나 이야기할 경우 장점을 세 가지 정도 이야기한다. 그래서 요즘 새롭게 나오는 기출문제를 보면 '장점 3가지, 단점 3가지를 이야기하세요.'라는 질문이 있다. 그래서 반드시 자신의 장·단점 3가지씩을 준비해 가야 한다.

자기소개, 자기 PR 관련 기출문제

💡 자기소개 짧게 해보세요.

💡 수험번호/자기PR/자기소개 공통질문입니다.

💡 수험번호 이름 자기소개 20초 공통질문입니다.

💡 자기 PR을 1분 내로 해보세요.

💡 50초 자기 PR 해보세요.

💡 개성 있는 자기소개해보세요.

💡 자기 자신을 소개/PR 해보세요. 1분 안에 자신을 소개해보세요(혹은 자신 있는 외국어로 소개).

💡 1분 동안 자신이 왜 승무원에 어울리는지 말씀해보세요.

💡 30초 이내의 간단한 자기소개와 자신의 인생의 모델로 삼고 싶은 사람은 누구입니까?

💡 수험번호, 이름을 말씀해 주신 후, 각자가 준비해 온 면접용 멘트나 소개하세요.

💡 우리는 여러분을 잘 모르니 기억에 남길 수 있는 자기소개를 해보세요.

💡 본인 자랑해보세요.

💡 (지원자들이 낸 자기소개서를 바탕으로 즉석에서) 활달하고 주위사람들을 즐겁게 한다고 했는데 1분 동안 면접위원들을 웃겨보세요.

💡 나는 ○○○이다(간단한 자기표현과 이유).

💡 외모 중 가장 자신 있는 부분이 어디입니까?

💡 자신에 대해서 사자성어로 표현해보세요.

💡 자신을 색깔로 표현한다면 무엇입니까? 그 이유는?

💡 자신을 표현할 수 있는 영어단어, 한글단어, 고사성어를 각각 한 가지씩 말해보세요.

💡 자신의 매력 포인트는 무엇이라고 생각합니까?

💡 자신의 외모 중 가장 매력적이라고 생각되는 부분은 무엇입니까?

💡 자신의 첫인상에 대해서 남들이 뭐라고 합니까?

💡 자신이 얼마짜리 사람이라고 생각합니까?

💡 잘 웃는 편입니까? 자신의 미소에 대해 어떻게 생각합니까?

💡 자신을 동물에 비유해보세요.

💡 이름으로 삼행시를 지어보세요.

💡 자신을 표현하는 형용사나 명사는 무엇이라고 생각하십니까?

💡 자신을 색깔에 비유하여 말해보세요.

💡 주변 사람들이 자신을 어떻게 평가합니까?

💡 자신을 소개하기에 알맞은 꽃은 무엇입니까?

💡 (지원경험있는 경우) 어떤 점이 모자랐고 그걸 보완하기 위해 무엇을 노력하셨습니까?

💡 다른 사람이 생각하는 본인의 이미지는 무엇입니까?

💡 이름은 누가 지어주셨습니까?

💡 저번 면접에서 왜 떨어졌다고 생각하십니까?

💡 자신을 세 가지 단어로 표현해보세요.

💡 자신의 성격을 형용사로 세 가지 표현해보세요.

💡 자신의 이름에 대해서 소개해보세요.

💡 자신을 5글자로 표현해보세요.

💡 자신이 가진 경쟁력은 무엇입니까?

💡 자신을 한 단어로 표현해보세요.

💡 자신을 꽃에 비유한다면 어떤 꽃에 비유할 것이며, 그 이유는 무엇인가요?

💡 가장 받고 싶었던 질문을 말씀해보시고, 그에 대한 답을 해보세요.

💡 자기를 표현할 수 있는 영어단어 한 가지와 그 이유를 말해주세요.

💡 자신을 악기에 비유한다면?

💡 자신을 다섯 단어로 나타낸다면?

💡 본인 이름 뜻과 이름이 지어지게 된 사연은 무엇인가요?

💡 이름풀이 해보세요.

외국어 능력, 영어 및 제2외국어 관련 기출문제

💡 영문과인데 토익점수가 낮네요, 왜 그렇죠?

💡 영어로 자신의 취미에 대해서 설명해주세요.

💡 영어로 한국을 소개해보세요.

💡 한 달 용돈을 얼마나 쓰는지 누가 주는지 어디에 쓰는지 영어로 말씀해 보세요.

💡 수험번호, 이름, 전공 포함해서 영어로 간단한 자기소개 해주세요.

💡 지금 자신의 상황을 4자성어로 표현하고 설명은 영어로 힘들면 한국어로 해보세요.

💡 영어공부 어떻게 하셨습니까?

💡 영어가 중요한데 왜 영어가 중요한지 영어로 말해보세요.

💡 사장님 질문 – 영문과 학생에게 : "○○대에는 공부 잘 하고 시골 출신의 학생이 많다."를 영어로 해보세요.

💡 영어 성적이 높으신데요, 쿠바에 대해서 영어로 설명해보세요.

💡 영어 방송문을 한번 읽어보세요.

💡 영어 외에 할 수 있는 외국어가 있습니까? 자격증이 있습니까?

💡 영어가 왜 세계 공통어라고 생각합니까?

💡 영어와 다른 외국어 중 무엇이 더 편합니까?

💡 영어회화는 어느 정도 가능합니까? 자신이 있습니까?

💡 학과에 원어민 영어교수님이 있습니까?

💡 T.G.I FRIDAY가 무엇의 약자인가요?

💡 자신을 영어 단어 하나로 표현한다면 무엇입니까?

💡 영어면접 어땠습니까?

💡 영어가 왜 필수라고 생각하십니까?

💡 지금 이 분위기를 고사성어로 얘기해 보고 왜 그 고사성어를 선택했는지 영어로 설명해보세요.

💡 파리 갔다 오셨는데, 파리 소개를 영어로 해보세요.

💡 가장 자신 있는 언어로 자기소개 해보세요.

💡 가장 자신 있는 외국어로 자기소개 해보세요.

💡 자신의 전공어로 입사 후 포부나 자기소개 해보세요.

💡 외국어가 중요한데 어떻게 준비하고 있습니까?

💡 승무원에게 외국어가 왜 중요하다고 생각합니까?

💡 회화와 작문 중 어떤 것을 잘합니까?

💡 전공이 외국어인데 외국어 얼마나 하십니까?

💡 어학 성적이 없는 이유는 무엇입니까?

💡 당신의 이력서에, 중국어를 잘한다고 했는데, 어디에서 공부했습니까?

💡 이 한자를 한번 읽어보세요.

💡 전공이 일본어인데 준비해 온 것 있으면 해보세요.

💡 (JPT, JLPT 자격증이 있는 경우) 어떤 시험인지 설명해보세요.

💡 일본어 전공인데 자기소개 해보세요.

💡 제2외국어 수준은 어느 정도 됩니까?

💡 일본어 자격증을 갖고 있습니까?

💡 불어 배우신 분들 불어 자격증 레벨에 관해 설명해주세요.

💡 토익 고득점 비결이 무엇입니까?

💡 토익 시험 성적에는 만족을 하십니까?

💡 토익 기준은 어디에 있으며 왜 토익 점수를 회사에서 요구한다고 생각하십니까?

💡 토익 점수가 낮은데 그 이유는 무엇입니까?

💡 영어과인데 토익 성적이 왜 이 점수입니까?

💡 아시아나항공에 대해서 아는 대로 영어로 해보세요.

💡 자신의 전공어로 "아시아나항공을 이용해주셔서 감사합니다."라고 말씀해
보세요.

💡 "아시아나항공을 이용해 주셔서 감사합니다." 제2외국어로 해보세요.

해외경험, 연수경험, 유학경험 관련 기출문제

💡 여행경험에 대해서 말씀해주세요.

💡 유럽여행 중 어디가 가장 좋았나요?

💡 여행을 하면 돈이 굉장히 많이 들었을 텐데, 여행 경비는 어떻게 마련했나요?

💡 여행하면서 힘든 건 없었나요?

💡 여행하면서 무엇을 느끼셨나요?

💡 연수 중 가장 먹고 싶었던 음식이 무엇이었나요?

💡 해외여행 경험 있으십니까?

💡 여행 갔던 곳과 추천해주고 싶은 곳은 어디입니까?

💡 여행경험에 대해 말씀해보세요.

💡 배낭여행계획은 어떻게 만들었습니까?

💡 여행경비는 어떻게 만드셨습니까?

💡 중국 어학연수 다녀왔네요, 중국 사람들과 우리나라 사람들의 차이점은 무엇이 있을까요? / 어학연수 중 가장 기억에 남는 일은 무엇이었습니까?

💡 어학연수 경험에 대해 말씀해보세요.

💡 외국여행 해보셨습니까?

💡 가보았던 여행지 추천해주세요.

💡 여행을 하면서 언제 한국인이라는게 가장 자랑스럽던가요?

💡 어학연수의 장·단점에 대해서 말씀해보세요.

💡 그 곳에서 어떻게 공부를 하고, 생활을 했는지 영어로 말씀해보세요.

💡 항공 티켓이 생겼을 때 누구와 어디에 가고 싶은지 말씀해보세요.

💡 국내 배낭여행을 할 경우 꼭 가지고 갈 3가지는 무엇입니까?

💡 취미가 여행인데 가장 인상 깊었던 곳은 어디입니까?

💡 여행하고 싶은 곳이 있다면 어디입니까?

💡 호주 갔다 오셨는데요, 뭐가 가장 힘들었나요?

💡 문화적 충격이 어떤 것이 있었어요?

💡 왜 외국에서 공부를 하셨습니까?

💡 호주연수 경험이 있는데 호주인과 한국인의 차이점은 무엇이라고 생각하십니까?

💡 어학연수를 다녀온 적이 있습니까? 어느 도시에서 있었습니까?

💡 연수 다녀오셨나 보네요. 영어로 있었던 일이나 하고 싶은 말씀을 해보세요.

💡 연수경험을 영어로 말씀해보세요.

💡 많은 대학생들이 연수를 가거나 인턴십을 가는데, 본인은 왜 이런 경험을 안 했어요?

💡 미국으로 6개월 연수갔다가 오셨는데 영어가 많이 늘었나요?

💡 어학연수 경험 있으세요? 연수 가는 게 많은 도움이 될까요?

💡 어학연수를 가면 한국 사람들끼리 어울린다던데, 어떻게 공부했습니까?

💡 여행지 중 제일 기억나는 곳은 어디입니까?

서비스경력, 사회경험, 봉사경험, 기타 경력, 자격증

외국어 및 자격증 Test

 영어(TOEIC)

영어가 모국어가 아닌 사람들을 대상으로 언어 본래의 기능인 '커뮤니케이션' 능력에 중점을 두고 일상생활 또는 국제업무 등에 필요한 실용 영어 능력을 평가하는 시험이다.

 중국어 : 중국한어수평고시(Chinese Proficiency Test/ HSK)

한어수평고시(중국어 간체 : 汉语水平考试, 병음 : Hànyǔ Shuǐpíng Kǎoshì, HSK)는 중국어 시험 중 하나이다. 약자로 HSK라고 불리며 외국인을 위한 중국어 시험으로 가장 권위가 있다. 대상은 외국인, 화교 등이다. 중국정부의 지원하에 북경어언대학이 개발하였다. 현재 중국 교육부 국가한어수평고시위원회가 출제, 채점, 증서발급을 주관하며, 한국에서는 한국HSK실시위원회, HSK한국사무국이 HSK실시업무를 담당한다. 토익에 해당하는 비즈니스 한어수평고시, 그리고 아동 한어수평고시가 최근 소개되었다.

 일본어

- JPT (YBM 시행)

JPT는 일본 순다이 어학원에서 출제한다. 언어의 본래 기능인 communication 능력을 측정하기 위한 시험으로 동경을 중심으로 한 표준어로 출제된다. 시험

내용은 청해(사진묘사, 질의응답, 회화문, 설명문)와 독해(정답 찾기, 오문정정, 공란 메우기, 독해)의 두 분야로 출제한다.

- 신JLPT (일본국제교육협회 시행)*[Japanese Language Proficiency Test]*
  일본 국내 및 국외에서 일본어를 모국어로 하지 않는 사람을 대상으로 일본국제교류기금과 일본국제교육지원협회가 주최하는 일본어능력시험이다.
  시험은 N1, N2, N3, N4, N5 등 5개의 등급으로 나누어 시행하기 때문에, 수험자 스스로 자신에게 맞는 등급을 선택할 수 있다. 각 레벨에 따라 N1~N2는 언어지식(문자 · 어휘 · 문법) · 독해, 청해의 두 과목으로, N3~N5는 언어지식(문자 · 어휘), 언어지식(문법) · 독해, 청해의 세 과목으로 구성되어 있다. 5개의 등급으로 개편되면서 각 등급 모두 만점은 180점이고, 과락제도를 도입하였다.

심폐소생술 수료증

심폐소생술은 일상생활에서 심장쇼크가 발생하였을 때 즉각적이고 올바른 처치를 행할 수 있도록 하는 지식과 기능을 말합니다. 심폐소생술과정은 응급처치의 원리, 심장발작의 원인과 증상, 성인, 영아, 어린이의 인공호흡법과 심폐소생술, 자동제세동기(AED)의 사용법, 기도폐쇄 처치법을 배우는 과정으로써 고등학교 1학년 이상이면 누구나 강습에 참가할 수 있으며, 강습시간은 4시간, 2년마다 갱신해야 합니다.

항공서비스매니저 자격증

항공서비스관리 업무를 수행할 수 있는 능력을 배양하는 자격증

항공서비스 및 고객가치에 대한 정립을 통해 효율적인 고객접점관리와 서비스 프로세스 구축이 가능한 수준으로 항공서비스매니저에 대한 자질과 역할에 대한 비전과 사명감을 이해하고, 항공서비스관리 업무를 수행할 수 있는 능력을 배양하는 것이 목적입니다.

항공계열의 전문대학 이상재학생 및 졸업자, 항공서비스관련 30시간 이상의 교육 수료한 자, 항공서비스관련 직무 만1년이상의 실무경력자만 가능하다.

자격증 취득시 주의점

▶ 자격증 발행기관의 신뢰성을 따져봐야 한다.

자격증을 취득하려고 인터넷을 통해 알아보면 새롭게 신설된 자격증도 많고 발행기관도 많고 도저히 어떤 기관에서 자격증을 따야 인정받을 수 있을지 판단하기 힘들 것이다. 관련단체 등의 공인된 기관에서 취득해야 효력이 있고, 인정받을 수 있다.

▶ 수요와 공급을 고려해봐야 한다.

많은 사람들이 취득하는 자격증은 취득한 사람들도 많고 경쟁도 치열할 수가 있다. 선견지명을 가지고 미래에 가치 있을 만한 자격증도 미리 취득해야 한다.

▶ 해당 자격증에 대한 실무를 갖춘다.

자격증이 있다고 해도 관련 실무능력을 계속 업그레이드시키지 않는다면 그 자격증의 가치는 점점 사라지게 될 것이다. 자격증을 취득하는 것으로만 그치지 말고 취득 후에도 실무를 갖출 수 있도록 노력해야 한다.

자격증 취득 전략

▶ 경력관리 및 직무에 도움이 되는 자격증을 준비한다.

자신이 일하고 싶은 분야, 관심 있는 분야의 자격증 시험을 공부하여 나의 사실노 높일 수 있고 취업분야에 연관되어 있는 자격증을 취득한다.

▶ 국가교육기관을 잘 이용한다.

자격증 하나를 취득하기 위해 만만치 않은 비용을 내고 사설학원을 이용하고 있는 친구들이 많이 있을 것이다. 응시전형료도 만만치 않다. 하지만 국가에서 실시하고 있는 취업교육을 잘 이용하면 사설학원비보다 30~50% 정도 저렴한 비용으로 자격증을 취득할 수 있다.

▶ 취업 시 가산점 또는 우대받는 자격증을 파악해야 한다.

기업에서 신입사원을 선발할 때 지원분야의 관련 자격증을 소지하고 있느냐, 아니냐에 따라서 관련 가산점을 주기도 한다. 취업을 위한 것이 목적이라면 기업 채용 시 우대하거나 가산점을 부여하는 자격증이 무엇인지 파악해 본다.

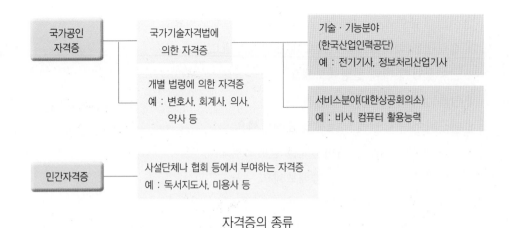

자격증의 종류

서비스경력, 사회경험, 봉사경험, 기타 경력, 자격증 관련 기출문제

💡 지금 하고 있는 일을 설명해보세요.

💡 현재 하고 있는 일에 대해서 말씀해주세요.

💡 현재 어떤 일을 하고 있습니까?

💡 지금 현재 하고 있는 일은 무엇입니까?

💡 자신의 직업에 대해서 설명해보세요.

💡 직장에서 당신의 역할은 무엇입니까?

💡 졸업 후 2년 동안 무엇을 하셨습니까?

💡 졸업하고 지금까지 무엇을 하셨습니까?

💡 졸업한지 1년이 넘었는데 그동안 무엇을 하셨습니까?

💡 졸업 후 무엇을 하고 계십니까?

💡 은행에서 일한 경험이 있는데 무엇을 배우셨습니까?

💡 웨딩숍에서 얼마나 일하셨습니까?

💡 왜 전 직장을 그만두셨습니까?

💡 일해 본 경력은 어떻게 되십니까?

💡 당신의 경력에 대해서 말해주시겠습니까?

💡 서비스 분야에서 일해 본 경력에 대해서 말해보세요.

💡 경력내용(회사명, 직위명)에 대해 말해보세요.

💡 근무경험에 대해 설명해보세요.

💡 아르바이트 경험이 있습니까?

💡 아르바이트 경험에 대해서 말씀해보세요.

💡 아르바이트 경험 중 에피소드를 말해보세요.

💡 서비스 경험에 대해서 말씀해보세요.

💡 전에 서비스 일을 해보셨습니까?

💡 서비스 아르바이트 경험에 대해 말씀해보세요. / 가장 힘든 점은 무엇이었습니까? / 가장 기억에 남는 서비스는 무엇이었습니까? / 가장 힘든 고객은 어떤 분이셨습니까?

💡 여러 곳에서 일을 하셨는데, 가장 기억에 남는 아르바이트는 무엇입니까?

💡 아르바이트하면서 가장 기억에 남는 것은 무엇입니까?

💡 서비스직 아르바이트를 하셨는데 그 곳에서는 어떻게 교육을 시킵니까?

💡 서비스직 아르바이트를 많이 했는데 어떤 고객이 가장 어려우셨는지 말해보세요.

💡 아르바이트하면서 최악의 손님과 가장 기억에 남는 손님에 대해서 말씀해보세요.

💡 아르바이트하시면서 가장 어려웠던 손님은 어떤 사람입니까?

💡 어떤 경력을 갖고 있고 어떤 점을 배우셨습니까?

💡 과거경력에서 가장 좋았던 점, 애로사항을 말해보세요.

💡 호텔에서 아르바이트 경험이 있으신데 어떤 점이 가장 힘들었습니까?

💡 당신이 경험했던 것 중 어려움을 극복하고 성공적으로 이끌었던 사례가 있습니까?

💡 실수를 통해서 극복했던 경험에 대해서 말씀해보세요.

💡 서비스하면서 실수했던 경험에 대해서 말해보세요.

💡 이 일에서 활용할 수 있는 당신의 경험에 대해서 말해주시겠습니까?

💡 과거 직업을 어떻게 경력으로 살려나가고 싶으십니까?

💡 아르바이트 경력, 그것이 승무원과 무슨 연관이 있다고 생각하십니까?

💡 본인의 서비스 경험들이 승무원 분야에서 어떻게 활용될 것 같나요?

💡 아르바이트 경력이 없는데, 왜 없는지요?

💡 아르바이트 경력이 없는데 특별한 이유라도 있습니까?

💡 아르바이트를 선택할 때 가장 중요하게 여기는 기준은 무엇입니까?

💡 서비스란 무엇이라고 생각하십니까? 자신의 어떤 점이 적합하다고 생각하십니까?

💡 서비스에서 중요한 것 2가지를 말씀해보세요.

💡 고객만족 서비스는 무엇이라고 생각하십니까?

💡 서비스 마인드란 무엇이라고 생각하십니까?

💡 배려하는 서비스는 무엇이라고 생각합니까?

💡 지금까지 받았던 최고의 서비스와 최악의 서비스는 무엇입니까?

💡 나이 많은 사람이 서비스를 하게 될 경우 어떨 것 같습니까?

💡 4년제 학위와 서비스의 질이 크게 연관이 있다고 생각하십니까?

💡 서비스직은 무엇이며 객실승무원이 왜 서비스직입니까?

💡 최근에 백화점이나 레스토랑에서 받은 서비스 중 감동적이었던 서비스를 말씀해주세요.

💡 호텔서비스 & 기내서비스의 차이점에 대해서 말씀해보세요.

💡 호텔에서 일하셨는데 그 호텔의 서비스 마인드는 무엇이었습니까?

💡 최고의 서비스란 무엇이라 생각하십니까?

💡 고객의 마음을 읽기 위한 방법으로 무엇이 있다고 생각하십니까?

💡 승무원이 된다면 어떻게 승무원 간에 협조를 하겠습니까?

💡 외항사의 승무원이였는데 국내항공사와 다른 점은 무엇입니까?

💡 봉사경험을 말해보세요.

💡 사회봉사활동 경험이 있습니까? 있다면 거기서 무슨 일을 했습니까?

💡 헌혈해보셨습니까? 해보셨다면 동기나 느낌을 말씀해보세요. 해보지 않으셨다면 왜 안해보셨습니까?

💡 호텔에서 일하신 분께, 어떤 일이 호텔에서 일하면서 가장 힘들었습니까?

💡 가장 대하기 힘든 사람은 어떤 사람입니까?

💡 현재 회사생활이 3개월밖에 안되었는데, 이직할 거 뭐하러 회사에 들어가셨습니까?

💡 슈퍼마켓에 오는 손님과 백화점에 오는 손님의 성향은 어떻게 다른지 말씀해보세요.

💡 직장 다니시는 분 페이는 얼마나 받으십니까? 돈관리는 어떻게 하십니까?

💡 어떤 관리 스타일이 효과적이라고 생각합니까?

💡 어떤 문제에 부딪쳤을 때, 혼자 있는 것과 여럿이 있을 때 어느 편이 더 좋습니까?

💡 자신이 상사 혹은 회사가 적성에 맞지 않는 일을 시킨다면 어떻게 하겠습니까?

💡 리더가 된다면 당신의 관리 스타일을 설명해 주시겠습니까?

💡 상사가 업무와 무관한 일을 시키면 어떻게 할 생각입니까?

💡 사람들과 협조해 가자면 무엇이 가장 중요하다고 생각합니까?

💡 팀원들과 마음이 맞지 않는다면 어떻게 대처하겠습니까?

💡 혼자서 일하는 것과 팀으로 일하는 것 중 어느 것을 선호합니까?

💡 회사의 일원으로서 어떻게 하면 협동심이 원활해진다고 생각하십니까?

💡 단체생활을 해본 적이 있습니까?

💡 '팀워크'는 무엇이라고 생각합니까?

💡 기업조직의 일체감을 위해 가장 중요하다고 생각되는 것은 무엇입니까?

💡 회사업무와 개인업무 중 어느 것이 더 중요하다고 생각합니까?

💡 바람직한 기업의 조건은 무엇이라고 생각하는가?

💡 근무내용, 주요직무(책임)

💡 일의 평가기준(연 몇 회 평가가 있는가)과 자신의 평가내용

💡 뛰어난 실적을 말씀해주세요.

💡 사직 이유를 말씀해주세요.

💡 일하면서 받았던 최고의 피드백 & 최악의 피드백에 대해서 말씀해주세요.

💡 어떻게 지원하게 되었습니까?

💡 어떤 기업에서 일하고 싶으십니까?

💡 당신의 고객과 클라이언트는 당신과 함께 일하기를 좋아합니까?

💡 당신의 상사와 업무상 좋은 관계를 어떻게 유지합니까?

💡 당신의 업무성과를 어떻게 판단합니까?

💡 당신의 이력서를 보니, 일을 자주 바꾸셨네요. 왜 그런지 설명할 수 있습니까?

💡 당신의 일 중 무엇이 가장 마음에 듭니까?

💡 당신의 일에서의 단점이 무엇입니까? 일에서 가장 스트레스를 받는 부분은 무엇입니까?

💡 당신의 지금 급여는 어느 정도 입니까?

💡 당신의 현 직장에서 중요한 일은 무엇입니까?

💡 당신이 겪은 최고 상사에 대해서 설명해보세요.

💡 당신이 달성한 업적에 대해서 말해주겠습니까?

💡 매일 어떻게 동기부여를 하면서 일을 계속합니까?

💡 목표를 달성하기 위해서 얼마나 노력했습니까?

💡 왜 전 직장을 그만두었습니까?

💡 일을 어떻게 시작했습니까?

💡 전 상사와의 관계에 대해서 설명해보세요.

💡 전 직장에서 가장 어려운 문제는 무엇이었습니까?

💡 직장에서 다른 사람과 어울리면서 무엇을 배웠습니까?

💡 퇴사 후 얼마 동안 일을 찾고 있었습니까?

💡 현재 근무하는 회사에 대해서 설명해 주시겠습니까?

💡 현재 상사를 어떻게 생각합니까?

💡 현재 회사를 다니고 있는데 어떻게 시험을 보러 왔습니까?

💡 갑작스런 일이 주어졌는데 사전에 다른 약속이 있다면 어떻게 하시겠습니까?

💡 기업 입장에서 어떤 정신자세를 요구한다고 생각합니까?

💡 기업의 이익과 고객의 이익에서 모순이 생긴다면 어떻게 하겠습니까?

💡 당신보다 나이 어린 사람이 선배 행세를 한다면 어떻게 하겠습니까?

💡 당신의 일하는 목적은 무엇입니까?

💡 동료나 상사가 커피심부름을 시킨다면 어떻게 하겠습니까?

💡 바람직한 직장인의 상을 말해보세요.

💡 바삐 출근하다 운동화를 신고 있는 것을 발견했다면 어떻게 하겠습니까?

💡 부서업무가 바빠서 휴가를 허락할 수 없다는 상사의 지시가 있다면 어떻게 하
   시겠습니까?

💡 사는 보람과 직업과의 관계를 이야기해보세요.

💡 상사가 내일까지 하라고 시킨 일이 절대 내일까지 못 끝낼 일이라면 어떻게
   하겠습니까?

💡 상사가 부당한 일을 시킵니다. 어떻게 하겠습니까?

💡 상사와 의견이 다를 때 어떻게 하겠습니까?

💡 선배가 규정에 어긋나는 부정한 일을 시킨다면 어떻게 하겠습니까?

💡 선약이 되어 있는 주말에 회사 일이 생겼습니다. 어떻게 하시겠습니까?

💡 신입사원으로서 주의해야 할 것은 어떤 것이라고 생각합니까?

💡 입문단계의 사원으로서의 일은 매일 똑같습니다. 어떻게 생각합니까?

💡 입사 후 다른 사람에게 절대로 지지 않을 만한 것이 있습니까?

💡 입사동기가 당신보다 먼저 승진했다면 어떻게 하겠습니까?

💡 자신에게 있어서 직장의 의미를 말해보세요.

💡 직장과 학교의 차이점은 무엇이라고 생각합니까?

💡 조직사회에서 당신이 열심히 일했는데도 불만을 들으면 어떻게 할 것입니까?

💡 직무상의 적성과 보수의 많음 중 어느 것을 택하시겠습니까?

💡 직장상사와 업무상 심한 의견충돌이 있다면 상사와의 불화를 어떻게 처리할 생각입니까?

💡 직장은 당신에게 어떤 의미를 준다고 생각합니까?

💡 취직이란 당신에게 어떤 의미가 있습니까?

💡 퇴근시간이 훨씬 지났는데도 상사가 계속 일을 시킨다면 어떻게 하겠습니까?

💡 하기 싫은 일이 주어진다면 어떻게 하겠습니까?

💡 학생과 직장인의 마음가짐은 어떻게 다른지 설명해보세요.

💡 협조를 하지 않고 제멋대로만 하는 동료가 있다면 어떻게 하겠습니까?

💡 회사에서 만약 동료나 상사의 부정을 알게 된다면 어떻게 하시겠습니까?

💡 회사원으로서 어떠한 마음가짐을 갖고 있습니까?

💡 친구들과 미리 정해놓은 휴가일정이 상사와 겹쳤습니다. 한 사람만 갈 수 있다면 어떻게 하시겠습니까?

💡 대학교 때 자격증 딴 게 있습니까?

💡 재학 중에 취득한 자격증이 있습니까?

체력관리, 건강 관련, 외모 관련 기출문제

💡 수영은 승무원의 기본인데 수영 수준은 어느 정도 됩니까?

💡 건강에 자신이 있습니까? 보기에는 약해 보이네요.

💡 운동을 한 적이 있습니까? 얼마나 자주 합니까? 그런데도 살이 안 빠졌습니까?

💡 건강관리를 위해 하는 것은 무엇인가요?

💡 꾸준히 하는 운동 있으신가요? 있다면 얼마나 어떻게 하고 있으신가요?

💡 운동을 전공하셨군요. 몸매가 좋은 비결은 무엇입니까?

💡 운동을 좋아하십니까?

💡 체력이 약해 보이는데 일할 수 있겠습니까?

💡 체력단련을 위해 어떤 운동을 하고 있습니까?

💡 성형에 대해 어떻게 생각하시고 고치고 싶은 곳이 있다면 어디를 하고 싶습니까?

💡 외모 중에 고치고 싶은 부분이 있으면 어디입니까?

💡 이미지 때문에 대한항공에서 성형을 권한다면 할 용의가 있습니까?

💡 평소에 느끼는 외모상 콤플렉스 어떤 것이 있습니까?

💡 본인이 직접 메이크업을 하셨습니까?

💡 화장을 직접 하셨나요? 아시아나 화장법 바뀐 것 알고 계세요?

💡 화장받고 오신 분들 왜 받고 오셨는지요?

💡 화장은 누가 해주었습니까?

💡 지금 화장하셨는데 평소에도 하시나요?

💡 남성의 메이크업에 대한 의견이 어떠한가요?

💡 머리와 화장은 어디서 얼마에 했는지 대답해보세요.

💡 머리가 길었던 적은 없습니까?

💡 왜 머리를 잘랐습니까?

💡 단발머리는 언제부터 기르셨습니까?

💡 보브 컷을 한 지원자 : 다른 헤어 스타일 해 본 적은 없으신가요?

💡 화장하는 데 시간이 얼마나 소요됩니까?

💡 평소의 뷰티 관리법을 말해보세요.

💡 피부와 몸매가 다들 좋으신데 혹시 자신만의 비결이 있습니까?

💡 신체 중 가장 자신 있는 곳은 어디입니까?

💡 신체적으로 단점이 있다면 어디인가요?

💡 미인대회 나가 본 적 있으십니까?

💡 키가 큰 것이 사는 데 도움이 되는 것 같습니까?

💡 키 제한에 대해 어떻게 생각하십니까?

💡 다이어트를 해 본 경험이 있습니까?

💡 다이어트나 체력관리를 위해 무엇을 하고 있습니까?

💡 무슨 음식을 좋아합니까? 살이 찌지는 않습니까?

💡 자기만의 스트레스 해소법에 대해 말해보세요.

💡 스트레스 어떻게 해소하십니까?

💡 본인만의 특별한 스트레스 해소방법은 무엇입니까?

취미, 특기

취미, 특기 관련 자료

취미, 특기는 모든 회사의 이력서에 기재하고 빈번하게 묻는 질문이므로 아래 그림처럼 균형을 맞추어야 한다.

취미 & 특기

동적 ↓ 정적					
운동	검도	테니스	스케이트타기	자전거타기	요가
수영	등산	산책하기	댄스스포츠	재즈댄스	볼링
배드민턴	한국무용	스노우보드	발레	사람관찰하기	요리
여행하기	드라이브	맛집탐방	문화재탐방	사진찍기	쇼핑
노래부르기	트럼펫연주	피아노연주	해금	플루트	바이올린
음악감상	영화감상	라디오듣기	팝송듣기	미국드라마보기	컴퓨터
서예	수집	십자수	일기쓰기	메이크업	편지쓰기
뜨개질	독서	칭찬하기	글쓰기	일본어	그림그리기

자료 : 여대생 100명의 취미, 특기를 조사하여 작성

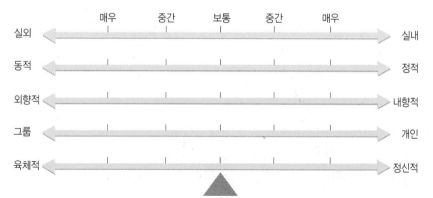

그림 3-1

취미 & 특기

자료 : 저자 작성

2 한쪽으로 치우치
지 않고, 균형을
이루어야 한다.

그림 3-2

취미 & 특기[2]

자료 : 저자 작성

실내 / 정적 / 내향적 / 그룹 / 육체적

실외 / 동적 / 외향적 / 개인 / 정신적

취미, 특기 관련 기출문제

💡 취미는 무엇입니까?

💡 영화 좋아하십니까?

💡 각자 취미와 그 취미의 장점에 대해서 말씀해보세요.

💡 소개해주고 싶은 영화가 있으면 말씀해보세요.

💡 자신의 특기를 활용해 본 적 있습니까?

💡 가장 최근에 본 영화와 그 영화로부터 얻은 교훈은 무엇이 있습니까?

💡 취미를 적으셨는데 어떤 계기로 그런 취미를 갖게 되셨는지 말씀해주세요.

💡 자신의 취미/특기에 대해서 말씀해보세요.

💡 가장 최근에 읽은 책/본 영화는 무엇입니까?

💡 책은 많이 읽었습니까?

💡 여가시간에는 주로 무엇을 하고 지내십니까?

💡 요리가 취미인데 어떤 요리를 잘 하십니까?

💡 좋아하는 요리에 대해서 말해보세요.

💡 가장 감명 깊게 본 영화/책은 무엇입니까?

💡 자신의 취미가 조깅이라고 하셨는데 자신만의 방법이 있으십니까?

💡 어떤 잡지를 구독하고 계십니까? 특별한 이유가 있으십니까?

💡 (특기에 대해) 왜 그것이 특기가 되었습니까?

💡 잘하는 요리나 요리법을 말씀해보세요.

💡 취미가 맛집 탐방인데 맛집 추천 좀 해주세요.

💡 요즘 어떤 TV프로그램을 즐겨보십니까?

💡 다른 사람에 비해 자신이 자신 있는 것을 말씀해보세요.

💡 개인홈페이지를 하는지, 한다면 방문자는 많아요?

💡 인터넷을 할 때 주로 무엇을 하십니까?

💡 좋아하는 한국 작가에 대해 말해보세요.

💡 자신의 취미를 말해보시고, 어떤 계기로 그 취미를 갖게 되었는지 말해주세요.

💡 여가시간이나 주말에는 뭘 하시나요?

💡 주말에는 주로 어떻게 시간을 보내세요?

💡 취미가 등산이신데 최근에 간 곳은 어디입니까?

💡 취미가 사람 관찰하기인데, 사람의 어떤 면을 보고 판단을 하는지요?

💡 밸리 댄스가 취미인데, 어떤 점이 좋으세요?

💡 자기의 취미를 영어로 해보세요.

💡 커피 타기가 취미이신 지원자, 비엔나 커피 레시피 말씀해보세요.

💡 한식 요리사 자격증 있으신 분, 자신있는 요리에 대해 말씀해보세요.

💡 독서가 취미이신 분, 재미있게 읽었던 책에 대해서 말씀해보세요.

💡 검도가 취미인 지원자, 검도에 대해서 말씀해보세요.

💡 (취미가 기도인 지원자) 다른 지원자를 위해서 기도한다면 어떤 내용으로 기도를 하실건가요?

💡 특기 외에 자신이 잘 하는 것은 무엇인가요?

💡 (노래부르기가 취미인 경우) 노래방에서 몇 시간이나 즐길 수 있습니까?

💡 최근 읽은 책에서 당신이 얻은 교훈에 대해서 말해보세요.

💡 지루해하는 승객에게 추천하고 싶은 책/영화는 무엇입니까?

💡 기억에 남는 여행이 있다면 말해보세요.

💡 방과 후엔 주로 무얼 합니까?

💡 수영은 얼마나 할 수 있습니까?

💡 술은 좋아합니까? 주량은 얼마나 됩니까?

💡 어떤 음악을 좋아합니까? 즐겨 부르는 노래는 무엇입니까?

💡 어떤 책을 책상에 꽂아두고 있습니까?

💡 여가를 어떻게 보내고 있습니까? 주말엔 주로 무엇을 합니까?

💡 자주 보는 텔레비전 프로그램은 무엇입니까?

💡 좋아하는 스포츠 팀이나 선수를 말해보세요.

💡 좌절에 빠진 친구에게 추천해주고 싶은 책과 그 이유는 무엇입니까?

💡 최근 여행을 해본 적이 있습니까? 어디를 갔다 왔습니까? 여행목적은 무엇입니까?

💡 최근에 감명깊게 읽은 책은 무엇입니까? 최근 읽은 책의 작가와 제목을 말해보세요.

💡 최근에 본 영화 중 특히 감명깊었던 것은 무엇입니까?

💡 특기가 요리라면 어떤 요리를 잘합니까?

💡 기내식으로 추천하고 싶은 요리는 무엇입니까?

💡 해외 중 어느 곳을 가장 먼저 가 보고 싶습니까? 그 이유는 무엇입니까?

💡 지금까지 본 영화 중 가장 기억에 남는 영화와 이유를 말해보세요.

💡 좋아하는 음식이 무엇입니까?

💡 최근에 본 영화와 남자 주인공에 대해서 말씀해보세요.

💡 자신이 제일 잘 할 수 있는 것은 무엇입니까?

💡 자주 가는 식당을 말해보세요.

💡 등산이 취미이신데, 요즘 갈 만한 산을 추천해주세요.

💡 자기가 읽은 책 말하고 그 책이 자신의 삶에 어떠한 영향을 주었는지 말해보세요.

💡 좋아하는 작가나 혹은 작품 있는지요?

💡 최근 제일 좋아하는 노래는 무엇입니까?

💡 면접위원에게 영화를 추천해주세요.

💡 최근 읽은 책과 줄거리 말해주세요.

💡 좋아하는 음악은 무엇인가요?

💡 좋아하는 가수는 누구인가요?

💡 좋아하는 축구선수는 누구인가요?

성격, 단점, 장점, 강점 관련 기출문제

- 자신의 장점은 무엇입니까?
- 자신의 성격의 장점과 단점을 말씀해보세요.
- 자신의 장·단점 말씀해보세요.
- 자신의 자질 중 장점과 올해 꼭 고치고 싶다고 생각되는 단점 말씀해보세요.
- 자신의 성격의 장점은 무엇입니까?
- 당신의 가장 큰 장점은 무엇입니까?
- 자신의 어떤 장점이 승무원으로 일하는 데 도움이 될 것 같습니까?
- 본인의 성격의 단점을 어떻게 개선했는지 말해보세요.
- 당신의 가장 큰 단점은 무엇이며, 이를 어떻게 극복해 나가는 편입니까?
- 자신의 단점과 극복방법을 말씀해보세요.
- 자신의 단점을 말씀해보세요.
- 자신의 성격에 대해 말해보세요.
- 친구들이 본인에 대해서 어떤 성격이라고 말하나요?
- 부모님이 본인에 대해서 어떤 성격이라고 말하나요?
- 자신의 성격을 3가지의 형용사로 표현해보세요.
- 자신의 성격이 어떻다고 생각합니까? (유머러스한 성격이라고 하자) 그 유머는 어디를 통해서 얻습니까?
- 성격이 소극적인 거 같은데, 본인 성격은 어떠세요?
- 평소 성격이 활달한 편인가요?

💡 자신의 성격 중에서 고치고 싶은 점은 무엇입니까?

💡 본인의 가장 좋은 성격 & 나쁜 성격 한 가지씩만 말씀해주세요.

💡 외형적이나 성격 중 고쳐보고 싶은 점이 있다면 무엇입니까?

💡 같이 일하기 힘든 사람의 성격은 무엇입니까?

💡 지금 옆 사람의 성격은 어떻게 보입니까?

💡 다른 사람과는 어떻게 잘 지냅니까?

💡 당신은 목표달성을 위해 매진하는 타입입니까?

💡 당신은 전통 찻집과 화려한 커피숍 중 어떤 스타일을 좋아합니까?

💡 당신은 정리정돈을 좋아합니까?

💡 당신의 근면성(성실성)을 예를 들어 주시겠습니까?

💡 당신의 버릇이 있다면 밝힐 수 있겠습니까?

💡 사람들과 함께 있기를 좋아합니까, 혼자 있는 것을 좋아합니까?

💡 스트레스를 언제 가장 많이 받습니까?

💡 어떤 문제에 부딪쳤을 때 혼자 해결하는 편입니까, 누구와 의논하는 편입니까?

💡 어떤 일이 적성에 맞는다고 생각합니까?

💡 어떤 타입의 사람과 일하기가 어렵습니까?

💡 어떤 타입의 사람과 일하기를 좋아합니까?

💡 긴장될 때 어떻게 자신을 릴렉스합니까?

💡 일을 시작하면 끝까지 완수합니까?

💡 일이 계획대로 잘 되지 않을 때, 당신은 계획을 변경할 수 있습니까?

💡 좋아하는 색깔과 그 이유를 말해보세요.

💡 하루의 일을 통한 스트레스를 어떻게 처리합니까? 중압감을 어떻게 극복합니까?

💡 본인이 어떤 모임에서 분위기를 이끌어 나가는 축에 속하나요, 아니면 끌려가
   는 축에 속하는가요?

💡 열정이 있는 사람이세요?

💡 주변에서 어떤 말을 자주 듣나요?

💡 당신은 적극적입니까?

💡 자신의 성격 중 승무원과 가장 적합하다고 생각하는 것은 무엇입니까?

💡승무원의 자질로 자신은 어떤 점을 가지고 있으십니까?

💡승무원이 되면 처음 만나는 사람과 대화하게 되는데 자신만의 대화방법의 노하우는 무엇인가요?

💡본인이 가진 성격 중 승무원 직업에 가장 잘 어울리는 성격은 무엇인가요?

💡자신의 성격과 승무원의 덕목과의 연관성을 말해보세요.

💡남을 보조하고 돌보아주는 일을 좋아합니까?

💡이 일을 희망하는 다른 사람과 비교하여, 당신은 어떤 점이 뛰어납니까?

💡자신의 능력과 일 습관을 개선하기 위해서 노력했던 것은 무엇입니까?

💡지금까지 살면서 가장 재미있었던 일은 무엇입니까?

존경인물

존경하는 인물은 거의 모든 면접에 빈번히 나오는 질문이다. 기출문제를 보면 '부모님을 제외한 존경인물 대답하시오.'라는 질문이 있다. 이때, 정치인, 종교인을 언급하는 것은 적절치 못하므로 정치인, 종교인은 제외시키는 것이 좋다. 면접 위원들이 이름을 듣고 알 만한 유명인사 위주로 생각해보는 것이 좋다. 정치인, 종교인을 추천하지 않는 이유는 면접위원과 지원회사의 정치적, 종교적 성향을 알지 못하기 때문이다.

요즘은 질문이 발전해서 '현존하는 인물 중 존경하는 사람', '역사 속 인물 중에 다시 살리고 싶은 사람은?', '역사 속 인물 중에 존경하는 인물은?' 등 이런 식으로 질문이 나오기 때문에 존경하는 인물은 현존하는 인물과 역사 속 인물 둘 다 생각해 두어야 한다. 외항사 승무원 면접이나 영어 인터뷰를 할 때는 한국사람을 존경한다고 이야기를 하면 외국인 면접위원이 모를 수 있으므로 외국인 면접위원이 알아들을 만한 외국인을 존경인물로 생각을 해 두어야 한다.

다시 정리하자면, 피해야 하는 존경인물은 정치인, 종교인, 부모님이다. 존경하는 인물을 생각하는 데 막막하다면 다음 세 가지 기준으로 생각해보기 바란다.

첫째, 전공에 관련된 인물. 둘째, 취미나 특기에 관련된 인물. 셋째, 면접위원이 알수 있을 만한 유명인사 중에서 생각해보기 바란다. 존경인물은 최소 4명을 미리 생각해 두어야 하는데 한국여성, 외국여성, 한국남성, 외국남성 각각 1명 또는 그 이상 준비해 두어야 한다. 이때, 4명 모두가 살아있는 사람이거나 역사 속 인물이면 안 되고 적절히 섞여 있어야 한다. 표를 만들자면 다음과 같다. 아래와 같이 4명을 준비해 두자.

표 3-2 존경하는 인물

한국	여성	예) 한비야
외국	여성	예) 오드리 헵번
한국	남성	예) 안성기
외국	남성	예) 빌 게이츠

　　그리고 각 인물에 대한 사항을 숙지하고 어떤 점을 존경하는지, 어떤 점을 닮고 싶은지를 자신있게 대답할 수 있어야 한다. 다음 표는 각 인물에 대한 정보를 한눈에 알아보기 쉽게 만든 것이다.

표 3-3 존경하는 인물을 알자

성, 이름	
성별	
국적	
태어난 해	
사망한 해(현재 세)	
직업	
업적/활동/수상	
관련 서적/작품	
명언	
닮고 싶은 점 1	
닮고 싶은 점 2	
닮고 싶은 점 3	
기타	

자료 : 저자 작성

표 3-4 존경하는 인물 예시 　　　　　　　　　　　　　　　　　(가나다 순)

여성		남성	
한국	외국	한국	외국
강수진(발레리나)	故 가브리엘 샤넬	고승덕	故 간디
고두심	故 나이팅게일	故 김구	故 나폴레옹
공지영	故 다이애나 비	김명민	닉부이치치
구성애	故 마리 퀴리	김병만	데이비드 베컴
금나나	머라이어 캐리	김장훈(가수)	故 라이트 형제
김경란(아나운서)	앨리슨 래퍼 (살아있는 비너스)	노승환(가수 션)	故 레오나르도 다빈치
김수현 (드라마 작가)	故 엘리자베스 1세	박지성	故 링컨
김연아	故 엘리자베스 퀴블 러 로스(인생수업, 정신의학자)	박진영(가수)	마이클 조던
김윤진	故 오드리 헵번	박태환	메리어트
김은혜	오프라 윈프리	반기문	故 반고흐
김주하(앵커)	오히라 미쓰요 (그러니까 당신도 살아)	배용준	베르나르 베르베르
김혜수	비욘세	故 백남준	故 베토벤
김혜자(꽃으로도 때리지 마라)	故 잔다르크	비(정지훈, 가수)	빌 게이츠
故 논개	제인 구달	故 세종대왕	성룡
故 명성황후	조앤 K 롤링 (해리포터)	손석희	故 슈바이처
故 박경리(토지)	칼리 피오리나(HP)	故 신채호	스티븐 스필버그
박칼린	키토아야 (1리터의 눈물)	안성기	故 스티브 잡스
박세리	故 헬렌 켈러	故 안중근	스티븐 호킹
백지연		故 안창남	스티비 원더

여 성		남 성	
한국	외국	한국	외국
보아		故 앙드레 김	아놀드 슈왈제네거
사라장		엄홍길	故 아인슈타인
故 신사임당		유재석	故 안데르센
신지애		故 윤동주	故 알프레드 노벨
故 선덕여왕		故 윤봉길	故 에디슨
故 유관순		이상봉(디자이너)	오토다케 히로타다 (오체 불만족)
이은미		故 이순신	워렌 버핏
이지선 (지선아 사랑해)		이순재	故 월트 디즈니
이희아		故 이주일	조니 뎁
인순이		故 장영실	故 찰리 채플린 (영화배우)
장미란		정명훈	故 카네기
조선희(사진작가)		정조대왕(조선 왕)	故 커넬 할랜스 샌더스(KFC)
조수미(성악가)		차인표	폴 포츠
패티 김		故 허준	하워드 슐츠 (스타벅스)
한비야		황정민	거스 히딩크

자료 : 여대생 500명이 뽑은 존경하는 인물(2008~2011년)

존경인물 관련 기출문제

💡 존경하는 대통령은 누구입니까?

💡 시사, 한문, 인물 등에서 쉬운 것으로 하나 고르세요. 인물을 고르셔서 빌 게이츠, 송강호, 이순신, 비 중 한 명을 골라 설명해보세요.

💡 세계에 많은 기업 중 존경하는 CEO에 대해 말해보세요.

💡 영화나 소설 주인공 중 한 사람이 된다면 어떤 인물이 되고 싶습니까?

💡 평소 존경하는 분에 대해 말해보세요.

💡 인생의 모델로 삼는 사람이 누구인지 말씀해보세요.

💡 자신의 성장과정에 지대한 영향을 끼친 사람이나 사건이 있습니까?

💡 지금까지 살면서 가장 기억에 남는 사람은 누구입니까?

💡 인생을 살면서 자신에게 가장 영향력을 준 사람/책/영화는 무엇입니까?

💡 좋아하는 연예인은 누구입니까?

💡 역사인물 속에서 존경하는 사람은 누구입니까?

💡 평소에 존경하는 분이나 삶의 모토로 생각하시는 분 있으면 말씀해보세요.

💡 자기 인생에 가장 영향을 많이 끼친 선생님은 누구인가요?

💡 자신의 인생의 롤 모델로 삼고 싶은 사람은 누구인가요?

💡 살면서 유명인사 만나본 적 있으세요? 없다면 누굴 만나보고 싶으세요?

💡 10년 후 자신의 모습을 말씀해보세요.

💡 30년 후의 자신의 모습에 대해 말씀해보세요.

학교, 학과, 학창시절 관련 기출문제

🌱 학교 홍보를 하셨다고 했는데 학교 홍보 한번 해보세요.

🌱 학과(학교) 특징과 자랑을 해보세요.

🌱 학교 소개를 해보세요.

🌱 대학에 간 이유는 무엇입니까?

🌱 대학에서 가장 큰 성과는 무엇입니까?

🌱 학교에서 당신이 배운 중요한 것은 무엇입니까?

🌱 어렸을 때 꿈이 무엇이었습니까?

🌱 고등학교 시절에 자랑스러운 일을 말해보세요.

🌱 고등학교 얘기를 해보세요(고등학교 자랑 등).

🌱 고등학교 때 꿈이 뭐였어요?

🌱 고등학교 때 클럽 활동을 했습니까?

🌱 다시 공부할 계획은 있습니까?

🌱 자신의 대학생활이 앞으로 미래에 어떤 도움이 된다고 생각합니까?

🌱 대학생활이 기업 내에서 어떠한 영향을 끼칠 거 같습니까?

🌱 휴학하고 무엇을 하셨습니까?

🌱 학기 중에 휴학을 왜 하셨습니까?

🌱 성적이 다소 좋지 않군요. 이 정도의 성적으로 우리 회사에 입사할 수 있다고 생각합니까?

🌱 학교 때의 성적은 좋은 편이었습니까?

🌱 학점이 높지 않은데 대학 때 뭐하셨습니까?

💡 학과 공부는 어떻게 했습니까?

💡 학교에서 주당 몇 시간 공부합니까?

💡 학과가 적성에 맞습니까? 편입생각은 없습니까?

💡 학교에서 무엇을 배우는지 학교에서 배운 과목에 대해 설명해보세요.

💡 가장 좋아했던 과목과 싫어했던 과목은 각각 무엇이었으며, 그 이유를 말해보세요.

💡 싫어하는 과목이 무엇인가요?

💡 대학교 때 기억에 남는 교양수업은 무엇이었습니까?

💡 학창시절에 배운 것을 스튜어디스라는 직업에 어떻게 적용시킬 생각입니까?

💡 입학하기 전과 입학 후 학과의 교육과정을 이수한 후에 자신의 생각에 변화가
   있었다면 어떤 점이었는지 말해보세요.

💡 당사에 지원하기 위해서 대학시절 동안 어떻게 준비해 오셨습니까?

💡 왜 중국학교에 들어가셨습니까?

💡 1교시는 보통 몇 시에 시작합니까?

💡 학교주변에 주로 잘 가는 곳은 어디입니까?

💡 학교축제에 대해서 설명해보세요.

💡 지난 여름(겨울)방학 때는 무엇을 했습니까?

💡 대학에서 학생들의 좋지 않은 관행이 어떤 것입니까?

💡 졸업을 아직 안 하셨는데 합격하시면 입사할 수 있습니까?

💡 학창시절에 시위나 데모에 참여한 것이 있습니까?

💡 초, 중, 고, 대학시절 동안 자신이 리더였을 때 잘했던 점과 아쉬웠던 점을 말
   해보세요.

💡 대학시절 중 가장 보람되었던 일 & 재미있었던 일은 무엇입니까?

💡 대학시절 중 가장 아쉬웠던 일 & 힘들었던 일은 무엇입니까?

💡 대학생활 중 아쉬운 점과 좋았던 점은 무엇이 있습니까?

💡 대학생활 때 가장 기억에 남는 일은 무엇입니까?

💡 대학생활을 하면서 얻은 것 한 가지만 말씀해주세요.

💡 대학생활 중 가장 후회되는 점은 무엇입니까?

💡 지금까지의 학교생활 중 가장 인상이 남았던 일을 말해보세요.

💡 학교생활을 하면서 가장 후회했던 것은 무엇입니까?

💡 대학생활에 기억나는 것 3가지만 말씀해보세요.

💡 대학생활에 만족합니까?

💡 얼마 남지 않은 대학생활에 대해서 말해보세요.(아쉬운 점이 있다면 무엇입니까?)

💡 학창시절은 전반적으로 어떠했습니까?

💡 학창시절 동안 가장 자신 있게 그리고 가장 기억에 남는 것은 무엇입니까?

💡 가장 좋았던 교수님에 대해서 설명해주세요.

💡 대학교 다니면서 기억에 남거나 존경했던 교수님에 대해서 말해보세요.

💡 내가 만약 학과장이라면 ○○○과의 어떤 점을 개선하고 싶은지 말해보세요.

💡 사회, 혹은 학교생활에 있어서 좋은 선배란 어떻게 해야 하는지 말해보세요.

💡 선배들은 주로 어디에 취업을 하십니까?

💡 졸업하신 선배 중에 유명한 사람이 누가 있나요?

💡 (졸업생의 경우) 졸업 후 무엇을 하면서 지냈습니까?

💡 대학 졸업 후 가장 기억에 남는 일을 말씀해보세요.

💡 언제 졸업합니까? 졸업 후 계획은 무엇입니까?

💡 졸업을 좀 늦게 하셨는데 무엇을 하셨습니까?

💡 전공명이 특이한데 어떤 과인가요?

💡 전공분야가 모두 다르신데 전공에 대해 자랑을 해보세요.

💡 자신의 전공에 대해 자랑해보세요.

💡 본인(자신)의 전공에 대해서 설명해보세요.

💡 본인 전공 소개를 영어로 해보세요.

💡 왜 그 전공을 선택하셨습니까?

💡 자신의 전공을 선택한 이유를 말씀해보세요.

💡 전공을 선택한 계기는 무엇입니까?

💡 (   )학교를 선택한 이유는 무엇입니까?

💡 승무원학과 전공이신데 무엇을 배우십니까?

💡 항공운항과 전공하셨는데 무엇을 배우셨는지 말씀해보세요.

💡 미술을 전공하셨는데 졸업작품은 무엇을 하셨습니까?

💡 유아교육과인데 아이들을 지도하는 나만의 노하우가 있습니까?

💡 전공이 식품영양학인데 왜 승무원하려고 하십니까?

💡 전공을 통해 무엇을 배웠습니까?

💡 전공과 부전공 중 어느 것이 더 적성에 맞습니까?

💡 전공 공부 중 힘들었던 적은 없나요?

💡 당신의 전공선택에 대해 후회해 본 적은 없습니까?

💡 전공을 살리지 못해서 아쉽지 않습니까?

💡 전공 외에 다른 공부는 생각해 본 적이 없습니까?

💡 기회가 주어진다면 전공 외에 더 배우고 싶은 것은 무엇입니까?

💡 영어와 영어문학과의 차이점은 무엇입니까?

💡 왜 전공과 상관없는 이 직업을 선택했습니까?

💡 전공이 승무원을 하는 데 어떤 장점이 있을지 말씀해보세요.

💡 전공이 의류학과인데 대한항공 유니폼에 대해 어떻게 생각하는지 말해보세요.

💡 자기의 전공과 승무원에 연관성에 대해 말해보세요.

💡 자신의 전공과 승무원이 연관 있다고 생각하십니까?

💡 자신의 전공이 승무원과 어떤 연관성이 있습니까?

💡 봉사활동이나 동아리 경험이 있으면 말해주세요.

💡 봉사활동의 경험과 느낌 말해보세요.

💡 대학시절 봉사활동이나 동아리 활동을 한 적이 있습니까?

💡 학교 서클(동아리)에 대하여 말해보세요. 그것을 통해 무엇을 얻었다고 생각합니까?

💡 학교 동아리 활동 외에 무엇을 하셨습니까?

💡 학교에서 클럽 활동을 합니까? 무슨 활동입니까? 어떤 것이 도움이 됩니까?

💡 어떤 동아리 활동을 했으며, 동아리 활동을 하면서 기억에 남는 에피소드 있으면 말해보세요.

💡 친구에 대해서 설명해보세요.

💡 제일 친하다고 생각하는 친구 있으면 친구 자랑/소개 해보세요.

💡 살아오면서 가장 영향을 받은 친구를 소개해보세요.

💡 속을 털어 놓을 친구가 얼마나 있습니까?

💡 친한 선후배 한 사람씩만 소개해보세요.

💡 친구가 많습니까? 친한 친구가 몇 명 정도 있습니까?

💡 친구가 많을 것 같은데 남자친구도 많이 있으십니까?

💡 외국인 친구가 있습니까?

💡 학교를 다니면서 어떤 친구가 있었는지, 그리고 친해진 계기가 무엇인지 말해
보세요.

💡 초등학교 때 친구 중 가장 기억에 남고 보고 싶은 친구는 누구인지요?

💡 친한 친구를 만나면 주로 무엇을 합니까?

💡 자신 말고 가장 친한 친구에 대해 장점을 소개해보세요.

💡 당신의 친구는 당신에 대해서 뭐라고 말합니까?

💡 친구 사귈 때 중요한 점은 무엇입니까?

💡 진정한 친구의 의미는 무엇이라고 생각합니까? '친구관계'는 무엇이라고
생각합니까?

💡 친구관계에 있어 중요한 것은 무엇이라고 생각합니까?

💡 가장 친한 친구의 성향을 말해보세요.

💡 친구와 사귀는 데 가장 중요하다고 생각되는 것은 무엇입니까?

💡 친구들로부터 어떤 평가를 받고 있다고 생각합니까?

💡 최근에 친구와 심하게 다툰 적이 있다면 언제, 어떤 일 때문이었습니까?

💡 취직문제에 대해 친구들과 이야기한 적이 있습니까?

💡 가장 친한 친구가 빚 보증을 원한다면 어떻게 할 것입니까?

💡 승무원이 되는 것에 대한 주위의 반응은 어떻습니까?

가족소개, 성장배경 관련 기출문제

💡 가족소개를 해보세요.

💡 가족사항에 대해 말해보세요.

💡 당신의 가정은 어떤 가정입니까? 어떤 교육지침을 갖고 있습니까?

💡 (가족이 많은 사람에게) 대가족의 장점을 말해보세요.

💡 자신의 가족들만의 특별한 행사가 있다면 무엇입니까?

💡 집에서 이 직업을 갖는 것에 대해 반대하지 않습니까? 당신의 가족들은 승무
   원이 된다는 것에 대해 어떻게 생각하십니까?

💡 외동딸/맏딸/막내의 장·단점에 대해 얘기해보세요.

💡 외동딸인데 이기적이고 욕심 많은 성격이지 않습니까?

💡 조부모님의 성명과 본관에 대하여 말해보세요.

💡 아버지 소개해보세요.

💡 부친에 대해 이야기해보세요.

💡 아버지의 직업은 무엇입니까?

💡 아버지가 퇴근하시면 주로 어떤 대화를 나눕니까? 평상시의 대화내용은 무
   엇입니까?

💡 아버님과 어머님 중 어떤 분을 더 닮으셨나요?

💡 부모님의 어떤 점을 닮았나요?

💡 부모님께 거짓말 해보셨습니까?

💡 부모님 슬하를 떠나 살아본 일이 있습니까?

💡 부모님에게서 영향을 받은 것은 무엇이라고 생각합니까?

💡 평소 부모님의 가르침은 무엇이었습니까? 어떤 교육을 받으며 자랐습니까?

💡 부모님 의견에 반대하고, 하고 싶던 일을 한 경험이 있으면 말씀해보세요.

💡 부모님의 나쁜 점 하나씩 말해보세요.

💡 승무원을 하다 보면 승객에게 언제나 좋은 말만 할 수는 없습니다. 대답하기 어려울 수도 있겠지만 부모님의 나쁜 점을 하나씩 말씀해보세요.

💡 살아오면서 부모님께 효도했다고 생각했던 때가 언제인가요?

💡 부모님이 언제 나를 자랑스럽게 여기나요?

💡 최근 부모님들의 근심은 무엇이라고 생각합니까?

💡 지금까지 살면서 부모님을 가장 실망시킨 일, 부모님의 실망을 풀기 위해 어떤 노력을 하셨습니까?

💡 가훈이나 살아오면서 부모님께서 해주신 인생에 도움될 만한 말씀에 대해 말해보세요.

💡 집안 가훈이나 부모님께서 늘 강조하시는 말씀은 무엇입니까?

💡 집안의 가훈이 있습니까? 가훈을 실천해 본 경험이 있다면, 사례를 들어 설명해보세요.

💡 (고향이 지방인 경우) 고향의 자랑거리를 말해보세요.

💡 자신의 고향에서 어디를 소개시켜주고 싶습니까?

💡 지금 살고 있는 고향소개/자랑을 말해보세요.

💡 살면서 속상했던 점을 말해보세요.

💡 살아오면서 가장 기뻤던 경우를 말해보세요.

지원동기, 입사 후 포부 관련 기출문제

💡 언제부터 승무원 준비를 하셨습니까?

💡 승무원이 되기 위해 무엇을 준비했습니까? (어떠한 노력을 하였습니까?)

💡 승무원이 되기 위해 구체적으로 어떤 준비를 하셨습니까?

💡 승무원이 되기 위해 준비한 건 무엇인가요? 자기 자신에게 적합한 직업인가요?

💡 서류전형 합격자발표 후부터 면접 전까지 면접을 위해 준비한 것이 있다면 무엇입니까?

💡 예상질문과 답을 준비해서 연습했을 텐데 제일 자신 있는 내용으로 한마디씩 해보세요.

💡 기회를 줄 테니 준비해온 거 있으면 해보세요.

💡 면접 준비를 하면서 가장 준비 많이 해온 것 해보세요. 주로 어떤 점에 중점을 두고 준비를 했습니까?

💡 지원동기 말씀해보세요.

💡 지원동기 짧게 말씀해보세요.

💡 아시아나항공 지원동기 말씀해보세요.

💡 입사 후 겪을 사회생활에 대한 포부에 대해 말해보세요.

💡 승무원 준비하는 것을 누가 가장 많이 격려해주십니까?

💡 승무원의 키 제한에 대해서 어떻게 생각합니까?

💡 승무원 지원자의 나이제한 폐지에 대해서 어떻게 생각합니까?

💡 나이 어린 선배들이 있는데 불편한 점은 없겠습니까?

💡 스튜어디스에 가장 매력을 느끼는 것은 무엇입니까?

💡 왜 승무원이 되어야 한다고 생각하십니까?

💡 언제부터 승무원을 꿈꾸셨습니까?

💡 왜 전공을 살리지 않고 승무원을 지원했습니까?

💡 이번이 처음 지원이십니까?

💡 처음 지원인데 왜 이제까지 지원을 하시지 않았습니까?

💡 국제선도 있는데 국내선에 지원한 이유가 무엇입니까?

💡 다른 항공회사는 지원했습니까?

💡 자신이 대한항공 국내선을 희망하는 이유를 말해보세요.

💡 왜 다른 지원자보다 당신을 채용해야 한다고 생각합니까?

💡 아시아나에 본인이 채용되면 무엇으로 도움을 주시겠습니까?

💡 대한항공 승무원으로서의 자신의 장점을 말씀해보세요.

💡 대한항공에 입사했다면, 주위사람들한테 대한항공에 대해서 말한다면 어떻게 말할 것입니까?

💡 여러 항공사가 있는데 대한항공을 선택한 이유는 무엇입니까?

💡 대한항공 입사 후 3년차가 될 때까지의 자신의 계획을 말씀해보세요.

💡 대한항공 입사 후 어떤 승무원이 될 것인지 자신의 장점을 부각시켜서 말해주세요.

💡 승무원 생활을 몇 년 동안 하실 생각입니까?

💡 승무원 연봉을 얼마로 했으면 좋겠습니까?

💡 승무원의 자질 중 하나는 기억력이 좋아야 하는데, 본인께서는 기억력이 좋으세요? 만약 안좋다면 그것을 극복하기 위해 어떻게 노력하시겠습니까?

💡 사회인이 되기 위해 갖추어야 할 것에 대해 말해보세요.

💡 혹시나 퇴사를 할 경우 어떤 이유로 퇴사를 할 것 같은가요?

💡 응시 각오를 말씀해보세요.

💡 앞으로 승무원이 되어서 할 일이 있다면 무엇일까요?

💡 승무원 외에 하고 싶은 직업은 무엇입니까?

💡 승무원이 된다면 자신의 목표는 무엇입니까?

💡 로또 당첨과 승무원 합격 중 어떤 걸 선택하시겠습니까?

💡 승무원이 된다면 가장 하고 싶은 건 무엇입니까?

💡 승무원 직업에 장점이 무엇이라고 생각하십니까?

💡 승무원 일을 하면 집을 비우는 시간이 많아 결혼 후 가정 일에 신경 쓰기 어려울 수도 있고, 체력적으로 어려움이 있을 수 있는데 어떻게 해나갈 것입니까?

💡 승무원 외에 자신이 가장 하고 싶은 일은 무엇입니까?

💡 왜 전년도에는 도전을 하지 않았습니까? 그리고 그 이유는 무엇입니까?

💡 자신이 승무원이 되어야 하는 이유를 말씀해보세요.

💡 전년 시험에서 떨어진 이유가 무엇이라고 생각하십니까?

💡 왜 승무원을 하고 싶습니까?

💡 승무원이 안 된다면 어떤 일을 하시겠습니까?

💡 승무원 자질에 대해서 말씀해보세요.

💡 해외여행갈 때 기내에서 승무원을 보면서 어떤 생각이 들었습니까?

💡 본인이 승무원을 왜 해야 한다고 생각하십니까? 어울린다고 생각하십니까?

💡 승무원의 꿈을 갖게 된 계기는 무엇입니까?

💡 부모님이 승무원 일이 위험하다고 말리신다면 어떻게 대처하시겠습니까?

💡 승무원이 되기 위해 스터디 모임을 했나요?

💡 전공과 다른 길을 가려는 이유는 무엇입니까?

💡 승무원이 된다면 어떤 사람이 될 것입니까?

💡 승무원의 월급이 어느 정도여야 적당하다고 생각하십니까?

💡 항공사에서 예약발권, 지상직원, 승무원들 중 누가 가장 중요하다고 생각하세요?

💡 공휴일이나 명절 때의 비행근무에 대하여 어떻게 생각합니까?

💡 (단점에 눈물이 많다고 했는데) 비행하다 보면 눈물날 일이 많은데 어떻게 하시겠습니까?

💡 승무원이 된다면 언제까지 근무할 것이며, 어디까지 승진할 것이라고 생각하세요?

💡 회사에 입사하는 것이 본인에게 어떤 의미인가요?

💡 승무원이 되고, 10년 후 자신의 모습에 대해서 말해보세요.

💡 입사 후에 가장 기대되는 점은 무엇인가요?

💡 막상 입사 후 얼마 안 되어서 비행이 많이 힘들다고 느껴진다면 어떻게 하시겠습니까?

💡 급여는 어느 정도로 알고 있습니까?

💡 당신은 우리 회사에서 어떤 직위까지 오를 수 있다고 생각하십니까?

💡 당신의 능력을 월급으로 환산하면 얼마라고 생각합니까?

💡 만약 당신이 채용된다면, 얼마나 오랫동안 우리 회사에서 일할 생각입니까?

💡 만약 본인이 면접위원이라면 어떤 기준으로 뽑겠습니까?

💡 만일 합격을 한다면 입사시까지 무엇을 할 생각입니까?

💡 만약 불합격하면 어떻게 하겠습니까?

💡 만약 불합격된다면 그 이유는 무엇이라고 생각합니까?

💡 먼저 우리 회사 면접을 봤던 친구들에게서 들은 조언은 무엇입니까?

💡 시험장에 들어오기 전에 기다리는 동안 무슨 생각을 했습니까?

💡 면접 시 합격 혹은 실패 경험에 대해 말해보세요.

💡 면접이 끝나면 우선 가장 하고 싶은 일은 무엇입니까?

💡 몇 번째 응시입니까?

💡 바람직한 승무원으로서의 자세에 대해 말해보세요.

💡 본인의 어떤 점이 승무원에 적합하다고 생각합니까?

💡 본인이 실제 스튜어디스라고 가정한다면 좋은 승객과 나쁜 승객의 타입을 말해보세요.

💡 (비행기 탑승경험이 있다면) 비행기 안에서 본 승무원들은 어떠했습니까?

💡 비행기가 위험하다고 생각지 않습니까?

💡 스튜어디스 일을 하면서 얻을 수 있는 장점이 무엇이라고 생각합니까?

💡 스튜어디스가 된다면 주의할 점은 무엇이라고 생각합니까?

💡 스튜어디스를 지망한 특별한 이유가 있습니까?

💡 스튜어디스에게는 어떤 능력이 필요하다고 생각합니까?

💡 승무원 직업의 어려움은 무엇이라고 생각합니까?

💡 승무원에 대해 어떤 말을 들었습니까?

💡 승무원에 필요한 자질 3가지를 말해보세요.

💡 승무원을 그만둔 후에는 무엇을 하고 싶습니까?

💡 승무원의 덕목은 무엇이라고 생각합니까?

💡 승무원의 정의를 내려보세요. 스튜어디스는 무엇을 하는 직업입니까?

💡 승무원이 되기 위해 주로 누구와 상의했습니까? (누구의 권유)

💡 승무원이 되면 어떤 일이 가장 먼저 하고 싶습니까?

💡 승무원이라는 직업이 없었다면 무엇을 했을 것 같습니까?

💡 어떤 승무원이 되고 싶습니까?

💡 어떤 일이 당신의 직업선택에 영향을 주었습니까?

💡 외국 출장 시 돈, 여권, 신용카드 등이 있는 지갑을 분실하였다면 어떻게 하겠습니까?

💡 이 일을 통해 무엇을 달성하고 싶습니까?

💡 이상적인 승무원이 되기 위해 평소에 어떤 노력을 하십니까?

💡 입사하게 되면 지금과 어떤 점이 달라질 것 같습니까?

💡 지금 기분(심경)은 어떻습니까?

💡 지금 승무원이 되는 것 이외에 가장 흥미가 있는 것은 무엇입니까?

💡 출산율이 낮은데 승무원이 되면 결혼 후 출산계획은 무엇입니까?

💡 탑승한 비행기가 납치범에 납치되려고 할 때, 어떠한 행동을 하겠습니까?

💡 합격 후 다음 일에서의 목표는 무엇입니까?

💡 합격할 경우 누구에게 가장 먼저 알리고 싶습니까?

💡 해외체재가 많은 점은 괜찮습니까?

💡 혹시 퇴사를 할 경우 어떤 이유로 퇴사할 것 같습니까?

💡 효과적으로 일을 하기 위해서는 다른 어떤 지식을 보완할 계획입니까?

💡 승무원에 자질은 무엇이 있을까요?

💡 승무원으로 가장 힘들 것 같은 점은 무엇입니까?

💡 개인적인 사정으로 비행시간을 지키지 못했다면 어떻게 해야 할까요? 처벌을
　해야 한다면 어떤 방법이 좋을까요?

💡 앞으로 5년 동안 무엇을 이루고 싶습니까?

가치관, 좌우명, 여성관, 결혼관, 남자친구

가치관, 좌우명 관련 기출문제

💡 사랑과 우정 중 어떤 것을 선택하시겠습니까?

💡 자신에게 가장 소중한 것은 무엇입니까?

💡 단기적인 개인목표는 무엇입니까?

💡 자기 자신의 가치관을 말씀해보세요.

💡 당신의 인생관, 좌우명이 있다면 말해보세요.

💡 자신의 평소 생활신조와 좌우명에 대해 말해보세요.

💡 좌우명은 무엇입니까?

💡 좌우명과 그 좌우명을 가지게 된 이유는 무엇입니까?

💡 자신의 생활신조나 좌우명에 대해서 말씀해보세요.

💡 자신의 생활신조는 무엇입니까?

💡 인생의 가치에 대해 말해보세요.

💡 인생의 목표는 무엇입니까?

💡 인생관은 무엇입니까?

💡 살면서 지표로 삼는 말이 있다면 무엇입니까?

💡 삶의 목표가 무엇이세요?

💡 살면서 가장 가치 있다고 생각하는 게 무엇입니까?

💡 삶에 있어서 가장 가치 있는 것은 무엇입니까?

💡 살면서 기본 지침이 무엇입니까?

💡 일하면서 가장 중요하게 생각하는 부분은 무엇인가요?

💡 자신의 생활신조를 말씀해보세요.

💡 좌우명이 무엇이며, 좌우명을 지키기 위해 어떻게 하십니까?

💡 지금까지 살아오면서 기억하고 싶었던 단어 1개, 앞으로 기억하고 싶은 단어 1개를 말씀해보세요.

💡 자신의 인생 목표는 무엇입니까?

💡 자신이 생각하는 개인의 비전은 무엇입니까?

💡 자신의 삶의 지론을 얘기해보세요.

💡 삶을 살아가게 하는 원동력은 어떤 것입니까?

💡 인생의 가치에 대해 말해보세요.

💡 장유유서를 이 시대에도 지켜야 한다고 생각하나요?

💡 인생에서 가장 중요하게 생각하는 것은 무엇인가요?

💡 행복은 뭐라고 생각하는지 말해보세요.

💡 본인에게 있어서 가장 중요한 것은 무엇인지요?

💡 자신을 가장 행복하게 만드는 것은 무엇인가요?

💡 가장 소중한 사람은 누구인가요?

💡 자신이 가장 아끼는 물건과 이유는 무엇입니까?

💡 자신이 추구하는 스타일은 무엇입니까?

💡 외국 항공사를 보면 나이 많은 승무원도 있는데 그것에 대해 어떻게 생각하시나요?

💡 직업의 의미가 뭐라고 생각하십니까?

💡 선의의 거짓말에 대한 자신의 생각을 말씀해보세요.

💡 졸업 후 직장을 선택할 때 무엇을 제일 고려할 것입니까?

💡 처음 본 사람을 볼 때 무엇을 보고 판단하면 좋겠습니까?

💡 프로페셔널에 대해 평소 자기 생각을 말해보세요.

💡 삶의 원동력이 되는 건 어떤 것이 있는지 말해보세요.

- 상사와 의견충돌이 있다면 어떻게 대처하시겠습니까?
- 현모양처에 대해 어떻게 생각하나요?
- 승무원이 되는 것 외에 자신이 관심을 가지고 하는 일은 무엇입니까?
- 본인이 생각하는 가장 바람직한 승무원상은 무엇입니까?
- 단체생활에서 중요시해야 할 사항은 무엇이라고 생각합니까?
- 살면서 자신의 삶에 긍정적 영향을 준 사람이 있다면 누구입니까?
- 직업을 얻는 데 있어서 외모와 지식 중 무엇이 중요하다고 생각하십니까?
- 좋은 직장은 무엇이라고 생각하십니까?
- 승무원의 덕목 한 가지와 그것을 이루기 위해 노력한 사항을 말해보세요.
- 어떤 고객이 상대하기 힘든 고객이라고 생각합니까?
- 까다로운 고객을 어떻게 만족시키겠습니까?
- 외국인 관광객이 서울에 도착하였는데 어디를 가장 추천하고 싶습니까?
- 지금까지 느꼈던 가장 기분 나빴던 서비스는 언제였습니까?
- 편안한 서비스를 위한 얼굴 표정을 나타내보세요.
- 휴대폰 사용 시 가장 필요한 예절은 무엇이라고 생각합니까?
- 승객과 언어로 의사소통이 안 될 경우 어떻게 하겠습니까?
- 승객들에게 좋은 서비스를 해줄 수 있는 자신만의 노하우를 말해보세요.
- 서비스 질의 향상 방안을 말해보세요.
- 서비스를 한 단어로 표현해보세요.
- 서비스 종사원으로서 가장 자신있게 할 수 있는 일은 무엇입니까?
- 서비스 종사원으로서의 승무원의 자질을 말해보세요.
- 서비스에 관한 책을 읽어본 적이 있습니까? 소개해보세요.
- 서비스에서 중요하다고 생각하는 것은 무엇입니까?
- 서비스의 요건은 무엇이라고 생각합니까?
- 서비스의 요체에 대해서 말해보세요.
- 미소가 갖는 힘은 무엇입니까?
- 미소가 서비스에 있어 왜 중요합니까?
- 미소는 무엇이라 생각합니까?

💡 불쾌한 서비스를 받았다면 어떻게 대처하겠습니까?

💡 사전적 의미 말고 본인이 생각하는 '진정한 서비스'를 말해보세요.

💡 감동적인 서비스를 받아본 경험을 말해보세요.

💡 고객만족이란 무엇이라고 생각합니까?

💡 고객이 당신에게 욕설을 한다면 어떻게 하시겠습니까?

💡 고객이 어려운 부탁을 한다면 어떻게 하겠습니까?

💡 고객 측면과 회사 측면에서의 서비스에 임하는 자세를 설명해보세요.

💡 누가 당신에게 월급을 준다고 생각합니까?

💡 당신의 고객을 설득하는 방법은 무엇입니까?

💡 자신만의 독특한 서비스 방법 또는 아이디어가 있다면 말해보세요.

💡 자신의 인생지표가 되는 사람이 있다면 누구입니까?

💡 장기 기증에 대하여 생각해 본 적이 있습니까?

💡 지하철에서 현금 백만원이 든 지갑을 주웠다면 어떻게 하겠습니까?

💡 '손님은 왕이다'라는 말에 동의합니까? 한다면 정당하지 않은 걸 요구할 경우에 어떻게 대처할 생각입니까?

💡 사회봉사활동이 필요하다고 생각합니까?

💡 입사시험에 사회봉사활동 점수를 감안한다면 어떻게 하겠습니까?

💡 식사를 대접한 후 비용이 턱없이 모자랄 경우, 어떻게 처리하겠습니까?

💡 안락사에 대한 당신의 의견은 어떻습니까?

💡 운으로 되는 일이 많습니까, 실력으로 되는 일이 많습니까?

💡 인간복제에 대해서 어떻게 생각합니까?

💡 입사하면 나이 어린 분들이 선배로 많을 텐데, 그런 나이 차이에 대해서 어떻게 생각합니까?

💡 당신이 생각하는 성공의 기준은 무엇입니까?

💡 대인관계에서 중요한 것은 무엇이라고 생각합니까?

💡 대학기여입학제에 대한 당신의 의견은 무엇입니까?

💡 돈, 명예, 일 중 어떤 것을 택하겠습니까?

💡 로또 1등에 당첨된다면 무엇부터 하겠습니까?

💡 리더십을 가지려면 어떤 것이 필요하다고 생각하십니까?

💡 사주를 믿습니까?

💡 최고의 서비스란 무엇이라 생각하는지요?

💡 서비스 마인드란 무엇이라고 생각하십니까?

💡 고객만족도와 그 예를 하나씩 말해보세요.

💡 고객맞춤서비스란 뭐라고 생각하십니까?

💡 자기가 받은 최악 & 최고의 서비스를 말해보세요.

💡 가장 바람직한 인간상을 말해보세요.

💡 가장 존경하는 인물이 있다면 누구이며, 그 이유는 무엇입니까?

💡 구체적인 직업관을 가지고 있습니까?

💡 길에 천만원이 떨어져 있으면 어떻게 하겠습니까?

💡 뇌사를 사망으로 인정한 것에 대한 의견은 무엇입니까?

💡 다른 지원자의 대답에 대해 어떻게 생각하십니까?

💡 당신의 생활신조는 무엇입니까?

💡 호주제 존폐에 대한 의견은 무엇입니까?

💡 회사 내 성희롱에 대한 생각을 말해보세요.

💡 항공사에서 스튜어디스의 역할은 무엇이라고 생각합니까?

💡 승무원이 하는 일이 무엇이라고 생각하십니까?

💡 자신의 성격 중 어떤 부분이 객실승무원으로서 일하는 데 도움이 될지 말해 보세요.

💡 승무원이 다른 회사의 일반직과 다른 장점과 단점을 말해보세요.

💡 승무원으로써 자신만의 경쟁력은 무엇이라고 생각하십니까?

💡 자신이 가진 승무원의 자질 중 가장 부족한 점이 있다면 무엇인지 말해보세요.

💡 본인이 생각하는 직업관에 대해 말씀해보세요.

💡 승무원 덕목 지덕체에 대해서 말씀해보세요.

💡 유니폼 입은 승무원을 보면 어떤 생각이 드나요?

💡 승무원의 직업 윤리는 무엇입니까?

💡 승무원 직업에 대한 장·단점을 말해보세요.

사랑과 성희롱의 한계는 무엇이라고 생각합니까?

상사가 당신에게 차를 요구하는 등 잔심부름을 시킨다면 어떻게 하시겠습니까?

임금, 승진 등에 있어 남녀의 차이에 대해 어떻게 생각하십니까?

남녀고용평등법에 대하여 어떤 생각을 가지고 있습니까?

남녀평등이란 말에 대해 어떻게 생각합니까?

외모와 지식 중 어느 것이 더 중요하세요?

직장 선택할 때 어떤 점을 보고 선택하시겠습니까?

대인관계에 있어서 중요하게 생각하는 점은 무엇입니까?

대인관계에 있어서 가장 필요한 것이 무엇이라고 생각하십니까?

학생과 직장인의 차이가 무엇이라고 생각하십니까?

자신과 제일 잘 어울리는 직업은 무엇입니까?

직장인이 가져야 할 자질을 3가지 말씀해보세요.

친구가 거짓말을 했다면 어떻게 하시겠습니까?

선배와 트러블이 생기면 어떻게 대처하시겠습니까?

상사가 부당한 일을 시키면 어떻게 하시겠습니까?

과정과 결과 중 무엇이 더 중요하다고 생각합니까?

같이 일하고 싶은 상사는 어떤 사람입니까?

승무원이 명품을 저렴하게 살 수 있는데 회사 규정상 살 수 없다면 어떻게 하
시겠습니까?

프로와 아마추어의 차이점은 무엇이라고 생각하십니까?

상사가 야근을 해야 한다고 하는데 선약이 있다. 그렇다면 어떻게 대처하시겠
습니까?

우리나라 혼수 문제에 대해서 어떻게 생각하십니까?

나중에 자녀교육을 어떻게 하겠습니까?

우리자식이 왕따라면 어떻게 하겠습니까?

체력관리, 장유유서, 그리고 인간관계에 있어서 가장 중요한 것은 무엇입니까?

본인이 생각하기에 한국 손님들의 성향은 어떻다고 생각하세요?

우리나라 국민성에 대해서 고칠 점을 말해보세요.

💡 요새 영화를 많이 보시는데, 어떤 영화의 여주인공이 되고 싶으십니까?

💡 기업의 이념과 개인의 이념 중 더 중요한 것은 무엇입니까?

💡 팀워크에 대한 생각을 말해주세요.

💡 살다보면 사람들과 의견을 조율해야 할 때가 오는데, 그때 자신의 주장을 펼치는 편인지, 남들의 의견에 동의하는 편인지? 자신의 주장을 펼치는 편이라면 어떻게 설득하는지 말씀해주세요.

💡 어쩔 수 없이 포기해야 하는 상황이라면 어떻게 하겠습니까?

💡 신입사원이 가져야 할 덕목은 무엇이라고 생각하세요?

💡 비행과 개인적인 중요한 일이 겹친다면 어떻게 하시겠어요?

💡 아버지가 보수적이라 예전 생각을 가지고 강요하신다면 어떻게 하시겠어요?

💡 팀워크가 중요한데 그 사람들이 날 별로 좋게 생각하지 않는다면 어떻게 하시겠어요?

💡 같이 입사한 동료가 승진이 더 빨랐을 때 어떻게 하시겠어요?

💡 비행 중 선배 승무원님께 꾸중을 들었을 때 어떻게 하시겠어요?

💡 직장상사와 세대차이에서 오는 갈등을 어떻게 극복하시겠어요?

💡 조직 생활에서 가장 중요한 것은 무엇인지요?

💡 몇 번의 면접 기회가 적당하다고 생각하세요?

💡 선배가 부당한 일을 시킨다면 어떻게 하실 건가요?

💡 어머니가 된 후 자녀 교육을 어떻게 하실 건가요?

💡 많은 사람들이 졸업 후 취업을 하기 위해서 1~2년을 준비하고 취업을 하곤 하는데 이러면 인력 낭비 아닌가요?

💡 직장생활할 때 어떤 선배가 싫을 것 같나요?

💡 직장생활에서 이런 상사가 싫은 점과 어떻게 극복할 것인지 말씀해주세요.

💡 자신이 직장 상사일 때 후배의 잘못으로 자신이 책임을 지게 된다면 어떻게 하시겠습니까?

💡 만약 승객이 회사 규정에 어긋나는 무리한 요구를 하면 어떻게 대처하시겠습니까?

💡 가난한 사람을 사랑하는데 부모님이 반대를 합니다. 어떻게 하시겠습니까?

💡 성공이란 무엇이라 생각하세요?

💡 사진을 지나치게 성형하는데 어떻게 생각하세요?

💡 사내에서 음란한 사진을 공공연히 보는 남자직원이 있다면 어떻게 하시겠습니까?

💡 상사가 여자직원과 남자직원을 차별한다면 어떻게 하시겠습니까?

여성관, 결혼관, 남자친구 관련 기출문제

💡 자신의 결혼관에 대해서 말씀해보세요.

💡 어떤 상대와 결혼하고 싶습니까?

💡 배우자 선택에 있어서 가장 중요하다고 생각되는 것은 무엇입니까? 어떤 남자
와 결혼하고 싶습니까?

💡 결혼은 언제 할 생각입니까? 본인이 생각하는 결혼 적령기는 언제입니까?

💡 요즘 사람들의 결혼관에 대해서 어떻게 생각하는지요?

💡 결혼할 배우자상은 어떤 사람입니까?

💡 결혼, 출산, 일에 관한 생각을 말해보세요.

💡 결혼 후 직장은 어떻게 하시겠습니까?

💡 결혼하면 집안일과 승무원 두 가지 모두 하기 힘들 텐데 어떻게 하시겠습니까?

💡 당신의 일과 결혼 중 어느 것이 더 중요하다고 생각합니까?

💡 결혼생활과 직장생활을 병행하기 힘들지 않습니까?

💡 결혼하면 일하는 건 힘드실 텐데 10년 후에 무엇을 하고 있을 것 같습니까?

💡 결혼 후 아이가 엄마가 집에 있길 원한다면 어떻게 하시겠습니까?

💡 결혼을 해서 남편이 첫 출근을 하고 집에 돌아온다면 남편을 위해 어떤 저녁
을 준비하시겠습니까?

💡 결혼을 하고 나서 시부모님이 이 일을 반대하신다면 어떻게 하시겠습니까?

💡 시부모님께서 직장생활을 탐탁하게 여기지 않으신다면 어떻게 하겠습니까?

💡 결혼한 후에 고부 갈등이 있어요, 어떻게 해결하실 건가요?

💡 우리나라 결혼 혼수비용이 많이 드는데 이에 대해 어떻게 생각하십니까?

💡 동성동본 결혼에 대한 당신의 의견은 어떻습니까?

💡 15년 후에 어떤 직업, 직위의 남편과 몇 평 정도의 집에서 몇 명의 자녀와 어떤
차를 가지고 어떤 동네에서 살고 있을지 또 자신은 무엇을 하고 있을지 묘사

하듯 말씀해주세요.

💡 남편이 가사와 육아에 어느 정도 협력해 주는 것이 타당합니까?

💡 남편이 돈을 벌고 여성은 집에서 가사 일을 하는 게 더 수월하다고 생각하지 않습니까?

💡 남편이 부엌에 들어가는 것에 대해 어떻게 생각합니까?

💡 맞벌이 부부에 대해서 어떻게 생각합니까?

💡 사회생활을 하다가 남편이 일을 그만두고 집에서 가사 일을 하라고 하면 어떻게 하시겠습니까?

💡 가사는 여성이 맡아야 한다고 생각합니까?

💡 여성으로서 가정을 돌보는 것도 중요한데 굳이 취직을 하려는 이유는 무엇입니까?

💡 여성과 일에 대한 당신의 사견을 말해보세요.

💡 여성의 사회진출에 대하여 어떻게 생각합니까?

💡 여성흡연[3]에 대해 어떻게 생각하십니까?

💡 여자라고 남자직원이 협조하지 않으면 어떻게 하겠습니까?

💡 여자라서 좋았던 것이 있습니까?

💡 결혼 후에도 직장생활을 하는 여성에 대해 어떻게 생각하십니까?

💡 여성으로서의 직업관을 말씀해보세요.

💡 여성리더로서 갖추어야 할 3가지를 말해보세요.

💡 '여성스러운 것'은 무엇이라고 생각합니까?

💡 여성으로서 회사에 기여할 부분은 무엇이라고 생각합니까?

💡 남자친구와 남편의 차이점은 어떻게 생각하나요?

💡 이성친구 있으십니까? 왜 없으십니까? 언제 헤어졌습니까? 누가 찼습니까? 얼마나 사귀셨습니까?

💡 이성친구 있습니까? 배우자로서까지 생각하십니까? 배우자 조건은 무엇입니까?

💡 이성친구에 대해 말해보세요.

💡 데이트 비용은 누가 부담합니까?

💡 데이트할 땐 주로 어떤 얘기를 나눕니까?

💡 데이트는 주로 어디서 합니까?

3 여성흡연 : 금호아시아나 그룹은 2005년 6월과 2012년 5월에 보건복지부로부터 금연우수기업상을 수상하였다.

💡 이성을 볼 때 어떤 것을 중요하게 생각하십니까?

💡 돈 많은 남자와 성격 좋은 남자 중 누구를 만나시겠습니까?

💡 기내에서 남자 승객이 명함을 주면 받을 건지 그리고 연락처를 달라고 하면 어떻게 하시겠습니까?

💡 친구 애인을 좋아하게 되었다면, 어떻게 할 것입니까?

💡 남자친구에게 다른 여자가 생겼을 때 어떻게 하겠습니까? 헤어지자고 한다면 어떻게 하시겠습니까?

💡 남자친구가 승무원하는 것을 반대한다면 어떻게 하시겠습니까?

💡 남자친구나 부모님께서 승무원되는 것을 반대한다면 어떻게 할 생각입니까?

💡 이성친구가 회사 메일 계정 아이디랑, 비밀번호를 알려달라고 하면 어떻게 하실 건가요?

💡 남자직원이 본인이 원치 않는 사적인 만남을 자꾸 요구한다면 어떻게 하시겠습니까?

💡 크리스마스 때 친구나 연인에게 카드를 몇 장 정도 보내고 받습니까?

14

Warming-up, 위기대처능력, 기타

Warming-up 관련 기출문제

💡 가장 가고 싶은 나라는 어디입니까?

💡 가장 자신 있는 것은 무엇입니까?

💡 집과 학교까지의 교통수단은 무엇입니까? 소요시간과 그동안 하는 일은 무엇입니까?

💡 세 걸음 앞으로 나와서 자신 있게 웃어보세요.

💡 면접을 기다리면서 무슨 생각을 하셨습니까?

💡 하고 싶은 얘기 있으면 말씀하세요.

💡 여기에 뭘 타고 왔습니까?

💡 오늘 아침에 집에서 나올 때 부모님께서 하신 말씀은 무엇이었습니까?

💡 좋은/찌뿌둥한/추운/더운/비가 오는/바람이 강한 날씨군요!

💡 이 건물을 찾는 데 고생했습니까?

💡 아침에 나올 때 부모님께서 뭐라고 하셨어요?

💡 오기 전에 무엇을 하셨나요?

💡 오늘 무엇을 하셨어요?

💡 아, 에, 이, 오, 우 한번 해보세요.

💡 자신만의 강점이 있으면 무엇일까요?

💡 지금 떨고 계신데 얼마나 떨고 계십니까?

💡 오늘 아침 어떻게 보내셨습니까?

💡 여기까지 오시면서 무슨 생각하셨습니까?

💡 같이 면접보는 지원자들 중 누가 제일 먼저 말을 걸었습니까?

💡 아침에 무엇을 먹었습니까?

💡 어젯밤에 본 TV 프로그램은 무엇이었습니까?

💡 여기 면접장에 오면서 어떤 마음, 어떤 생각을 하면서 왔습니까?

💡 점심은 무엇을 먹었습니까?

💡 어제 밤에 무엇을 하셨습니까?

💡 면접이 끝나면 무엇을 하시겠습니까?

💡 지금은 안 떨리십니까?

💡 어젯밤 무슨 꿈을 꾸었어요?

💡 뭐 타고 오셨어요?

💡 앞으로 한번 나와 보시겠어요? 무표정한 모습 지어 보시겠어요?

💡 커피를 좋아하세요? 어떤 맛이 가장 좋으세요?

💡 면접장에 언제 도착했나요?

💡 주로 친구랑 뭐합니까?

💡 집이 어딥니까? 거기 무슨 산이 있습니까? 누구랑 산에 같이 가고 싶습니까?

💡 지금 기분(심경)은 어떻습니까?

💡 평소 헤어스타일은 어떻습니까?

💡 하고 싶은 얘기를 해보세요.

💡 끝나고 무엇을 하고 싶으십니까?

위기대처능력, 기타 관련 기출문제

💡 로또에 당첨된다면 어떻게 하겠습니까? 승무원을 계속 하겠습니까?

💡 로또 30억이 당첨된다면 어떻게 쓰시겠습니까?

💡 면접시간이 짧은데 서비스 마인드를 어떻게 평가해야 한다고 생각하십니까?

💡 한국인이 스마일이 잘 안 되는 이유는 무엇이라 생각하세요?

💡 까다로운 손님을 어떻게 대하시겠습니까?

💡 3박4일의 휴가가 생기면 무엇을 할 생각입니까?

💡 10만원과 3박 4일의 휴가가 생기면 무엇을 하시겠습니까?

💡 개인적으로 자기계발을 위해 하고 있는 것은 무엇입니까?

💡 (공채 낙방 시) 본인이 왜 떨어졌다고 생각합니까?

💡 고민을 누구랑 상담합니까?

💡 꼭 사고 싶은 물건이 있다면 어떻게 합니까?

💡 면접장소까지 무엇을 타고 왔습니까? 시간은 얼마나 걸렸습니까?

💡 별명이 있습니까?

💡 지금까지 살면서 가장 아름다웠다고 느낀 풍경을 아름답게 표현해보세요.

💡 한국에 처음으로 오는 외국인에게 추천해주고 싶은 도시나 관광지 말씀해보세요.

💡 저번 지원 때는 왜 떨어졌다고 생각하십니까?

💡 좋아하는 동물은 무엇입니까?

💡 좋아하는 과일은 무엇입니까?

💡 좋아하는 계절은 무엇입니까?

💡 헌혈[4]을 해봤습니까? 느낌은 어떠했습니까? 안 해봤다면 안 해본 대로 헌혈의 의미는 무엇이라고 생각하십니까?

💡 첫 월급을 타면 어디에 쓸 계획입니까?

💡 최근에 가장 슬펐던 일, 최근 가장 가슴 아팠던 일이 있었습니까? 어떻게 극복 하였습니까?

💡 최근에 가장 열중하고 있는 일은 무엇입니까?

💡 최근에 가장 잘했다고 생각하는 일은 무엇입니까?

💡 취침시간과 기상시간은 언제입니까?

💡 타인의 입을 통한 본인의 평가는 어떻다고 생각하십니까?

💡 하루 일과에 대해서 말해주시겠습니까?

💡 한 달에 용돈은 얼마나 씁니까?

💡 지금까지 좌절감을 맛보았던 적이 있습니까?

💡 지금까지 최대 난제는 무엇이었습니까? 그리고 어떻게 해결했습니까? 어려움

4 헌혈 : 금호아시아나그룹의 '아름다운 기업 7대 실천과제' 중 하나인 "사랑의 헌혈" 행사가 있다.

을 극복했던 때의 일을 설명해주세요.

💡 살면서 다른 사람과의 trouble이 있었습니까? 그럴 때 어떻게 했습니까?

💡 소원 3가지를 들어줄 수 있다면 무엇을 말하겠습니까?

💡 어디서 출퇴근할 겁니까? 혼자서 생활하는 것은 가능합니까?

💡 인생을 살면서 부끄러운 일을 한 적이 있습니까?

💡 자신에게 있어서 가장 큰 도전은 무엇입니까?

💡 저축은 합니까? 통장은 있습니까? 남아 있는 잔액은 얼마 있습니까?

💡 장기적 목표는 무엇입니까? 앞으로 10년 후에 어떻게 되어 있고 싶습니까?

💡 자신의 나쁜 버릇 또는 고쳐야 할 버릇이 있다면 무엇입니까?

💡 '배려'하면 떠오르는 것을 마음대로 말해보세요.

💡 면접위원 분위기를 말씀해보세요.

💡 동거하는 친구 있습니까? 동거에 대한 자신의 생각을 말씀해주세요.

💡 면접위원들을 웃겨보세요. / 재미있는 이야기 해보세요.

💡 자신이 성실하다고 생각하나요? 한번 증명을 해보세요.

💡 개성상인을 아시나요? 그들의 상업적 수완이 무엇이었지요?

💡 지금 가장 받고 싶은 선물은 무엇입니까?

💡 최근에 행복했던 일은 어떤 일이 있을까요?

💡 무슨 일을 할 때가 가장 행복합니까?

💡 체력검사 후 임원면접을 준비하는 동안의 하루를 말해보세요.

💡 자신이 면접위원이라면 어떤 질문을 하겠습니까?

💡 집에 돌아가시면 카페에 글을 쓰실 텐데 뭐라고 쓰실 겁니까?

💡 살면서 후회된 일이 무엇입니까?

💡 기다리는 시간이 길었는데 그동안 무슨 생각하셨습니까?

💡 살아오면서 가장 큰 실수였던 것 한 가지만 말씀해보세요.

💡 최근 가장 힘들었던 사건과 그리고 어떻게 극복하셨는지 말씀해보세요.

💡 기다리시는 동안 옆 사람과 이야기도 많이 하셨을 텐데 서로 덕담 한마디 해주세요.

💡 자신이 기억하는 가장 어릴 때의 기억, 그러니까 기억의 시작은 언제며 그때 무슨 일이 있었습니까?

💡 옆 사람 칭찬해보세요.

💡 8명 중 가장 내가 뛰어날 것 같은 점과 그에 대한 이유를 말씀해보세요.

💡 살아오면서 가장 기억에 남는 일 / 후회하는 일 / 기억에 남는 단어 / 기억하고 싶은 단어 말씀해보세요.

💡 두 사람씩 짝을 지어 서로에게 질문하세요.

💡 아시아나항공이 왜 당신을 뽑아야 합니까?

💡 오늘 면접장에 오는 데 총 들었던 비용은 얼마입니까?

💡 한 달에 용돈 얼마나 쓰시는지, 용돈은 어떻게 마련하시는지 말씀해주세요.

💡 좋아하는 음식과 잘 만드는 음식은 무엇입니까?

💡 면접이 끝나고 어디에 가실 예정이십니까?

💡 파란색과 흰색의 다른 점이 무엇이라 생각하세요?

💡 첫 지원이신데, 취업이 임박해서 지원을 하신 건 아니신가요?

💡 기본/열정/희생/용기/약속이란 무엇이라고 생각하는지 말씀해보세요.

💡 면접 시험장에 오시면서 무슨 생각을 하셨나요?

💡 제일 자신 있게 대답할 수 있는 질문은 무엇인지 말해보세요.

💡 오늘 면접장에 오는데 총 들었던 비용은 얼마입니까?

💡 제일 자신 있게 대답할 수 있는 질문은 무엇인지 말해보세요.

💡 화가 나거나 고민이 있을 때 자신만의 해결방법은 무엇입니까?

💡 지금 먹고 싶은 음식은 무엇입니까?

💡 시험 때 징크스 있으세요?

💡 지금까지 살아오면서 가장 기억에 남았던 일은 무엇입니까?

💡 내일은 뭐 하실 건가요?

💡 면접이 오후인데 오전에는 뭐 하셨습니까?

💡 우리나라에서 외국 분들에게 소개시켜주고 싶은 곳은 어디입니까?

💡 좋아하는 연예인이 누구인지, 그리고 탑승하면 어떻게 하시겠습니까?

💡 면접이 끝나면 자신을 위해 무엇을 할 것입니까?

💡 승무원께서는 여유 표가 생겨 여행을 할 수 있는데 누구와 하고 싶은지 말해보세요.

💡 시험 보기 전날 친구들이 어떤 말 해주었나요?

💡 길을 가다가 모르는 사람이 날 보고 반갑게 인사하면 어떻게 하실 건가요?

💡 지금 생각나는 사람 한 사람만 말해보세요.

💡 아이스크림은 어떤 맛을 좋아하세요? 그 이유는요?

💡 대답하기 곤란한 문제 한번 내 보시겠어요?

💡 "기본"이란 무엇이라고 생각하는지 1분 동안 얘기해보세요.

💡 "열정"이란 무엇이라고 생각하는지요?

💡 "용기"란 무엇이라고 생각하는지요?

💡 "약속"이란 무엇이라고 생각하는지요?

💡 "희생"이란 무엇이라고 생각하는지요?

💡 오늘이 한글날인데 알고 있습니까?

💡 추석 때 뭐하고 지냈나요?

💡 최근 가장 힘들었던 사건은 무엇이고, 그리고 어떻게 극복했는지요?

💡 아기와 남편이 물에 빠졌는데 3초라는 시간밖에 없습니다. 그럼 누굴 먼저 구하겠어요?

💡 살아오면서 가장 기억에 남는 일은요?

💡 살아오면서 가장 후회하는 일은요?

💡 살아오면서 가장 기억에 남는 단어는요?

💡 하고 싶은 말 있으면 해보세요.

💡 살면서 받았거나 준 선물 중 기억에 남는 것은 무엇인지요?

💡 쓰나미 대피요령에 대해서 말해보세요.

💡 아무거나 말해보세요.

💡 배려 하면 무엇이 떠오르는지 아는 대로 말씀해 주시겠어요?

💡 지금 여기 계신 지원자 분들은 되게 신중한 성격의 소유자들 같네요, 딱 마감 몇 분 전에 기다렸다가 이렇게 지원하신 걸 보니, 이 시간대에 지원한 특별한 이유라도 있으신가요?

💡 마지막으로 하고 싶은 말 있으면 해보세요.

💡 연말 연시에 무엇을 하셨나요?

💡 마지막 질문으로는 자신이 제일 잘 할 수 있는 것으로 해보세요.

💡 새해 들어서 어제 무슨 생각을 하셨는지요.

💡 지금까지 살면서 힘들었던 순간을 말해보세요.

💡 정해년 삼행시를 해보세요.

💡 장기자랑 준비해 오신 분 있으면 해보세요.

💡 바다에 대해서 어떻게 생각하세요?

💡 본인을 제외하고 누가 합격할 건지, 직접적으로 지목하지 말고, 그 이유를 말씀해보세요.

💡 면접 끝나고 집에 가서 뭘 먹고 싶은지요?

💡 자신이 죽을 때 유산을 어떻게 분배할 것인지요?

💡 전현차 B조 후기는 어떻게 올라오고 있습니까?

💡 전현차의 정보를 얼마나 믿으세요?

💡 월급 타면 제일 먼저 뭐 하고 싶으세요?

💡 무인도에 가져갈 것 3가지를 말씀해보세요.

💡 물건을 살 때 가격을 가장 많이 흥정해본 것은 얼마입니까?

💡 살아오면서 겪었던 힘든 역경에 대해서 말씀해보세요.

💡 옆의 지원자는 어떤 것 같나요?

💡 재미있는 이야기 해보세요.

💡 오른쪽에 계신 분 장점과 단점 말해보세요.

💡 내일 발렌타인데이인데 수십년 살아 오면서 가장 기억에 남는 발렌타인데이를 말해보세요.

💡 마지막으로 하고 싶은 말은 무엇입니까?

💡 기내문 영어 국문 읽기.

💡 면접위원 중 점수를 제일 짜게 줄 것 같은 면접위원은 누구인가요?

💡 노래를 한번 해보세요.

💡 T.G.I.Friday와 비슷한 레스토랑은 어떤 것들이 있나요?

💡 승무원 면접을 위해 어떤 준비하셨습니까?

💡 준비해 온 것 있으면 해보세요.

💡 대한항공이 왜 자신을 뽑아야 하는지 말해보세요.

💡 좋아하는 계절은 어떤 계절입니까?

💡 본인 자신이 대한항공 승무원이 되어야 하는 이유를 말해주세요.

💡 이번 면접을 위해 준비한 장기자랑이나 마지막으로 하고 싶은 말은 무엇인가요?

💡 면접 보기 전에 인터넷 검색해 보신 건 무엇입니까?

💡 예상 질문에 공부를 많이 하셨을 텐데 그 질문 중 가장 자신 있게 대답할 수 있는 질문은 무엇입니까?

💡 인생을 살면서 가장 기억에 남는 일과 그렇지 못했던 일에 대해 말해보세요.

💡 오늘 면접이 끝나고 가장 먼저 무엇을 하고 싶습니까?

💡 지금까지 가장 행복했던 순간은 언제였습니까?

💡 지금까지 살아오면서 소중했던 기억을 말해보세요.

💡 저번 공채에 시험을 보신 분이 있다면 왜 떨어지셨다고 생각하십니까?

💡 대기실에서 무슨 생각을 하셨습니까?

💡 지금까지 살면서 가장 보람된 일이었던 점은 무엇입니까?

💡 살면서 가장 힘들었던 기억과 어떻게 극복했는지 말씀해보세요.

💡 올 여름에 어떤 옷으로 멋을 내고 싶습니까?

💡 홈쇼핑에서 물건을 구매해 보신적 있습니까?

💡 만원을 들고 집에서 외출을 했다면 무엇을 하겠습니까?

💡 손님을 집으로 초대하고 만원으로 준비를 한다면 어떤 요리로 손님을 배불리 하시겠습니까?

💡 합격소식을 누구에게 먼저 전하고 싶으십니까?

💡 만약 하루라는 시간과 만원이 주어지는데 집에 갈 수 없다면 하루 동안 무엇을 하시겠습니까?

💡 기출질문 중에 이런 질문은 정말 처음 본 질문이다 싶은 것은 있습니까?

💡 만약 길에서 모르는 사람이 누구씨 아니세요? 하며 아는 척을 한다면 어떻게 그 순간을 모면하겠습니까?

💡 보고 싶은 영화의 티켓이 떨어졌다면 어떻게 하시겠습니까?

💡 자기 미소에 점수를 준다면 몇 점이라고 생각하십니까?

💡 첫 월급을 타면 무엇을 가장 하고 싶습니까?

💡 인생을 살면서 가장 힘들었던 순간은 언제였고, 그 시기를 어떻게 극복하였습니까?

💡 자신이 살면서 남을 기쁘게 했던 일에 대해 말해보세요.

💡 마지막으로 10초간 굵고 강한 인상을 남길 수 있는 말을 해보세요.

💡 갑자기 단체손님이 집에 온다고 하는데 돈이 만원밖에 없을 경우 어떻게 대처하시겠습니까?

💡 어떤 전략으로 면접에 임해야겠다고 생각하면서 왔습니까?

💡 좋은 리더란 어떤 사람이라고 생각합니까?

💡 친구가 약속시간에 늦는다면 어떻게 하겠습니까?

💡 출근길에 몸이 안 좋아 보이시는 분이 도움을 요청할 때 어떻게 하시겠습니까?

💡 승무원은 외국어를 잘 해야 하는데 서비스 마인드와 외국어 중 어떤 것이 더 중요하다고 생각하십니까?

💡 준비한 것들이 많으셨을 텐데 이중에 부각하고 싶은 나의 강점은 무엇이 있습니까?

💡 서울에 올라올 때 무엇을 타고 왔습니까?

💡 면접 전날 올라오셔서 무엇을 하셨습니까?

💡 부산 분들은 부산 말고 다른 지역에서 살고 싶은 곳 있습니까?

💡 승무원 면접을 위해 미소 연습을 한 것입니까?

💡 내일 지구가 멸망하면 가져갈 것 3가지를 말씀해보세요.

💡 다른 회사 면접보신 분들은 여기 면접장과 차이점을 말씀해보세요.

💡 부탁을 거절하는 자신만의 방법은 무엇입니까?

💡 리더로 에피소드나 성취한 경험 있으면 말씀해보세요.

💡 5만원으로 20명에게 식사 대접을 하라면 어떻게 하겠습니까?

💡 자신이 가장 자랑스러웠던 점은 무엇입니까?

💡 10억이 생기면 무엇을 하시겠습니까?

💡 마지막으로 이 말을 안 하고 가면 후회하겠다 싶은 것이 있으면 말씀하세요.

💡 오면서 많은 것을 준비했을 텐데 하고 싶은 것이 있으면 해보세요.

💡 내가 지금 이 면접에서 합격할 것 같다는 분 있으면 손들어보세요.

💡 대한항공이 왜 자신을 뽑아야 하는지 1분 동안 설명해보세요.

💡 미소를 가장 잘 지으시는 것 같은데 어떻게 연습하셨습니까?

💡 면접 끝난 후에는 무엇을 하시겠습니까?

💡 올해 계획은 무엇이었습니까?

💡 당신이 면접위원이라면 어떤 사람을 채용하겠습니까?

💡 내가 팀의 일원으로서 리더십을 발휘했던 경험을 말씀해보세요.

💡 100만원이 생기면 무엇을 할 지 말씀해보세요.

💡 본인은 운명을 믿으십니까?

💡 승무원을 준비하면서 특별하게 준비한 것이 있습니까?

💡 받고 싶은 연봉을 말씀해보세요.

💡 나보다 나이가 적은 사람이 선배가 되었을 때 작은 트러블에 대해 어떻게 대처하시겠습니까?

💡 자신의 보물이 무엇입니까?

💡 현재 가장 사고 싶은 물건은 무엇입니까?

💡 불규칙한 승무원 스케줄 때문에 가족들의 경조사를 참여 못한다면 어떻게 대처하시겠습니까?

💡 대학 등록금 마련을 어떻게 하셨습니까?

💡 어제 면접 준비 구체적으로 어떻게 했습니까?

💡 마지막으로 할 말 있으면 해주세요.

💡 자신이 가장 아끼는 물건과 그 이유는 무엇입니까?

💡 지금까지 살면서 가장 힘들었던 순간을 말해보세요.

💡 조직생활에서 중요한 점은 무엇입니까?

💡 본인의 매력 포인트가 무엇이라고 생각하십니까?

💡 어제 전현차 후기 봤습니까? / 뭐라고 올라왔습니까?

💡 자신이 죽을 때 유산을 어떻게 분배할 것인지 자신의 생각을 말씀해보세요.

💡 아침에 뭘 하셨습니까?

💡 지금 면접이 끝나면 무엇을 할 것인지 간단하게 말씀해주세요.

💡 가장 소중한 사람에 대해 말씀해보세요.

💡 언어가 통하지 않는 승객께 어떻게 서비스하시겠습니까?

💡 본인을 제외하고 이중에 누가 합격할 것 같은지 직접적으로 지목하지 말고 이유를 들어서 말씀해보세요.

💡 자신이 가장 아끼는 물건과 이유를 말씀해보세요.

💡 재미있는 이야기 해보세요.

💡 준비해 온 것 있으면 해보세요.

💡 승무원이 되기 위해 많이 준비하셨을 텐데 특별히 열심히 준비한 것 있으면 해보세요.

💡 마지막으로 하고 싶은 말 해보세요.

💡 면접위원들 첫인상에 대해서 말씀해보세요.

💡 자신이 행복한 이유를 10가지씩 말해보세요.

💡 어제 오늘 기출문제 어떤 것들을 들어보셨습니까?

💡 사진 수정에 대해서 어떻게 생각하십니까?

💡 옆 지원자의 장·단점을 말씀해보세요.

💡 놀이공원 청소부, 안내원, 티켓팅하시는 분들 중 누가 가장 중요하다고 생각하십니까?

💡 예약발권, 지상직, 승무원들 중 누가 가장 중요하다고 생각하십니까?

💡 외국인 친구를 어떤 곳에 데려가고 싶습니까?

💡 내일 지구가 사라진다면 당신은 오늘 무엇을 하겠습니까?

💡 다른 곳에서 화가 난 손님이 자신에게 화풀이를 할 때 어떻게 하겠습니까?

💡 면접위원에게 "당신은 이 회사에 적합하지 않은 것 같은데요."라는 말을 듣는다면 어떻게 하시겠습니까?

💡 항공요금 인상에 대해 승객들을 어떻게 설득시키겠습니까?

💡 불어로 질문하는데 불어를 모른다면 어떻게 대처할 것입니까?

💡 비행기에 폭탄이 실린다면 어떻게 할 것입니까?

💡 술을 잘 못하는데, 선배와의 모임에서 술을 강요당하면 어떻게 하겠습니까?

💡 승무원 사이트에 헤어진 남자친구가 자신의 전 여자친구인 승무원에 대해 비방하는 글을 적어 놓았다. 그 문제로 대내외적으로 문제가 발생했다. 이런 경우 그 승무원을 어떻게 처벌해야 한다고 생각합니까?

💡 승무원 합격과 로또 당첨 중 하나를 선택하라면 무엇을 선택하겠습니까?

💡 승무원이 개인적인 사정으로 비행시간을 지키지 못했다. 처벌을 해야 한다면 어떠한 방법으로 해야 합니까?

💡 애인이 친한 친구와 바람을 피우면 누구를 택하시겠습니까? 만약 반대 상황이

라면 어떻게 하시겠습니까?

💡 업무미숙으로 인하여 선배들에게 혼났을 때 어떻게 하겠습니까?

💡 외국에 갔는데 지갑을 잃어버리면 어떻게 할 것입니까?

💡 울고 있는 아이를 웃게 할 수 있는 방법은 무엇입니까?

💡 인류 최후 생존자 10명 중 7명만 고른다면 누굴 고르겠습니까?

💡 자신도 잘 모르는 것을 손님이 물어봤을 때 어떻게 하겠습니까?

💡 지하철에서 낯선 남자가 차 한 잔 마시러 가자고 할 때 어떻게 하겠습니까?

💡 학교에서 체벌이 필요하다고 생각하십니까?

💡 기내에서 외국인승객이 데이트신청을 한다면 어떻게 하겠습니까?

💡 (성이 특이한 경우) 어디 "＿"씨 인가요?

💡 (이름이 특이한 경우) 이름에 관한 에피소드에 관해 얘기해보세요.

💡 1차 합격하고 기분은 어땠습니까?

💡 현재 살고 있는 고장의 유명한 것을 설명해보세요.

💡 만약 비행기에 연예인이 탄다면 어떻게 하시겠습니까?

💡 면접이 끝나면 무엇을 할 생각입니까?

💡 면접위원의 인상을 묘사해보세요.

💡 사랑과 우정 중 어느 것을 택하시겠습니까?

💡 현재 살고 있는 동네가 마음에 듭니까?

💡 시험장에 들어오기 전에 무슨 생각을 했습니까?

💡 옷은 얼마 주고 구입했습니까?

💡 운동한 적은 있습니까? 평소 하는 운동 종류는 무엇입니까? 얼마나 자주 합니까?

💡 주량은 어떻게 됩니까? 소주는 어떤 제품을 좋아합니까?

💡 주로 쇼핑은 어디서 합니까?

💡 최근 황당했던 일을 말해보세요.

💡 커피를 좋아합니까? 스타벅스에 가보았습니까?

💡 하루에 거울은 몇 번이나 봅니까? 어떠한 생각이 듭니까?

💡 합격하면 제일 먼저 어디를 갈 겁니까? 또 누구에게 제일 먼저 말할 겁니까?

💡 20년 후 무엇을 할 것이며, 지금 그것을 이루기 위해 무엇을 준비하고 있나요?

💡 경력과 현재 하고 있는 일은 무엇입니까?

💡 싫어하는 음식과 승무원이 힘든 직업이라고 생각되는 점은 무엇입니까?

💡 성형수술에 대해 어떻게 생각하십니까?

💡 졸업 후 공백기간 동안에 무엇을 했습니까?

Chapter

04

회사를
알자

회사를 알자

앞에서 언급했듯이, 지원자에 관한 질문, 회사에 관한 질문으로 나뉜다. 회사에 관한 질문은 답이 있기 때문에 반드시 숙지하고 자주 바뀌므로 면접보기 전에 스스로 업데이트를 해야 한다.

표 4-1 회사를 알자

회사명	
IATA 코드	
ICAO 코드	
가입 항공사 동맹체	
창립연도	
그룹	
계열사	
본사	
창립자	
회장	
부회장	
사장	
직원 수 / 승무원 수	

취항 국가	
취항 도시	
신규 취항지	
가고 싶은 곳	
보유대수(여객기/화물기)	
기종	
좌석명	
기내 잡지	
마일리지 카드	
어린이 카드	
유니폼	
디자이너	
이미지 – 회사	
이미지 – 승무원	
홈페이지 주소	
주가	
관련 기사	
수상경력	
CF	
인재상 경영 철학	
회사 소개	
사회공헌	
얼라이언스 소개	

자료 : 저자 작성

항공사 동맹체

항공사 동맹체

표 4-2 ✈ 항공사 동맹체

이름	Star Alliance	One World	Sky Team
CI	STAR ALLIANCE	oneworld	SKYTEAM
창립연도	1997년	1999년	2000년
가입 국적기	OZ	해당 없음	KE
북미	AC, UA	AA	DL, AM
중미			
남미	AV, CM	JJ	
북유럽	SK	AY	
유럽	A3, TP, OS, LH, SR, SN	BA, IB, S7	AF, AZ, KL, RO, UX
동유럽	LO, JP, OU		SU, OK
중동		QR, RJ	ME, SV
아프리카	MS, SA, ET		KQ
아시아	CA, FM, NH, SQ, TG, TK, ZH, AI, BR	CX, JL, MH, UL	CZ, VN, MU, CI, MF, GA
오세아니아	NZ	QF	
남아메리카			AR
총 회원사 수	27개 항공사	13개 항공사	20개 항공사
홈페이지	www.staralliance.com	www.oneworld.com	www.skyteam.com

자료 : www.skyteam.com, www.staralliance.com, www.oneworld.com을 바탕으로 정리

Star Alliance

1997년 세계 최초로 형성된 항공사 동맹체이다.

아시아나항공은 '스타얼라이언스'에 2003년에 가입하였다.

표 4-3 스타얼라이언스

항공사		IATA	ICAO	국 명
AIR CANADA	에어캐나다	AC	ACA	캐나다
AIR CHINA	에어차이나 중국국제항공	CA	CCA	중국
AIR NEW ZEALAND	에어뉴질랜드	NZ	ANZ	뉴질랜드
ANA	All Nippon Airways 전일본공수	NH	ANA	일본
Asiana Airlines	아시아나항공	OZ	AAR	대한민국
Austrian	오스트리아항공	OS	AUA	오스트리아
AEGEAN	에게항공	A3	AEE	그리스
EGYPTAIR	이집트에어	MS	MSR	이집트
LOT POLISH AIRLINES	폴란드항공	LO	LOT	폴란드
Lufthansa	루프트한자	LH	DLH	독일
Scandinavian Airlines	스칸디나비아항공	SK	SAS	스웨덴, 덴마크, 노르웨이
Ethiopian THE NEW SPIRIT OF AFRICA	에티오피아항공	ET	ETH	에티오피아

항공사		IATA	ICAO	국명
SINGAPORE AIRLINES	싱가포르항공	SQ	SIA	싱가포르
SOUTH AFRICAN AIRWAYS	남아프리카항공	SA	SAA	남아프리카 공화국
swiss Swiss International Air Lines	스위스항공	SR	SWR	스위스
Thai	타이항공	TG	THA	태국
TAP PORTUGAL	탑포르투갈	TP	TAP	포르투갈
TURKISH AIRLINES	터키항공	TK	THY	터키
UNITED	유나이티드항공	UA	UAL	미국
AIR INDIA	에어인디아	AI	AIC	인도
ADRIA	아드리아항공	JP	ADR	슬로베니아
brussels airlines	브뤼셀항공	SN	BEL	벨기에
CROATIA AIRLINES	크로아티아항공	OU	CTN	크로아티아
Avianca	아비앙카항공	AV	AVA	콜롬비아
Copa Airlines	코파항공	CM	CMP	남미 파나마
EVA AIR	에바항공	BR	EVA	중국 - 대만
深圳航空 Shenzhen Airlines	심천항공	ZH	CSZ	중국
총 27개 회원사				

자료 : www.staralliance.com을 바탕으로 정리

One World

1998년 American Airlines, British Airways(영국항공), Canadian Airlines, Cathay Pacific 및 Qantas가 연합을 목적으로 한 형태를 발표를 한 9월에 원월드가 발족하였다. Canadian Airlines는 2000년에 스타얼라이언스 회원인 에어캐나다에 인수합병되었다. LAN항공사는 TAM과 합병되었다. 에어베를린항공은 재정난으로 파산되었다.

표 4-4　원월드

항공사		IATA	ICAO	국 명
American Airlines	아메리칸항공	AA	AAL	미국
BRITISH AIRWAYS	영국항공	BA	BAW	영국
CATHAY PACIFIC	캐세이퍼시픽항공	CX	CPA	중국
FINNAIR	핀에어	AY	FIN	핀란드
IBERIA	이베리아항공	IB	IBE	스페인
JAL JAPAN AIRLINES	JAL 일본항공	JL	JAL	일본
S7 AIRLINES	시베리아항공	S7	SBI	러시아
QANTAS	콴타스항공	QF	QFA	호주
ROYAL JORDANIAN	요르단 항공사	RJ	RJA	요르단
TAM	TAM 항공	JJ	TAM	브라질
malaysia airlines	말레이시아항공	HM	MAS	말레이시아
QATAR AIRWAYS	카타르항공	QR	QTR	카타르
SriLankan Airlines	스리랑카항공	UL	ALK	스리랑카
총 13개 회원사				

자료 : www.oneworld.com을 바탕으로 정리

Sky Team

대한항공, 델타항공, 아에로멕시코, 에어프랑스는 스카이팀의 창립멤버이다. 이들은 스카이팀내에서 주도적 · 중추적 · 핵심적 역할을 하고 있다.

표 4-5　스카이팀

항공사		IATA	ICAO	국 명
AeroMexico.	아에로멕시코항공	AM	AMX	멕시코
AEROFLOT Russian Airlines	아에로플로트 러시아 항공	SU	AFL	러시아
Air Europa	에어유로파	UX	AEA	스페인
AIRFRANCE	에어프랑스	AF	AFR	프랑스
Alitalia	알이탈리아항공	AZ	AZA	이탈리아
CHINA SOUTHERN	중국남방항공	CZ	CSN	중국
CSA CZECH AIRLINES	CSA체코항공	OK	CSA	체코
DELTA	델타항공	DL	DAL	미국
Kenya Airways	케냐항공	KQ	KQA	케냐

항공사		IATA	ICAO	국 명
KLM	KLM네덜란드항공	KL	KLM	네덜란드
KOREAN AIR	대한항공	KE	KAL	대한민국
CHINA EASTERN	중국동방항공	MU	CES	중국
CHINA AIRLINES	중화항공	CI	CAL	중국
Aerolíneas Argentinas	아르헨티나 항공	AR	ARG	아르헨티나
MEA	MEA 중동항공	ME	MEA	레바논
SAUDIA	사우디아 항공	SV	SVA	사우디아라비아
Vietnam Airlines	베트남항공	VN	HVN	베트남
TAROM	타롬항공	RO	ROT	루마니아
Garuda Indonesia	가루다 인도네시아항공	GA	GIA	인도네시아
XIAMENAIR	샤먼항공	MF	CXA	중국
총 20개 회원사				

자료 : www.skyteam.com을 바탕으로 정리

취항지

대한항공 취항지

표 4-6 대한항공 취항지

Region	Country	Cities	Capital
Asia	Korea	Seoul, Incheon, Busan, Cheongju, Daegu, Gunsan, Gwangju, Jeju, Jinju, Pohang, Ulsan, Wonju, Yeosu, Sacheon	Seoul
	Cambodia	Phnom Penh, Siem Reap	Phnom Penh
	China	Beijing, Guangzhou, Zhengzhou, Changsha, Dalian, Mudanjing, Hangzhou, huangshan, Honkong, Kunming, Shaghai, Shenyang, Xian, Shenzhen, Qingdao, Jinan, Tianjin, Urumqi, Weihai, Wuhan, Xiamen, Yanji, Guiyang, Nanning, Nanjing, Yantai, Chengdu	Beijing
	Myanmar	Yangon	
	India	Mumbai	New Delhi
	Indonesia	Denparsar, Jakarta	Jakarta
	Japan	Akita, Aomori, Fukuoka, Hakodate, Kagoshima, Komatsu, Nagoya, Niigata, Oita, Okayama, Osaka, Sapporo, Tokyo, Nagasaki, Shizuoka, Okinawa	Tokyo
	Mongolia	Ulaanbaatar	Ulaanbaatar
	Nepal	Kathmandu	Kathmandu
	Malaysia	Kuala Lumpur, Kota Kinabalu	Kuala Lumpur
	Sri Lanka	Colombo	Colombo
	Maldives	Male	Male

Region	Country	Cities	Capital
	Philippines	Manila, Cebu	Manila
	Singapore	Singapore	Singapore
	Taiwan	Taipei, Taichung, kaohsiung	Taipei
	Thailand	Bangkok, Phuket, Chiangmai	Bangkok
	Uzbekistan	Tashkent	Tashkent
	Vietnam	Hanoi, Ho Ci Minh City, Danang, Nha-Trang	Hanoi
Oceania	Australia	Brisbane, Sydney, Melbourne	Canberra
	Fiji	Nandi	Suva
	Guam	Guam	
	Palau	Koror	
	New Zealand	Auckland	Wellington
Europe	Austria	Vienna	Vienna
	Czech	Prague	Prague
	England	London	London
	France	Paris	Paris
	Germany	Frankfurt	Berlin
	Italy	Rome, Milan, Venice	Rome
	Netherland	Amsterdam	Amsterdam
	Russia	Moscow, St. Petersburg, Vladivostok, Ir-kutsuk, Yuzhno-Sakhalinsk	Moscow
	Spain	Madrid, Barcelona	Madrid
	Turkey	Istanbul	Ankara
	Switzerland	Zurich	Bern
	Norway		Oslo
	Denmark		Copenhagen
	Belgium		Brussel
	Sweden		Stockholm
	Croatia	Zagreb	Zagreb
America	Canada	Toronto, Vancouver	Ottawa
	U.S.A	Atlanta, Chicago, Dallas, Honolulu, L.A, New York, San Francisco, Seattle, Washington D.C, Guam, Las Vegas, Los Angeles, Anchorage,	Washington D.C
	Brazil	Sao Paulo	Brasilia

Region	Country	Cities	Capital
Middle East · Africa	Israel	Tel Aviv	Jerusalem
	Egypt	Cairo	Cairo
	Turkey	Istanbul	Ankara
	Kenya	Nairobi	Nairobi
	U.A.E	Dubai	Abu Dhabi
	Saudi Arabia	Riyadh, Jeddah	Riyadh
Total		00개국 000개 도시	

* 취항국가 수와 취항도시 수는 바뀌기 때문에 면접 전 회사 홈페이지 등을 확인해야 한다.
자료 : www.koreanair.com을 바탕으로 정리

도시코드, 공항코드 및 국내항공사 취항 여부

 각 도시 및 공항코드

국제항공운송협회 IATA(International Air Transport Association)는 항공사간 통일된 의미전달을 위하여 항공사가 운항하는 세계의 각 도시와 공항을 3 Letter Code로 만들어 도시코드와 공항코드를 부여하였다. 한 도시에 공항에 한 개만 있는 경우 도시코드와 공항코드가 동일하나 한 도시에 도쿄처럼 공항(나리타, 하네다)이 여러 개인 경우 공항코드가 지역에 따라 다르다. 예를 들어 도쿄에 경우 도시코드는 TYO이고 공항코드는 NRT(나리타)와 HND(하네다) 이다.

대한항공과 아시아나항공이 함께 취항하는 도시가 있고 대한항공만이 취항하는 도시가 있고 아시아나항공만이 취항하는 도시가 있다. 빈칸에 스스로 항공사 홈페이지를 확인하여 기입한다.

면접 질문 중 빈번하게 나오는 '승무원이 된다면 어느 도시에 가고 싶으세요?', '미취항지 추천해주세요' 등에 대비할 수 있다.

표 4-7 한국 취항지

도시명		도시코드	공항코드	취항항공사
광주/광주	Kwangju/Kwangju	KWJ	KWJ	
광주/무안	Kwangju/Muan	KWJ	MWX	
대구	Deagu	TAE	TAE	
부산	Busan	PUS	PUS	
여수/순천	Yeosu/Suncheon	RSU	RSU	
울산	Ulsan	USN	USN	
제주	Jeju	CJU	CJU	
진주/사천	Jinju/Sacheon	HIN	HIN	
청주/대전	Cheongju/Daejeon	CJJ	CJJ	
포항	Pohang	KPO	KPO	
군산	Kunsan	KUV	KUV	
서울/김포	Seoul/Gimpo	SEL	GMP	
서울/인천	Seoul/ Incheon	SEL	ICN	
원주/횡성	Wonju/Hoengseong	WJU	WJU	
강릉	Gangneung	KAG	KAG	
목포	Mokpo	MPK	MPK	
성남	Seongnam	SSN	SSN	
속초	Sokcho	SHO	SHO	
순천	Sunchon	SYS	SYS	
양양	Yangyang	YNY	YNY	
예천	Yecon	YEC	YEC	
오산	Osan	OSN	OSN	
서귀포	Seogwipo	JSP	JSP	
거제	Geoje	GJE	GJE	
진해	Jinhae	CHF	CHF	
북한 평양	Pyungyang	FNJ	FNJ	

자료 : www.koreanair.com, www.flyaisana.com을 바탕으로 정리

표 4-8 ✈ 일본 취항지

도시명		도시코드	공항코드	국명 – 수도명	취항항공사	
나고야	Nagoya	NGO	NGO			
도쿄	Tokyo	TYO	HND[1]			
			NRT[2]			
시즈오카	Shizuoka	FSZ	FSZ			
오사카	Osaka	OSA	KIX[3]			
			ITM			
후쿠오카	Fukuoka	FUK	FUK			
가고시마	Kagoshima	KOJ	KOJ			
고마쯔	Komatsu	KMQ	KMQ			
니이가타	Niigata	KIJ	KIJ			
삿포로	Sapporo	SPK	CTS[4]			
아오모리	Aomori	AOJ	AOJ			
아키타	Akita	AXT	AXT			
오이타	Oita	OIT	OIT			
하코다테	Hakodate	HKD	HKD	Japan-Tokyo		
구마모토	Kumamoto	KMJ	KMJ			
다카마스	Takamatsu	TAK	TAK			
도야마	Toyama	TOY	TOY			
마쓰야마	Matsuyama	MYJ	MYJ			
미야자키	Miyazaki	KMI	KMI			
센다이	Sendai	SDJ	SDJ			
아사히카와	Asahikawa	AKJ	AKJ			
오키나와	Okinawa	OKA	OKA			
요나고	Yonago	YGJ	YGJ			
후쿠시마	Fukushima	FKS	FKS			
히로시마	Hiroshima	HIJ	HIJ			
기타큐슈	Kita Kyushu	KKJ	KKJ			
나가사키	Nakasaki	NGS	NGS			
도쿠시마	Tokushima	TKS	TKS			
오카야마	Okayama	OKJ	OKJ			

1 Haneda 하네다
2 Narita 나리타
3 Kansai 칸사이
4 Chitose 치토세

자료 : www.koreanair.com, www.flyaisana.com을 바탕으로 정리

표 4-9 ✈ 중국 취항지

도시명		도시코드	공항코드	국명 – 수도명	취항항공사	
광저우	Guangzhou	CAN	CAN			
다롄	Dalian	DLC	DLC			
베이징	Beijing	BJS	PEK[5]			
구이양	Guiyang	KWE	KWE			
허페이	Hefei	HFE	HFE			
상하이	Shaghai	SHA	PVG[6] SHA[7]			
선전	Shenzhen	SZX	SZX			
시안	Xian	XIY	XIY			
옌지	Yanji	YNJ	YNJ			
옌타이	Yantai	YNT	YNT			
웨이하이	Weihai	WEH	WEH			
창사	Changsha	CSX	CSX			
칭다오	Qingdao	YAO	TAO			
톈진	Tianjin	TSN	TSN			
홍콩	Hongkong	HKG	HKG			
무단장	Mudanjiang	MDG	MDG			
샤먼	Xiamen	XMN	XMN	P.R China- Beijing		
선양	Shenyang	SHE	SHE			
우한	Wuhan	WUH	WUH			
정저우	Zhengzhou	CGQ	CGQ			
난닝	Nanning	NNG	NNG			
지난	Jinan	TNA	TNA			
옌청	Yancheng	YNZ	YNZ			
쿤밍	Kunming	KMG	KMG			
구이린	Guilin	KWL	KWL			
난징	Nanjing	NKG	NKG			
난창	Nanchang	KHN	KHN			
싼야	Sanya	SYX	SYX			
창춘	Changchun	CGO	CGO			
청두	Chengdu	CTU	CTU			
충칭	Chongqing	CKG	CKG			
하얼빈	Harbin	HRB	HRB			
항저우	Hangzhou	HGH	HGH			
마카오	Macau	MFM	MFM			
우루무치	Urumqi	URC	URC			
쿠한	Kuhan	KMG	KMG			
황산	Huangshan	TXN	TXN			

자료 : www.koreanair.com, www.flyaisana.com을 바탕으로 정리

5 중국의 수도 베이징(Beijing)의 구칭 Peking을 따서 만듦
6 Pudong 푸동
7 Hongqiao 홍차오

표 4-10 아시아 취항지

도시명		도시코드	공항코드	국명 - 수도명	취항항공사	
씨엠립	Siem Reap	REP	REP	Cambodia - Phnom Penh		
프놈펜	Phnom Penh	PNH	PNH			
델리	Delhi	DEL	DEL	India - New Delhi		
뭄바이	Mumbai	BOM	BOM			
덴파사르 발리	Denpasar	DPS	DPS	Indonesia - Jakarta		
자카르타	Jakarta	JKT	CGK			
알마티	Almaty	ALA	ALA	Kazakhstan - Astana		
카자흐스탄	Kazakhstan	KZK	KZK			
코타키나발루	Kota kinabalu	BKI	BKI	Malaysia - Kuala Lumpur		
쿠알라룸푸르	Kualalumpur	KUL	KUL			
페낭	Penang	PEN	PEN			
울란바타르	Ulaanbaatar	ULN	ULN	Mongolia - Ulaanbaatar		
카트만두	Kathmandu	KTM	KTM	Nepal - Kathmandu		
카라치	Karachi	KHI	KHI	Pakistan - Islamabad		
마닐라	Manila	MNL	MNL	Philippines - Manila		
세부	Cebu	CEB	CEB			
수빅	Subic	SFS	SFS			
클라크필드	Clark	CRK	CRK			
싱가포르	Singapore	SIN	SIN	Singapore - Singapore		
타이페이	Taipei	TPE	TPE	Taiwan - Taipei		
방콕	Banggok	BKK	BKK	Thailand - Bangkok		
치앙마이	Chang Mai	CNX	CNX			
푸껫	Phuket	HKT	HKT			
타슈켄트	Tashkent	TAS	TAS	Uzbekistan - Tashkent		
하노이	Hanoi	HAN	HAN	Vietnam - Hanoi		
호찌민	Hochimin	SGN	SGN			
나트랑	Nha Trang	CXR	CXR			
양곤	Yangon	RGN	RGN	Myanmar-Naypyidaw		
다낭	Danang	DAD	DAD	Vietnam-Hanoi		
말레	Male	MLE	MLE	Maldives-Male		
코로르	Koror	ROR	ROR	Palau-Melekeok		
콜롬보	Colombo	CMB	CMB	Sri Lanka-Colombo		

자료 : www.koreanair.com, www.flyaisana.com을 바탕으로 정리

표 4-11 중동, 아프리카 취항지

도시명		도시코드	공항코드	국명 – 수도명	취항항공사	
카이로	Cairo	CAI	CAI	Egypt - Cairo		
텔아비브	Tel Aviv	TLV	TLV	Israel - Jerusalem		
두바이	Dubai	DXB	DXB	U.A.E[8] - Abu Dabi		
아부다비	Abu Dabi	AUH	AUH			
바레인	Bahrain	BAH	BAH	Bahrain - Manama		
테헤란	Tehran	THR	THR	Iran - Tehran		
바그다드	Baghdad	SDA	SDA	Iraq - Baghdad		
트리폴리	Tripoli	KYE	TIP	Libya - Tripoli		
다란	Dhahran	DHA	DHA	Saudi Arabia - Jeddah		
제다	Jeddah	JED	JED			
리야드	Riyadh	RUH	RUH	Saudi Arabia - Riyadh		
나이로비	Nairobi	NBO	NBO	Kenya - Nairobi		
도하	Doha	DOH	DOH	Qatar-Doha		

자료 : www.koreanair.com, www.flyaisana.com을 바탕으로 정리

8 U.A.E : United Arab Emirates의 줄임말

표 4-12 북미, 중미, 남미 취항지

도시명		도시코드	공항코드	국명 – 수도명	취항항공사	
밴쿠버	Vancouver	YVR	YVR	Canada - Ottawa		
토론토	Toronto	YYZ	YYZ			
댈러스	Dallas	DAL	DFW	U.S.A - Wasington D.C		
라스베이거스	Las vegas	LAS	LAS			
샌프란시스코	San Francisco	SFO	SFO			
시애틀	Seattle	SEA	SEA			
시카고	Chicago	CHI	ORD			
아틀란타	Atlanta	ATL	ATL			
호놀룰루	Honolulu	HNL	HNL			
괌	Guam	GUM	GUM			
뉴욕	New York	NYC	EWR			
		NYC	LGA			
		NYC	JFK			
덴버	Denver	DEN	DEN			
디트로이트	Detroit	DTT	DET			
		DTT	DTW			
로스앤젤레스	Los Angeles	LAX	LAX			
마이애미	Miami	MIA	MIA			
미니애폴리스	Minneapolis	MSP	MSP			
보스턴	Boston	BOS	BOS			
샌디에고	San Diego	SAN	SAN			
세인트루이스	Saint Louis	STL	STL			
앵커리지	Anchorage	ANC	ANC			
오스틴	Austin	AUS	AUS			
올랜도	Orlando	ORL	ORL			
워싱턴 D.C	Wasington D.C	WAS	IAD			
휴스턴	Houston	IAH	IAH			
필라델피아	Philadelphia	PHL	PHL			
멕시코시티	Mexico city	MEX	MEX	Mexico - Mexico City		
산티아고	Santiago	SCL	SCL	Chile - Santiago		
리우데자네이루	Riodejaneiro	RIO	GIG	Brazil - Brazilia		
상파울루	Sao Paulo	SAO	GRU			
부에노스아이레스	Buenos aires	BUE	BUE	Argentina - Buenos Aires		

자료 : www.koreanair.com, www.flyaisana.com을 바탕으로 정리

표 4-13 ✈ 오세아니아 취항지

도시명		도시코드	공항코드	국명 – 수도명	취항항공사	
시드니	Sydney	SYD	SYD	Australia - Canberra		
멜버른	Melbourne	MEL	MEL			
브리즈번	Brisbane	BNE	BNE			
피지난디	Nandi	NAN	NAN	Fiji - Suva		
오클랜드	Auckland	AKL	AKL	New Zealand - Wellington		
캔버라	Canberra	CBR	CBR	Australia - Canberra		
케언즈	Cairns	CNS	CNS			
누메아	Noumea	NOU	NOU	New Caledonia[9]		
크라이스처치	Christchurch	CHC	CHC	New Zealand - Wellington		
사이판	Saipan	SPN	SPN			
타히티	Tahiti I	PPT	PPT			
팔라우[10]	Palau	PNG	PNG	Palau - Melekeok		

자료 : www.koreanair.com, www.flyaisana.com을 바탕으로 정리

9 뉴칼레도니아 섬 – 프랑스령 자치주로 태평양 남서부에 있다. 불어로는 'Nouvelle Caleldo-nie(누벨 칼레도니)'라고 한다.
10 팔라우 – 필리핀 남쪽의 태평양 서부 끝에 있는 도시국가이다. 에스파냐의 식민지였던 필리핀과 가까이 위치한 탓에 1543년 이후 오랫동안 그의 세력권 하에 있었다.

표 4-14 유럽, 러시아 취항지

도시명		도시코드	공항코드	국명 – 수도명	취항항공사	
런던	London	LON	LHR[11]	U.K - London		
			LGW			
이스탄불	Istanbul	IST	IST	Turkey - Ankara		
취리히	Zurich	ZRH	ZRH	Switzerland - Bern		
바젤	Basel	BSL	BSL			
마드리드	Madrid	MAD	MAD	Spain - Madrid		
바르셀로나	Barcelona	BCN	BCN			
모스크바	Moscow	MOW	SVO	Russia - Moscow		
사할린	Sakhalinsk	UUS	UUS			
하바로스크	Khabarovsk	KHV	KHV			
블라디보스토크	Vladivostok	VVO	VVO			
상트페테르부르크	ST.Petersburg	LED[12]	LED			
이르쿠츠크	Irkutsk	IKT	IKT			
리스본	Lisbon	LIS	LIS	Portugal - Lisbon		
오슬로	Oslo	OSL	OSL	Norway - Oslo		
암스테르담	Amsterdam	AMS	SPL[13]	Netherlands -Amsterdam		
룩셈부르크	Luxembourg	LUX	LUX	Luxembourg[14]		
로마	Rome	ROM	FCO[15]	Italy - Rome		
밀라노	Milan	MIL	MXP			
베니스	Venice	VCE	VCE			
더블린	Dublin	DUB	DUB	Ireland - Dublin		

11 Heathrow
12 LED : 상트페테르부르크의 옛 지명 레닌그라드(Leningrad)의 이름을 따서 지음.
13 SPL : 암스테르담의 스키폴 (Schiphol)국제공항
14 Luxembourg: 나라이름과 도시이름이 같다.
15 Leonardo Da Vinci 공항의 옛이름인 로마-피우미치노 국제공항의 이름을 따서 만듦

도시명		도시코드	공항코드	국명 – 수도명	취항항공사
뮌헨	Munich	MUC	MUC	Germany - Berlin	
프랑크푸르트	Frankfurt	FRA	FRA		
베를린	Berlin	BER	TXL		
함부르크	Hamburg	HAM	HAM		
파리	Paris	PAR	CDG[16]	France - Paris	
			ORY		
헬싱키	Helsinki	HEL	HEL	Finland - Helsinki	
코펜하겐	Copenhagen	CRH	CPH	Denmark - Copenhagen	
프라하	Prague	PRG	PRG	Czech - Prague	
브뤼셀	Brussels	BRU	BRU	Belgium - Brussels	
비엔나	Vienna	VIE	VIE	Austria - Vienna	
자그레브	Zagreb	ZAG	ZAG	Groatia-Zagreb	

자료 : www.koreanair.com, www.flyaisana.com을 바탕으로 정리

16 Charles De Gaulle 공항

대한항공 회사를 알자

한진그룹

한진(韓進)은 '한민족의 전진'을 의미하는데, 한국의 진보를 위해서 노력하겠다는 의미

사회공헌

나눔경영
- 그룹차원의 재난구호
- 사회봉사활동기금 마련 경비 지원
- 임직원들의 사회봉사 활동 지원

육영사업
- 인하학원/정석학원/정석대학을 통한 인재육성
- 국제적인 산학협력 지원
- 학술 및 장학사업 전개

환경경영
- 몽골 등지에서의 세계환경보호활동
- 기업 내 환경경영 프로그램 운영

의료복지
- 해외지역 의료봉사
- 도서지역 무료 의료봉사 수행
- 재해/수해지역 대상 진료봉사 활동

대한항공 비전

세계 항공업계를 선도하는
글로벌 항공사

대한항공 인재상

- 진취적 성향의 소유자 : 항상 무엇인가를 개선하고자 하는 의지를 갖고 변화를 통해 새로운 가치를 창조해내고자 하는 진취적인 성향의 소유자를 원합니다.

- 국제적인 감각의 소유자 : 자기중심적 사고를 탈피하여 세계의 다양한 문화를 이해할 수 있는 세계인으로서의 안목과 자질을 갖춘 국제적인 감각의 소유자를 원합니다.

- 서비스 정신과 올바른 예절의 소유자 : 단정한 용모와 깔끔한 매너, 따뜻한 가슴으로 고객을 배려하는 예의바른 사람을 원합니다.

- 성실한 조직인 : 작은 일이라도 책임감을 가지고 완수하며 원만한 대인관계를 유지해 나가는 성실한 조직인을 원합니다.

- team player : 같이 일하는 동료의 의견을 경청하고 화합하여 업무를 수행할 수 있는 사람을 원합니다.

대한항공 미션

자료 : www.koreanair.com 을 바탕으로 정리

05

아시아나항공 회사를 알자

새로운 금호아시아나 가치체계

가치체계

새로운 금호아시아나는 이해관계자들의 삶을 향상시키고, 업계 최고 1등의 기업 가치를 창출하는 아름다운 기업을 지향합니다

Mission 목적

금호아시아나 그룹 이해관계자들의 삶의 질 향상
(금호 아시아나 그룹을 둘러싸고 있는 이해관계자란 직원, 고객, 주주, 협력사, 사회를 지칭합니다.)

Vision 목표

✈ 아름다운 기업 : 지탄을 받지 않고 약속한 바를 꼭 지키며 건실하고 신뢰받는 기업 사회적 책임과 기업으로서의 역할을 다하고 사회에 공헌하는 기업

✈ 아름다운 사람 : 열정과 집념을 가지고 각자 자기분야에서 자기역할을 다하는 사람들

Strategy 전략

전략경영	인재경영	품질경영	윤리경영
● 목적지향 경영 ● 목표지향 경영 ● 전략적 경영 ● 전술적 경영	● 인간중심 경영 ● 인재양성 경영 ● 적재적소 경영	● 신뢰경영 ● 고객우선 경영 ● 앞서가는 기술 경영	● 기본과 원칙 경영 ● 합리 경영 ● 지탄받지 않는 경영

2015 경영방침

'자강불식(自强不息)' 자기를 강하게 하는 데 쉼이 있어서는 안된다'는 의지의 표현

자료 : www.flyasiana.com을 바탕으로 정리

2016 경영방침

'창업초심'

표 4-15 ◀ 기업의 사회적 책임, CSR(Corporate Social Responsibility) – 사회공헌 활동

미션(SLOGAN)	함께 비상하는 아름다운 세상
기본철학	● 사회공헌을 함에 있어서 형식적 활동, 금품 또는 선물 위주에서 벗어나 진심에서 우러나 참여형 봉사 ● 횟수보다는 제대로 하는 아름다운 봉사의 질 추구
기본원칙	● 유엔 새천년계발계획(MDGs) 달성을 위한 노력 ● 소외계층 및 지역발전을 위한 적극적인 사회적 책임 이행 ● 항공업 이미지에 맞는 사회공헌 추진
비전	항공업계 최우수 사회공헌 선도기업

자료 : csr.flyasiana.com을 바탕으로 정리

표 4-16 아시아나항공의 글로벌 사회공헌

빈곤경감	글로벌 1사 1촌 프로그램 사랑의 집 짓기
아동지원	유니세프 기내 동전 모으기 아름다운 교실- 중국 프로젝트 아프리카 신생아 돕기 모자 뜨기 글로벌 색동놀이터
세계유산 지킴이	캄보디아 씨엠립 색동 태양광 가로등 설치 베트남 다낭 세계 유산 지킴이
환경보전	한일 공항 주변 숲 가꾸기 중국 텐진 에코시티 나무심기 중국 가뭄지역 사랑의 물 나누기

자료 : csr.flyasiana.com을 바탕으로 정리

표 4-17 아시아나항공의 국내 사회공헌

장애인 등 소외계층 돕기	아시아나 바자회 색동놀이터 저소득층 급식비 지원 사랑의 쌀 배달 김장 김치 나눔 행사 사랑의 연탄 배달
교육기부	재능 나눔 페스티벌 글로벌 매너 스쿨 승무원 체험교실
다문화가정 지원	다문화 가정 모국 도서 지원
1사 1촌	1사 1촌 자매결연 농촌 봉사 활동 급여 끝전 모금으로 장학금 전달
헌혈 운동	단체헌혈 참여 헌혈증서 기증
문화예술지원	아시아나 국제 단편영화제

자료 : csr.flyasiana.com을 바탕으로 정리

표 4-18 아름다운 기업 7대 실천과제

1	지탄받지 않는 경영
2	협력사 상생경영
3	장애인 등 소외계층 돕기
4	헌혈운동
5	문화예술지원
6	아름다운 노사문화
7	환경 - 안전경영

출처 : 아시아나항공 홈페이지

ASIANA MIND(정성스런 마음가짐) : 아시아나 영문 앞자 활용 캐치프레이즈

Ⓐ AMIABLE (상냥하고 온화한, 붙임성 있는)

Ⓢ SINCERE (성실한)

Ⓘ INVOLVED (정성스러운)

Ⓐ ALERT (빈틈없는, 방심하지 않는)

Ⓝ NOBLE (품위 있는, 고귀한)

Ⓐ ACCOMODATING (안락한, 친절한)

아시아나항공의 인재상

1. 성실하고 부지런한 사람
2. 연구하고 공부하는 사람
3. 진지하고 적극적인 사람

국내항공사 회사 비교

| 표 4-19 | 국내항공사 회사를 알자 |

	대한항공	아시아나항공	제주항공	진에어
CI				
IATA	KE	OZ	7C	LJ
ICAO	KAL	AAR	JJA	JNA
설립 연도	1969년 3월 1일	1988년 2월 17일	2005년 1월	2008년 1월 23일
본사	서울	서울	제주시	인천
그룹 창립자	조중훈	박인천	채몽인	조중훈
회장	조양호	박삼구		
사장				
관련 회사	한진그룹	금호아시아나 그룹	애경그룹	대한항공
항공사 동맹체	SKYTEAM	STAR ALLIANCE	VALUE ALLIANCE	–
기종	B737 B747 B777 A300 A330 A380 등	B747 B777 A350 A320 A321 A330 등	B737-800 등	B737-800 등
총보유 대수	149대	83 대	15 대	11 대
마일리지 프로그램	스카이패스	아시아나클럽	Refresh Point	나비포인트 스탬프
홈페이지 주소	www. koreanair.com	www. flyasiana.com	www. jejuair.net	www. jinair.com

자료 : www.koreanair.com, www.flyasiana.com, www.jejuair.net , www.jinair.com을 바탕으로 정리

※ 변하기 때문에 면접 전에 홈페이지에서 확인해야 함

표 4-20 국내항공사 회사를 알자

	에어부산	이스타항공	티웨이항공	에어서울
CI	AIR BUSAN	EASTAR JET	t'way	AIR SEOUL
IATA	BX	ZE	TW	RS
ICAO	ABL	ESR	TWB	ASV
설립 연도	2007년 8월	2007년 10월 26일	2010년 9월	2015년 4월 7일
본사	부산	전북 군산	서울	서울
창립자		이상직		
사장				
관련 회사	아시아나항공		예림당	아시아나항공
항공사 동맹체		U FLY alliance		
기종	B737-500 B737-400 A320-200 A321-200 등	B737-600 B737-700 B737-800 등	B737-800 등	A321-200
총보유 대수	12대	8대	7대	6대
마일리지 프로그램	FLY&STAMP			
홈페이지 주소	www.airbusan.com	www.eastarjet.com	www.twayair.com	www.flyairseoul.com

자료 : www.airbusan.com, www.eastarjet.com, www.twayair.com, www.uskyair.com, www.flyairseoul.com 을 바탕으로 정리

※ 사장님 성함과 기종, 보유대수 등은 변하기 때문에 면접 전에 홈페이지에서 확인해야 함

포네틱 코드(Phonetic Code)

항공사에서 운항승무원과 관제사 혹은 지상직원들이 무선 통신 할 때 정확한 뜻을 전달하고자 알파벳에 단어를 대입해 읽는다.

예를 들면 '28 C'을 '28 Charlie' 라고 표현하여 '28 찰리 손님 탑승 하셨습니다.' 와 같이 말한다. 군대, 경찰, 선박 등에서 널리 사용되고 있다.

포네틱 코드(Phonetic Code)

NATO(North Atlantic Treaty Organization, 북대서양조약기구) 표준 음성 기호

표 4-23

로마자	헌용 NATO 표준	한국어 발음
A	ALFA(ALPHA)	엘파
B	BRAVO	브라보
C	CHARLIE	찰리
D	DELTA	델타
E	ECHO	에코
F	FOXTROT[17]	폭스트롯
G	GOLF	골프
H	HOTEL	호텔
I	INDIA	인디아
J	JULIETT	줄리엣
K	KILO	킬로
L	LIMA	리마
M	MIKE	마이크

로마자	현용 NATO 표준	한국어 발음
N	NOVEMBER	노벰버
O	OSCAR	오스카
P	PAPA	파파
Q	QUEBEC	퀘벡
R	ROMEO	로미오
S	SIERRA	시에라
T	TANGO	탱고
U	UNIFORM	유니폼
V	VICTOR	빅터
W	WHISKY	위스키
X	X-RAY	엑스레이
Y	YANKEE	양키
Z	ZULU	줄루

17 **폭스트롯**(Fox trot)은 사교 댄스 중 하나이다. 미국의 댄서, 영화 배우, 코미디언으로 활동한 해리 폭스(Harry Fox, 1882–1959) 의 이름을 따서 명명되었다. 줄여서 폭스(Fox)라도고 한다.

국내항공사 기출문제

다음은 국내항공사 면접에서 나왔던 회사에 관련한 질문을 모았다.

질문에 막힘 없이 답변하려면 첫째, 기출문제를 알고 외워야 한다. 둘째, 신문, 잡지, 뉴스, 지원회사 홈페이지, CF를 볼 때에는 늘 답변으로 사용할 것을 염두에 두고 읽는다. 셋째, 중요한 기사는 반드시 스크랩하여 두고, 기사 내용과 본인의 의견을 정리하여 자신만의 답변을 만들어둔다.

- 아시아나항공 최근 광고에 대해서 말씀해보세요.
- 아시아나 환경경영[18]에 대해서 어떻게 생각하십니까?
- 아시아나 영화제[19]에 대해서 아십니까?
- 아시아나항공이 좋은 이유를 말씀해보세요.
- 아시아나항공의 서비스 모토[20] 중 고급스런 서비스가 있는데 본인은 고급스런 서비스에 맞는 이미지라고 생각하십니까?

---

18 환경 목표로, 에너지 소비 최소화, 배출최소화, 환경영향의 체계적인 분석 및 저감이행, 투명하고 체계적인 지속가능경영의 실천이다. 2008년 12월 1일에 이어 2009년 4월 14일 A330-300, 국내 최초 탄소성적표지 정식 인증받았다.
19 아시아나 국제단편영화제[AISFF] : 2003년부터 개최된 국내 유일의 국제경쟁 단편영화제이다. 'AISFF 기내영화제(세계최초의 기내영화제)'이다.
20 서비스 모토 : 아시아나항공의 4대 서비스 모토는 참신한 서비스, 정성어린 서비스, 상냥한 서비스, 고급스런 서비스이다.

💡 스타 얼라이언스[21]에 대해서 설명해보세요.

💡 아시아나항공에 대해서 아는 대로 말씀해보세요.

💡 승무원의 좋은 점을 말씀해보세요.

💡 투자자에게 아시아나항공과 계약을 맺을 수 있도록 설명해보세요.

💡 최근에 읽은 아시아나항공에 대한 기사 있으면 말씀해보세요.

💡 코드셰어[22]에 대해 말씀해보세요.

💡 승무원에게 중요한 것은 무엇이라고 생각하십니까?

💡 주위사람들에게 아시아나항공의 어떤 좋은 점을 설명할 수 있습니까?

💡 아시아나항공의 서비스를 개선하려면 어떻게?

💡 아시아나항공이 4년제 졸업생만 받는 이유는 무엇이라고 생각하십니까?

💡 아시아나항공에 대해 공부 좀 많이 하셨습니까?

💡 아시아나항공에 대해 아는 것을 말해보거나, 아시아나항공이 조금 고쳐졌으면 좋겠다는 부분에 대해 말씀해보세요.

💡 아시아나항공과 대한항공을 비교해보세요.

💡 승무원이 구체적으로 무슨 일을 하는지 아십니까?

💡 요즘 아시아나항공 주가에 대해서 아는 대로 말씀해보세요.

💡 아시아나항공 CF 중 기억에 남는 것 있으면 왜 기억에 남는지 이유와 함께 말씀해보세요.

💡 승무원의 자질은 무엇이라고 생각하십니까?

💡 Galley[23], Interphone[24], lavatory[25]에 대해서 아는 사람 있으면 말씀해보세요.

💡 자주 방문하는 홈페이지나 커뮤니티 등이 있으시면 말씀해보세요.

💡 외국항공사를 이용한 경험이 있다면 그 서비스에 대해서 말씀해보세요.

---

[21] 1997년 세계 최초로 형성된 항공사 동맹체로. 아시아나항공은 스타 얼라이언스에 2003년에 가입했다. 가입 항공사로는 아나항공, 에어차이나, 에어캐나다 외 24개 항공사이다.

[22] 코드셰어[Code Share] : 제휴를 맺은 항공사 간에 특정한 운항스케줄에 대해 공동 운항편명을 사용하는 것을 의미한다.

[23] Galley : 운항 중 승객에게 제공하는 서비스 품목을 저장하거나 준비하는 장소이다(항공기의 주방).

[24] Interphone : 승무원 상호 간 신속한 의사전달을 위한 장비이다. PA(안내방송)기능으로 사용가능하다.

[25] Lavatory : 기내의 화장실이다.

💡 아시아나항공 유니폼과 대한항공 유니폼을 비교해서 말씀해보세요.

💡 막상 승무원이 되면 성격이나 건강 등 기타 여러 사정 때문에 그만두기도 합니다. 이런 상황을 봤을 때 승무원에 적합한 성격은 무엇이라고 생각합니까?

💡 만일 아시아나 승무원이 되신다면 첫 취항을 어디로 가고 싶습니까?

💡 아시아나항공 타 본 경험이 있으십니까? /개선해야 할 점 있으면 말씀해보세요.

💡 비자²⁶와 여권²⁷의 차이점이 무엇인지 말해보세요.

💡 아시아나항공 승무원이 타 항공사의 승무원에 비해 무엇이 다르고 그 다른 점을 위해 자신은 무엇을 어떻게 노력하셨습니까?

💡 승무원의 가장 중요한 덕목이 무엇인지 말해보세요.

💡 대한항공 본사에 와서 느낀 점을 말해보세요.

💡 우리 항공사에서 제일 큰 기종²⁸은 무엇입니까? 몇 명의 승객이 탑승가능한지 알고 있습니까?

💡 저가 항공사가 생기는 지금, 우리 항공사가 개선해야 할 부분은 무엇이라고 생각합니까?

💡 인턴생활을 어떻게 할 계획입니까?

💡 대한항공을 이용해 본 경험 있으면 말씀해보세요.

💡 만약 승무원이 된다면 가보고 싶은 여행지²⁹는 어디인가요?

💡 자기 출신과 대한항공을 연결해서 말해주세요.

💡 대한항공에 대해 아는 대로 말해보세요.

💡 처음 비행기에 탑승했을 때 승무원의 이미지는 어땠는지 말해보세요.

💡 기내에서 화재가 났다면 가장 먼저 무엇을 하시겠습니까?

---

26 비자^{Visa} : 사증. 한 나라에 입국할 수 있도록 해당 나라로부터 받은 입국 인증. 주로 도장, 스탬프 또는 종이서류로 이루어짐.

27 여권^{Passport} : 여권. 외국으로 여행하는 자국인 또는 자국에 있는 외국인에게 신분을 증명하기 위하여 정부가 국민에게 발행해 주는 신분 증명서를 말함.

28 현재 대한항공과 아시아나항공은 대형항공기인 B747을 보유하고 있다. 대한항공은 2010년부터 슈퍼점보기라 불리는 A380을 운항 중에 있다.

29 지원회사의 취항지 중에서 골라 답변한다. 자신의 외국어 실력을 드러내거나 어학연수, 해외여행 등의 경험을 나타낼 수 있는 취항지를 답변한다.

💡 대한항공이 개선해야 할 점에 대해 말해보세요.

💡 대한항공 취항 도시에 대해 아는 대로 말해보세요.

💡 기내에서 상영했으면 좋을 것 같은 영화는 무엇입니까?

💡 대한항공 하면 제일 먼저 떠오르는 것은 무엇입니까?

💡 대한항공의 문제점은 고객 입장에서 무엇이라고 생각하십니까?

💡 승무원이라는 직업이 무엇이라고 생각하십니까?

💡 국내선 서비스에 더 필요하다고 생각되는 점을 말씀해보세요.

💡 대한항공 최근 소식에 대해 아시는 게 있습니까?

💡 대한항공 홈페이지에 들어가 보셨다면 수정할 점은 무엇입니까?

💡 아시아나항공의 장점과 대한항공의 장점을 말씀해보세요.

💡 대한항공의 이미지가 어떤지에 대해 얘기해보세요.

💡 대한항공 유니폼에 대한 평가를 해보세요.

💡 외항사는 편안함을 많이 추구하는 데 비해 국내항공사는 그렇지 않은 것에 대해서 어떻게 생각하십니까?

💡 상시 채용과 국내선 채용의 다른 점을 말해보세요.

💡 국내선 기내식은 음료 서비스뿐인데 앞으로 더 보강하고 지원해야 할 아이디어/방법은 무엇입니까?

💡 승무원의 자질은 무엇이라고 생각하십니까?

💡 대한항공 서비스에 개선할 점이 있으면 무엇입니까?

💡 1차 실무면접과 2차 임원면접은 어떤 것이 다르다고 생각하십니까?

💡 1차 실무면접에서 아쉬운 점이 있다면 무엇이었습니까?

💡 대한항공 이용해보셨습니까?

💡 대한항공 유니폼의 이미지에 대해서 말씀해보세요.

💡 대한항공 CF에 대해서 말씀해보세요.

💡 타 항공사 이용해보신 분 차이점을 말씀해보세요.

💡 대한항공과 유니폼의 이미지 그리고 유니폼을 입은 대한항공 승무원의 이미지를 말씀해보세요.

💡 아시아나항공과 대한항공을 비교해서 대한항공의 단점을 말씀해보세요.

💡 대한항공 하면 떠오르는 이미지는 무엇입니까?

💡 승무원의 장·단점은 무엇입니까?

💡 플라잉 맘 서비스[30] 상을 받았는데 자신은 어린이 승객에게 어떤 서비스를 할 것입니까?

💡 승무원이라는 직업의 매력은 무엇이 있겠습니까?

💡 스카이팀 회원 국가를 아십니까?

💡 가장 최근에 본 대한항공 기사는 무엇이었습니까?

💡 이륙 시 갑자기 한 사람이 화장실을 가겠다고 한다면 어떻게 대처하시겠습니까?

💡 대한항공이 여러 곳을 취항하는데 중국/일본 취항지 5개 말씀해보세요.

💡 지금 없는 기내 서비스 중 추천하고 싶은 것이 있으면 말씀해보세요.

💡 대한항공을 이용하셨을 때 이것만은 고쳐야겠다 하는 것이 있으면 말씀해보세요.

💡 대한항공을 대표하는 이미지는 어떤 것이 있을까요?

💡 대한항공하면 떠오르는 연예인은 누구입니까?

💡 대한항공의 홈페이지에서 받은 느낌과 개선해야 할 점은 무엇이라고 생각합니까?

💡 대한항공 하면 생각나는 것은 무엇입니까?

💡 대한항공이 비를 광고 모델로 쓰는데 어떻게 생각하십니까?

💡 대한항공에 입사한다면 어떤 서비스를 할 예정인지 포부를 말해보세요.

💡 자신이 회장이라면 어떤 경영을 하고 싶습니까?

💡 아시아나항공 승무원이 타 항공사의 승무원에 비해 무엇이 다르고 그 다른 점을 위해 자신은 무엇을 어떻게 노력하셨습니까?

💡 승무원의 가장 중요한 덕목이 무엇인지 말해보세요.

💡 파란색과 흰색의 다른 점은 무엇입니까?

💡 비행기가 추락한다면 무엇을 가져가겠습니까? 기내에 있는 것 중 3가지 골라보세요.

💡 최근 대한항공이 취항한 곳은 어디인지 말해보세요.

💡 전공이 의류학과인데 대한항공 유니폼에 대해 어떻게 생각하는지 말해보세요.

---

30 Flying Mom : 대한항공에서 실시하는 서비스로, 보호자 없이 탑승하는 만 5~12세 미만의 어린이승객을 탈 때부터 내릴 때까지 보살피는 서비스로 도착 후에는 편지를 통해 기내 생활을 부모님께 알려주는 서비스이다. 2007년 머큐리상을 수상하였다.

💡 전일 당사의 주가는 얼마였는지 아십니까?

💡 지금 당장 자신이 이 회사의 경영주가 된다면 어떤 일을 하겠습니까?

💡 무인도에 떨어졌을 때 비행기 안에서 가져갈 3가지는 무엇입니까?

💡 대한항공에 대해 아는 것을 말해보세요.

💡 아시아나항공에 대해 아는 것을 말해보세요.

💡 대한항공이 다른 항공사보다 부족한 점은 무엇입니까?

💡 대한항공 하면 떠오르는 사람은 누구입니까?

💡 바뀐 유니폼에 대해서 어떻게 생각하는가요?

💡 대한항공과 아시아나항공 둘 다 합격하면 어느 곳을 가겠습니까?

💡 대한항공이 속한 얼라이언스 그룹 이름은 무엇이며, 초창기 시작 멤버[31]에 대해 말해보세요.

💡 고유가 시대에 대한항공의 대처방안은 무엇이라 생각하세요?

💡 아시아나항공 광고와 대한항공 광고의 차이점을 말해보세요.

💡 KAL승무원이 되면 가장 큰 장점은 무엇이라고 생각하세요?

💡 기업이, 회사가 원하는 것은 무엇인가요?

💡 대한항공 광고의 단점은 무엇이라고 생각하나요?

💡 대한항공 직원 수를 아십니까?

💡 대한항공에 여객기가 몇 대 있는 줄 아시나요?

💡 국내선 취항지가 어딘지 아세요?

💡 최근 읽은 대한항공 기사를 말해보세요.

💡 스카이패스란 무엇인지 아십니까?

💡 대한항공의 회장님 성함은 아세요?

💡 유럽노선 중 어디가 제일 가고 싶으세요?

💡 KTX 승무원과 대한항공 승무원과의 차이점 말씀해보세요.

💡 대한항공이 많은 변화를 시도했는데 유니폼이나 기내 개인용 오디오 등에 대해 어떻게 생각하십니까?

---

31 얼라이언스는 스카이팀이고, 대한항공, 델타항공, 아에로멕시코, 에어프랑스가 창립 멤버이다.

💡 대한항공은 아시아나항공처럼 공인이나 연예인을 앞세워 광고를 찍지 않는데 만약 추천할 사람이 있다면 누구를 추천해 주시겠습니까?

💡 가장 기억에 남는 광고는 무엇인가요?

💡 항공사가 키를 왜 본다고 생각하나요?

💡 비행기를 안타보신 분은 없을 거라고 생각합니다. 어떤 항공사를 이용했으며 비행기를 타본 느낌은 어떠했습니까?

💡 남들이 대한항공을 나쁘다고 하면 어떻게 얘기할 것인가요?

💡 대한항공과 제주항공 이미지를 비교해서 말씀해보세요.

💡 아시아나항공의 개선해야 할 점은 무엇이라고 생각하세요.

💡 대한항공을 이용한 후 인상에 남는 일이 있다면 무엇입니까?

💡 아시아나항공과 다른 대한항공의 이미지를 말해보세요.

💡 승무원 채용에 있어서 외모를 보는 것에 대해 어떻게 생각하는지요?

💡 미취항 도시 중 가고 싶은 곳은 어느 곳입니까?

💡 대한항공 광고를 비판해보세요.

💡 본인이 대한항공 광고를 한다면 어떤 광고를 하고 싶으세요?

💡 중국 취항지 아는 대로 말씀해보세요.

💡 외국 항공사 경험이 있네요, 국내 항공사와 다른 점은 무엇인 것 같나요?

💡 미국 취항 노선 아는 대로 말해보세요.

💡 아시아나항공에 있는 음악 콘서트에 대해서 아는 것 있으세요?

💡 아시아나항공을 대표해서 연설할 수 있는 자리에 본인이 간다면, 어떻게 연설을 하실 건지 영어로 해보세요.

💡 대한항공 식단에 대해서 아는 대로 말해보세요.

💡 기내식으로 추천하고 싶은 메뉴는 무엇인지요?

💡 '○○항공' 하면 무엇이 생각납니까? 우리 회사 하면 제일 먼저 떠오르는 것은 무엇입니까?

💡 우리 회사의 서비스상품 중 알고 있는 것은 무엇입니까?

💡 우리 회사에 어떻게 공헌할 수 있습니까?

💡 우리 회사의 서비스를 이용해 보신 적이 있습니까? 그 서비스를 평가해보세요.

💡 우리 회사의 어떤 점이 매력적입니까?

💡 우리 회사의 어떤 점에 가장 관심이 있습니까?

💡 마일리지 적립 제도에 대해서 어떻게 생각하십니까?

💡 서울에서 가장 먼 노선은 어디인지 말해보세요.

💡 세계에서 가장 좋은 항공사는 어디입니까?

💡 왜 우리 회사를 지원했습니까?

💡 우리 항공사 인터넷 홈페이지를 알고 있습니까? 장단점은 무엇이라 생각하십니까?

💡 우리 항공사의 이미지가 어떻습니까?

💡 우리 회사 광고 중에 가장 인상 깊었던 것을 말해보세요.

💡 우리 회사 사장님 함자를 알고 있습니까?

💡 우리 회사 승무원이 갖춰야 할 자질 3가지를 말해보세요.

💡 우리 회사 외에 다른 회사에 지망한 적이 있습니까?

💡 우리 회사 취항국가 현황에 대해 말해보세요.

💡 우리 회사가 민영화한 해를 알고 계십니까?

💡 우리 회사가 보유하고 있는 비행기 수는 총 몇 대인지 알고 계십니까?

💡 우리 회사가 세계 항공사와 대비한 외형적 규모를 말해보세요. (여객/화물)

💡 우리 회사가 전 세계적으로 취항하고 있는 나라 수와 도시 수를 말해보세요.

💡 우리 회사가 최근 들여온 (들여올 예정인) 최신 비행기[32] 이름을 말해보세요.

💡 우리 회사가 최근 취항한 곳이 어디인지 알고 계십니까?

💡 우리 회사가 취항하고 있는 유럽의 나라 이름과 도시명을 말해보세요.

💡 우리 회사가 취항하고 있는 남미의 국가명과 도시 이름을 말해보세요.

💡 우리 회사가 취항하고 있는 동남아 국가 이름과 도시 이름을 말해보세오.

💡 우리 회사가 취항하고 있는 미국의(도시 수와) 도시 이름을 말해보세요.

💡 우리 회사가 취항하고 있는 일본의(도시 수와) 도시를 몇 개 들어보세요.

💡 우리 회사가 취항하고 있는 중국의 도시 수와 도시명을 말해보세요.

💡 우리 회사가 취항하고 있는 캐나다의 도시 이름을 말해보세요.

---

32 B787, A380

💡 우리 회사가 취항하고 있는 대양주의 나라 이름과 도시 이름을 말해보세요.

💡 우리 회사가 타 항공사에 비해 강점은 무엇이라고 생각합니까?

💡 우리 회사가 현재 보유하고 있는 항공기 유형은 무엇인지 알고 계십니까?

💡 우리 회사를 한 단어로 표현해보세요.

💡 우리 회사에 근무하는 사람이 몇 명이나 되는 줄 알고 계십니까?

💡 우리 회사에 대한 부정적 평가에 대해 들어본 적이 있습니까? 있다면 무엇입니까?

💡 우리 회사에 대해 아는 것이 있다면 무엇이 있습니까?

💡 우리 회사에 대해 아는 대로 말해보세요.

💡 우리 회사에 들어오기 위해 본인이 특별히 노력한 것이 있습니까?

💡 우리 회사에 들어오면 무엇을 얻을 수 있다고 생각합니까?

💡 주위에 우리 회사에 아는 사람은 있습니까? 우리 회사에 대해 이야기들은 적이 있습니까?

💡 승무원이 아니라면 어디 부서에서 일하고 싶은가요?

💡 우리 회사에 지망하겠다고 마음먹은 것은 언제부터이며, 어떤 이유입니까?

💡 우리 회사에서 어느 정도의 직책까지 오르고 싶습니까?

💡 우리 회사와 자신의 이미지가 어느 면에서 잘 맞는다고 생각합니까?

💡 우리 회사와 타 항공사를 비교해 보았을 때 어떻게 개선해야 한다고 생각합니까?

💡 우리 회사의 기업문화에 대해 말해보세요. 우리 회사의 MOTO를 알고 있습니까?

💡 우리 회사의 기존 이미지와 새로운 이미지의 차이점을 말해보세요.

💡 우리 회사의 단점을 이야기해보세요.

💡 우리 회사의 사훈은 무엇인지 알고 계십니까?

💡 우리 회사의 스튜어디스의 단점은 무엇이라고 생각하십니까? 그 이유는 무엇입니까?

💡 우리 회사 기내서비스의 장단점은 무엇입니까?

💡 우리 회사의 앞으로의 전망을 말해보세요.

💡 우리 회사의 최근 유니폼, 기내인테리어, 서비스 변화에 대한 당신의 생각은 어떻습니까?

💡 최근 바뀐 우리 회사의 광고 중 가장 인상 깊었던 것은 무엇입니까?

💡 최근 본 우리 회사의 뉴스를 말해보세요.

💡 우리 회사의 취항노선이 몇 개인지 알고 계십니까?

💡 타 항공사 광고와 우리 회사 광고의 차이점을 설명해보세요.

💡 회사에 대한 관심과 열정을 표현해보세요.

💡 직원이라면 CHECK-IN COUNTER에서 줄을 서서 오랫동안 차례를 기다리는
손님의 불평을 어떻게 대처할 생각입니까?

💡 대양주에 대해서 설명해보세요.

💡 브라질은 어떤 언어를 사용합니까?[33]

💡 비자가 반드시 필요한 나라 3~4개국만 열거해보세요.

💡 비행기(예 : B747-400)[34]의 Door 수는 몇 개인지 알고 있습니까?

💡 비행기가 나는 원리[35]에 대하여 설명해보세요.

💡 비행기로 미국에 갈 때와 올 때 비행시간이 다른 이유를 설명해보세요.

💡 비행속도에서 '마하[36]'란 무엇입니까?

💡 여행자수표와 현금의 차이점을 말해보세요.

💡 영국과 한국의 시차를 말해보세요.[37]

💡 예약, 발권이 뭔지 알고 있습니까?

💡 위로 올라갈수록 기압은 어떻게 됩니까?

💡 초저가 항공사에 대한 견해를 말해보세요.

---

33 포르투갈어
34 B737 : 6~8개   B767, b777-200, A300, A330, A340, B787 : 8개
   B777-300 : 10개, B747 : 12개   A380 : 16개
35 비행기가 날 때는 총 4가지의 힘이 작용한다. 항공기 앞쪽으로는 추진력이 발생되고, 밑쪽에는
   중력, 뒤쪽에는 항력, 위쪽에는 양력이 발생한다. 비행기 날개에 양력발생기 장치가 있는데 그
   장치로 양력을 얻어서 비행기가 위로 뜨게 되고, 위로 뜨게 하기 위해 엔진으로 비행기를 앞으
   로 추진시키는 것이다. (임연우 · 김영진, 항공예약과 운임)
36 유체 속에서 움직이는 물체의 속력을 나타내는 단위. 유체가 정지해 있을 때의 물체의 속력과
   유체 속에서의 음속 사이의 비를 말하며 기호는 M이다. 보통 공기 속에서 고속으로 운동하는
   탄환, 비행기, 미사일 등의 속력을 나타낼 때 쓴다.
37 우리나라는 GMT +9이므로 영국과 한국의 시차는 9시간이다. 한국은 영국보다 9시간 빠르다.
   GMT$^{Greenwich\ Mean\ Time}$란, 그리니치 표준시를 뜻하며 런던 교외의 그리니치 천문대의 자오선상에서
   의 평균 태양시를 기준으로 하여 전세계의 지방표준시를 나타낸다.

유가가 항공사에 미치는 영향을 설명해보세요.

특별 기내식[38]이 무엇입니까?

서양 정식코스를 알고 있습니까?

제조가 가능한 칵테일은 무엇입니까?

항공운송이란 무엇입니까?

항공사의 상품이 무엇인지 알고 있습니까?

항공업계의 최신동향(새로운 정보)에 대해서 어떻게 정보를 모읍니까?

해외여행 시 반드시 필요한 것은 무엇입니까?

왜 항공사 승무원이 되고 싶습니까?

왜 우리 항공사를 선택했습니까?

우리 회사와 타 항공사의 차이점은 무엇입니까?

우리 항공사의 이미지는 어떻습니까? 우리 항공사의 여승무원의 이미지는 어떻습니까?

우리 항공사에 대해 아는 대로 설명해보세요.

우리 항공사의 서비스는 어떻습니까? 개선할 점이 있다면 무엇입니까?

우리 회사 홈페이지 몇 번 방문해봤습니까?

우리 항공사 CF 중 가장 기억에 남는 것은 무엇입니까?

왜 자신이 승무원 직종에 알맞은 지에 대해서 말해보세요.

자기를 어필시킬 수 있는 소개를 해보세요.

세대 차이에 대해서 어떻게 생각하세요?

천국과 지옥이 있다면 당신은 어디로 갈 것입니까? 그 이유는 무엇입니까?

옆 사람 얼굴이 어떻다고 생각합니까?

아시아나항공과 대한항공의 차이점은 무엇이라고 생각하나요?

---

38 Special Meal : 승객 개개인의 건강상의 이유, 종교의 이유, 개인의 기호에 따라 승객으로부터 특별한 요구를 받아 기내에 탑재되는 기내식으로, 종교식(Hind Meal, Moslem Meal, Kosher Meal, 채식주의), 건강식(유아식, 아동식, 당뇨식, 무자극식, 저열량식, Low Fat Meal, 과일식)이 있다. 최소 출발 24시간 전에 주문해야 하며, 생일, 결혼 등의 기념일에 경축을 요할 때도 Cake를 탑재한다.

💡 자신의 강점은 무엇입니까?

💡 아시아나항공에 대해 하고 싶은 말이 있다면 무엇입니까?

💡 국내선 전담반 승무원이 되려고 하는 이유는 무엇입니까?

💡 국내선 전담반에서 국제선으로 전환된다면 어떻게 하시겠습니까?

💡 전에 다니던 회사의 사직 이유는 무엇입니까?

💡 승객이 서비스에 최선을 다함에도 불구하고 불평을 한다면 어떻게 하시겠습니까?

💡 승객이 본인에게 함부로 대한다면 어떻게 하시겠습니까?

💡 가장 가고 싶은 아시아나항공의 노선은 어디입니까?

💡 즐겨보는 TV프로그램은 무엇입니까?

💡 아시아나항공의 승무원은 어떤 서비스를 해야 한다고 생각하나요?

💡 영어로 가족소개 해보세요.

💡 남, 여 사이에 우정이 있다고 생각합니까?

💡 별명이 무엇입니까?

💡 신용카드가 있습니까?

💡 어제 저녁 뉴스 보았는지, 무슨 기사가 생각납니까?

💡 요즘 유행하는 헤어 스타일은 무엇입니까?

💡 자신이 승무원이 되어야만 하는 이유가 무엇입니까?

💡 휴대폰을 처음 사용한 시기와 이유와 에피소드를 말해보세요.

💡 성격이 감정적인지 이성적인지 말해보세요.

💡 자신에게 있어 승무원 기질은 어떤 것이 있습니까?

💡 좋아하는 가수와 싫어하는 연예인 그리고 그 이유를 말해보세요.

💡 승무직과 자신의 전공과는 무슨 관계가 있나요?

💡 승무직과 자신의 특기사항을 연관지어 말해보세요.

💡 좋아하는 것이 무엇인가요?

💡 아시아나항공이 왜 좋은가요? 장점은 무엇인지 말해보세요.

💡 아시아나항공에게 해주고 싶은 말, 하고 싶은 말은 무엇입니까?

💡 아시아나항공의 이미지를 한마디로 표현해보세요.

💡 아시아나항공 하면 떠오르는 것은 무엇입니까?

- 최근에 읽은 책은?
- 영어 기내 방송문 읽어보세요.
- 아르바이트 경력에 대한 질문
- 제2외국어 능력자들에게 자격증에 대한 질문
- 졸업하고 1년 동안 무엇을 했나요?
- 아침에 무엇을 먹었나요?
- 존경하는 인물은?
- 좌우명은?
- 신체 중 가장 자신 있는 곳은?
- 나쁜 버릇이 있다면 어떤 점인가요?
- 남자친구가 있나요?
- 승무원이 되면 가장 먼저 무엇을 할 건가요?
- 본인이 승무원에 왜 어울린다고 생각하나요?
- 지금까지 살면서 가장 기억에 남는 일은?
- 에어부산 이외에 다른 항공사 지원해 본 경험이 있나요?
- 살면서 가장 보람 있었던 일은?
- 면접을 위해 어떤 것들을 준비했나요?
- (경력자에게) 일을 그만둔 이유는?
- 진에어와 에어부산의 차이점은?
- 에어부산의 제1덕목은?
- 어떤 질문을 받길 원하나요?
- 나이에 대한 질문
- 마지막으로 하고 싶은 말은?
- 에어부산 면접을 준비하면서 궁금했던 점은?
- 저가항공사에 대해 어떻게 생각하나요?
- 좋아하는 MC가 누구인가요? 흉내 한 번 내보시겠어요?
- 기내에서 아이가 울고 있는데 어떻게 달래주시겠어요?
- 승무원의 자격은 무엇이라고 생각하나요?

💡 외국인에게 우리나라의 음식을 추천한다면 무엇을 추천하시겠어요?

💡 전공 관련 질문들(예 : 승무원과의 연관성, 전공에 대한 설명 등)

💡 에어부산 입사를 제외한 올해의 목표는?

💡 서비스의 가장 중요한 점은?

💡 에어부산 타본 적 있나요?

💡 어학연수 경험에 대한 질문

💡 남자친구가 있으신가요?

Chapter

05

승객을
알자

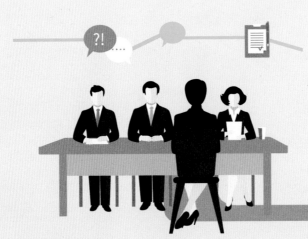

불평발생의 원인

불평발생 원인별로 분류하면 다음과 같이 분류할 수 있다.

회사 측에 책임이 있을 때

- 접객사원의 상품지식 부족
- 고객에게 상품에 대한 설명의 불완전, 부드럽지 않은 의사소통
- 고객에 대한 배려 부족
- 불친절, 서비스정신의 결여
- 교육훈련의 부족

고객 측에 잘못이 있을 때

- 지식 · 인식의 부족
- 고객의 기억착오, 고객의 성급한 마음
- 고객의 독단적인 해석
- 고객의 감정적인 반발
- 고객의 고의성

02

불평처리의 요령

- 고객의 불만에 대한 신속한 응대와 성실한 태도로 최선을 다하는 인상을 주어야 한다.
- 고객의 불평불만 시 우선 주의 깊게 경청하고, 예의 바른 자세를 갖추어야 한다.
- 고객의 불평사항 · 지적사항을 메모하는 등 적극적인 자세를 보여준다.
- 경청하는 동안 원인을 파악 · 분석한다.
- 불평내용 중 오해 또는 고객의 착각에서 오는 부당한 것이라고 생각되더라도 대화 중간에 변명하거나 고객의 잘못을 지적해서는 안 된다.
- 고객의 불평을 회피하려고 해서는 안 되며, 성의 없게 해결하려는 인상을 주어서는 안 된다.
- 고객의 요구하는 바가 무엇인지 신속하게 판단하여 가급적이면 고객의 뜻을 반영한다.
- 고객의 불평을 적극적으로 수용하고 가능한 한 빨리 시정내용을 고객에게 알려 드려 불쾌감을 해소시켜 드린다.
- 같은 실수 및 불평이 발생하지 않도록 개선되어야 할 문제점 등을 기록하여 접객 서비스 향상의 자료로 활용한다.

불평처리의 4가지 응대원칙

1단계 : 듣기(우선사과의 원칙)

불쾌한 감정과 불만 등을 전부 듣고 고객의 흥분을 진정시킨다.

- 최후까지 전부 듣는다.
- 반드시 메모한다.
- 선입견을 버리고 전부 듣는다.
- 절대로 회피하지 않는다.

2단계 : 원인분석(원인파악의 원칙)

여러 가지 복합원인을 분석해 주원인과 부수원인으로 구분하여 대책을 검토한다.

표 5-1 고객불평의 원인 분류

구분	기업	고객
업무적	• 담당직원의 업무지식 부족 • 설명 불충분, 의사소통 미숙 • 업무처리 미숙 • 서비스정신 결여	• 회사업무에 대한 지식 부족 • 착오, 과실 • 감정 • 고의, 악의
심리적	• 바쁘다(귀찮다). • 회사의 규정은 어길 수 없다. • 특별대우를 할 수 없다. • 서비스에 하자가 없다. • 자신이 전문가라는 우월감	• 업무처리 지연에 대한 초조감 • 고객이 왕이라는 우월감 • 제품이 여기뿐이냐는 비교심리 • 하자에 대한 항의, 자존심 손상 • 열등의식

실제로 원인은 복합형태로 일어나며, 그 중에서도 접객원에 기인하는 경우가
많다.

3단계 : 해결책의 검토(논쟁불가의 원칙)

- 고객불평에 대한 신속한 응대
- 처리결과에 따라 회사의 이미지가 좌우되기에 되도록 신속하게 현장에서 해
  결되어야 한다.
- 잘못을 시정할 것을 신중하고 예의 바르게 알린다.
- 책임의 한계를 명확히 할 것
- 다른 고객에게 피해가 없도록 작은 소리로 할 것

4단계 : 신속해결의 원칙

　　결과를 통지하고 사후관리에 신경을 쓴다.

불평처리의 대화법

고객은 불만을 이야기할 때 예민해지기 쉬우므로 반론을 제기하거나, 오만한 태도를 취하면 점점 악화된다.

우선 진심으로 사과한다.

"정말 죄송합니다. 거기까지는 미처 생각하지 못했습니다."
"고객님께서 하신 말씀은 잘 알겠습니다."
"심려를 끼쳐드려 죄송합니다."

불만은 끝까지 듣는다.

"그렇군요. 말씀하신 대로입니다."
"말씀 그대로입니다."
"저도 공감합니다."
"정말 죄송합니다."

다른 불만은 없는지 묻는다.

"여러 가지 말씀해 주셔서 감사합니다. 혹시라도 그 밖에 생각나는 것이 있으시면 언제라도 말씀해 주십시오."

불만은 그 자리에서 처리하라.

"손님, 조금 전에 말씀하신 문제는 무료로 서비스해 드리겠습니다. 이것은 OO
원 정도입니다만, 곧 처리해 드리겠습니다."

05

불평처리의 3가지 비법(MTP법)

사람을 바꾼다(Man)

- 사원에서 상사로, 신입사원에서 경력사원으로 바꾸어 고객의 불평을 처리한다.

시간을 바꾼다(Time)

- 즉답과 변명을 피하고 냉각기간을 갖는다.
- 고객에게 중간보고를 한다.

장소를 바꾼다(Place)

- 서서 대화하는 것을 앉아서 함으로써 감정을 진정시킨다.
- 객실(영업장)에서 갤리(사무실·응접실)로 바꾸어 고객을 혼자 있게 함으로써 타 고객에게 불편을 주지 않도록 한다.

고객별 특징 및 처방

전문가형 고객

 특징

유창하게 말하려는 사람은 자신을 과시하는 타입의 고객으로 자신은 모든 것을 다 알고 있는 전문가인 양 행동할 수 있다. 자신이 가지고 있는 확신에 대한 고집을 꺾지 않으려 하고, 좀처럼 설득되지 않으며, 권위적인 느낌을 상대에게 주어 상대의 판단에 영향을 미치려고 한다. 언어예절을 깍듯이 지키며 겸손한 듯이 행동하지만, 내면에 강한 우월감을 갖고 있으므로 거만한 인상을 준다.

 처방

우선 고객의 말을 잘 들으면서 상대방의 능력에 대한 칭찬과 감탄의 말로 응수하여 상대를 인정하고 높여주면서 친밀감을 조성한다. 정면도전을 피하고 고객 자신이 주장하는 내용의 문제점을 스스로 느낄 수 있도록 대안이나 개선에 대한 방안을 유도해내도록 한다. 대화 중에 반론을 하거나 자존심을 건드리는 행위를 하지 않도록 주의하며, 자신의 전문성을 강조하지 말고 문제해결에 초점을 맞추어 고객의 무리한 요망사항에 대체할 수 있는 사실을 언급한다.

결단력 없이 우유부단한 고객

 특징

즐겁고 협조적인 성격이나 다른 사람이 자신을 위해 의사결정을 내려주기를 기다리는 경향이 있어서 주변만 빙빙 돌고 변죽만 울리며 요점을 딱 부러지게 말하지 않는다. 이러한 유형은 대부분 보상을 얼마나 받아야 할지, 또는 요구하는 보상이 기준 이상이라는 것을 자신이 잘 알고 있는 경우가 많다.

 처방

고객이 결정을 내리지 못하는 갈등요소가 무엇인지를 표면화시키기 위해 시의적절히 질문을 하여 상대가 자신의 생각을 솔직히 드러낼 수 있도록 도와준다. 따라서 피해보상기준에 근거하여 적정보상기준과 이점 등을 성실히 설명하여 문제를 해결할 수 있도록 사후조치에 만전을 기하여 신뢰를 공고하게 한다.

빈정거리는 고객

 특징

빈정거리거나 비꼬며 말하는 사람이나 무엇이든 반대하는 사람은 열등감이나 허영심이 강하고 자부심이 강한 사람이다. 아무렇게나 말을 마구 내뱉듯이 말하다가 상대로부터 강한 추궁이나 반박을 당하면 자신이 한 말이 아무 의미 없는 것으로 책임을 회피하곤 한다. 문제 자체에 중점을 두어 이야기하지 않고 특정한 사람이나 문구, 심지어는 대화 중에 사용한 단어의 의미를 꼬투리 잡아 항의하는 등 아주 국소적인 문제에 더욱 집착하여 말한다.

 처방

대화의 초점을 주제방향으로 유도하여 해결에 접근할 수 있도록 자존심을 존중해 주면서 응대하고, 고객의 빈정거림을 적당히 인정하고 요령껏 받아줌으로써 고객의 만족감을 유도하면 타협의 자세를 보이게 된다.

쉽게 흥분하는 고객, 저돌적인 고객

 특징

상황을 처리하는 데 단지 자신이 생각한 한 가지 방법밖에 없다고 믿고 남으로부터의 피드백을 받아들이려 하지 않는 고객이 있다. 고객의 마음을 지배하고 있는 것은 표면화된 호전성과는 달리 극심한 불안감일 수도 있으므로 승무원이 미리 겁을 먹고 위축되지 않도록 한다. 그 사람이 나에게 항의하는 것이 아니고 고객이 회사에게 항의하는 것이므로 일어난 상황을 개인적인 일로 받아들이면 안 되기 때문에 논쟁을 하거나 마주 화를 내는 일이 없도록 하여 상대방이 소진될 때까지 시간을 두고 기다려야 한다.

 처방

부드러운 분위기를 유지하며 정성스럽게 응대하되, 음성에 웃음이 섞이지 않도록 유의한다. 고객이 흥분상태를 인정하고 직접적으로 진정할 것을 요청하기보다는 고객 스스로 감정을 조절할 수 있도록 유도하는 우회화법을 활용한다.

고객이 큰 소리로 말할 때

"저 죄송합니다만, 목소리를 좀 낮추시지요."라고 할 수는 없는 노릇이다. 우선 당신 자신의 목소리를 작게 낮추고 말을 천천히 이어감으로써 상대방으로 하여금 자기의 목소리가 지나치게 크다는 사실을 깨닫게 하여야 한다. 그래도 상대방이 계속 언성을 높일 때는 분위기를 바꾸는 것이 필요하다. 장소를 바꾸면 대화가 잠시 중단됨으로써 상대방의 기분을 전환시킬 수 있고, 대화가 다시 새롭게 시작됨으로써 목소리를 낮추는 효과를 거둘 수 있게 된다.

지나치게 호의적인 고객

 특징

사교적이며 협조적인 고객이며, 합리적이고 진지한 면이 있다. 그러나 때로는 고객 자신이 하고 싶지 않거나 할 수 없는 일에도 약속을 하여 상대방을 실망 시키는 경우도 있다. 모든 사람이 항상 자신을 받아들이고 좋아해주기를 바라는 욕구가 내재되어 있기도 하다.

 처방

이야기의 맞장구를 잘 치는 사교적인 고객을 대할 때는 상대방의 의도에 말려 들 위험이 있으므로 기분에 사로잡히지 않도록 하여, 말을 절제하고, 고객에 게 말할 기회를 많이 주어 결론을 도출한다.

고객의 진의를 파악할 수 있도록 질문을 활용하고, 합의를 지연하고자 하는 고객의 의도를 경계해야 한다. 상담자가 계획한 결론을 고수할 수 있도록 외유내강의 자세를 유지하여 깔끔한 합의를 이끌어낼 수 있어야 한다.

남의 이야기를 잘 받아들이는 형의 고객은 상대의 이야기가 끝나면 자기방어를 위한 말을 하기 위한 준비를 하고 있는 경우가 있으므로 자신과의 대화가 원만히 이루어지고 있는지, 내용은 잘 이해하고 있는지를 확인하며 말한다.

같은 말을 장시간 되풀이 하는 고객

 특징

자아가 강하고 끈질긴 성격을 가진 사람이다.

 처방

상대의 말에 지나치게 동조하지 말고 고객의 항의내용의 골자를 요약하여 확인한 후 고객의 문제를 충분히 이해하였다는 것을 알리고 문제해결에 관한 확실한 결론을 내주어 고객에게 믿음을 주도록 한다. 회피하려는 인상을 주면 부담이 가중될 수 있으나 가능한 신속한 결단을 하는 것이 좋다.

과장하거나 가정하여 말하는 고객

 특징

콤플렉스를 가진 고객일 수 있다.

 처방

상대의 진의를 잘 파악하여 말로 설득하려 하지 말고 객관적인 자료로써 응대하는 것이 좋다. 정면으로 부정하거나 확인하려 하면 커다란 마찰이 생길 수 있으니 우회화법으로 고객으로 하여금 사실을 말하도록 유도하여 고객이 말한 내용을 잘 기록하고 정리하여 변동사항이 발생했을 때 대처하도록 한다.

고객이 따지고 들거나 불평할 때

고객이 불평을 하거나 따지고 들 때는 "제가 뭐 압니까? 법이 그렇고, 위에서 그렇게 하라니 할 수 없죠." 하는 식의 무책임한 말을 해서는 안 된다. 또는 "그것은요~", "그건 아니죠." 하며 즉각 반론을 폈다가는 악화된 고객의 감정을 더욱 자극할 뿐이다. 그럴 때는 우선 그 이유를 재빨리 감지하여 고객이 오해를 하고 있다면, "선생님의 말씀도 일리는 있습니다만……" 하는 식으로 우선 고객의 입장을 인정해 준 후 차근차근 설명하여 이해를 시켜야 할 것이다. 그러나 고객의 요구가 정당하고 당신에게 잘못이 있었다면 앞뒤 잴 것 없이 즉각 용서를 빌고 성의를 다하여 줌으로써 더 큰 언쟁으로 발전하는 일이 없도록 한다.

무리한 요구를 서슴없이 하는 고객

 특징

원칙에 어긋난 일을 부탁한다거나 터무니없이 물건값을 깎는 등 도저히 될 수 없는 일임에도 불구하고 고객이 무리한 요구를 하면 그처럼 답답한 일은 없다. 싸움을 걸기 위해 일부러 무리한 요구를 하는 못된 고객도 없지 않겠지만, 대부분의 경우 고객은 자신의 입장만을 생각할 뿐 그 요구가 무리하다는 것을 알지 못한다.

 처방

이럴 때는 우선 고객의 입장을 충분히 이해하고 있음을 알려 준 후 고객이 무리한 요구임을 납득할 수 있도록 차근차근 설명을 하여야 한다. 답답하고 짜증이 난다고 해서 "모르는 소리하지 마세요.", "아! 이 양반이 이것 처음 보나." 식으로 면박을 주고 무안을 주는 일이 있어서는 결코 안 된다.

뽐내는 고객

 특징

자기자랑이 심하고, 거만하며, 직원 따위는 거들떠 보지도 않고, 책임자에게만 접근하려 하며, 돈이 좀 있으면 있는 티를 내는 고객이다.

 처방

이런 고객을 다루는 유일한 방법은 마음껏 뽐내고 자랑하게 하는 것뿐이다. 아니꼽다고 맞부딪쳐 보았자 승무원 마음만 다치게 된다. 반면 이런 고객들일수록 단순한 면이 있으므로 칭찬해주고 맞장구쳐주면 의외로 쉽게 사건을 풀어갈 수 있다.

불평 많은 고객

 특징

사사건건 트집과 불평을 잡는 고객이다. 아는 것도 없으면서 이러쿵 저러쿵 말이 많고, 꼬투리 잡기를 즐기는 고객에게는 '맞장구치고 추켜 세우고 설득하기' 밖에 없다.

"옳습니다. 선생님께서는 확실히 예리하시군요." 그리고 "저도 그렇게 생각은 하고 있습니다."하고 설득해 들어가는 것이 재치 있는 응대요령이다.

말이 많은 고객

 특징

밑도 끝도 없이 "달달달~" 계속 말을 내뱉는 고객에게는 무책(無策)이 상책이다.

 처방

그저 참고 듣고 있는 수밖에 방법이 없다. 이런 고객의 말문을 노골적으로 막았다가는 금방 돌아서 버리고 만다. 말 많은 것만큼 기분 변화도 심하기 때문이다.

쾌활한 고객

 특징

이런 고객은 후에 인간적인 교류까지도 가능하게 되는 무난한 고객이다.

 처방

이런 고객에게 너무 정중하게 대할 것만이 아니라, 한 걸음 나아가 친숙한 사이로 접근해 봄이 바람직하다. 일을 처리함에 있어서 '예스', '노'를 분명히 하는 것이 좋다. 단, 상대방의 쾌활함에 밀려 예의를 벗어나는 일이 없도록 유의해야 한다.

얌전·과묵한 고객

 특징

속마음을 헤아리기 어려운 고객이다.

 처방

조금 불만스러운 것이 있어도 잘 내색을 하지 않는다. 그러나 말이 없다고 해서 흡족한 것으로 착각해서는 안 된다. 이런 고객은 한번 마음에 들면 거래가 오래 계속되나, 반면에 마음이 돌아서면 끝장이다. 말이 없는 대신 오해도 잘한다. 정중하고 온화하게 대해 주고, 일은 차근차근 빈틈없이 처리해 주어야 한다.

깐깐한 고객

 특징

별로 말이 많지 않고 예의도 밝아 직원에게 깍듯이 대해 주는 반면, 직원의 잘못은 꼭 짚고 넘어간다. 참으로 조심스런 고객이다.

 처방

정중하고 친절히 응대하되, 만약 고객이 잘못을 지적할 때는 반론을 펴지 말자. 이런 고객일수록 자존심이 상당히 강하므로 "지적해 주셔서 감사합니다."하고 받아들이는 자세를 보여야 내심 좋아하는 것이다.

의심이 많은 고객

 특징

이것저것 캐묻고 이리 갸우뚱 저리 갸우뚱 의심이 많은 고객에게는 자신감 있는 태도로 명확·간결한 응대를 하여야 한다.

처방

이런 고객에게는 너무 자세한 설명이나 친절도 의심의 대상이 되기 때문에 분명한 증거나 근거를 제시하여 스스로 확신을 갖도록 유도하여야 하며, 때로는 책임자로 하여금 응대하게 하는 것도 좋다.

어린이 동반 고객

 특징

어린이에 대한 관심을 고객 자신에 대한 관심으로 여긴다.

 처방

어린 아이의 특징을 재빨리 파악하여 적절한 찬사를 보내는 것이 좋다. 울거나 칭얼거린다 하여 윽박지를 것이 아니라 살짝 안아 준다거나 다독거려야 하는 재치를 보여야 한다.

고객이 모르는 것을 물어 봤을 때

승무원이 확실히 알지 못하는 것을 고객이 물을 때 어물어물 넘기거나 틀린 대답을 해주었다가는 나중에 큰 코를 다치게 될지 모른다. "그것은 제가 잘 모르고 있습니다. 담당자를 불러 드리겠습니다.", "죄송합니다만, 잠시만 기다려 주십시오. 확실히 알아 본 후 안내해 드리겠습니다."하고 친절히 응대하여 확실한 답을 얻을 수 있도록 해야 한다.

성급한 성격의 고객

 특징

조금만 처리가 늦어도 빨리 빨리를 외치고 재촉이 심한 고객이다. 심지어 승무원에게 '이렇게 하라', '저렇게 하라'고 업무지시까지 하는 고객에게는 말을 시원시원하게, 행동은 빨리빨리 하는 것이 상책이다.

 처방

늦어질 것 같을 때는 사과하면서 다독거려 드려야 한다. 자칫하면 폭발하기 쉽고 조심해야 할 고객이다.

자료 : 네이버 블로그, 싱그러운 햇살처럼.

서비스를 저해하는 말

- 그건 안 됩니다.
- 입장이 곤란합니다.
- 바쁘니까 다음에 하세요.
- 책임문제가 따릅니다.
- 제 소관이 아닙니다.
- 잘 모르겠습니다.
- 근무시간이 끝났습니다.
- 알아는 보겠습니다.
- 인원이 부족해서 못합니다.
- 윗사람 지시 없이 어렵습니다.

부정문장 앞에는 "죄송합니다"라는 말을 사용하여야 한다.

역할극(Role-play)

Role-play Tip

Q 기내의 안과 밖의 온도가 다르면 이슬 같은 물방울이 생기는데 이 물이 승객에게 떨어졌다면? 승객의 옷이 비싼 옷이었다면?

> 우선 승객에게 물이 떨어지게 된 이유를 설명하고, 이와 같은 일에 대비해 미리 말씀드리지 못한 것에 대해 진심으로 사과를 드린 후 세탁비를 드려도 되는지 여쭤보겠습니다.

Q 기내에서 토마토주스를 쏟으면 어떻게 할 것인가?

> 승객에게 진심으로 사과를 드린 후에, 물수건Hand Towel을 제공하여 확산을 방지하고 세탁비 지급 쿠폰Cleaning Coupon을 발급하여 목적지 도착 후에 훼손된 옷을 세탁할 수 있도록 도와드리겠습니다.

Q 막걸리를 서비스하게 된다면 승객들에게 어떻게 설명할 것인지?

> 장시간 한정된 공간에 있다 보면 갈증이 생기고, 혈액순환이 잘 되지 않습니다. 이를 해결할 수 있는 것이 바로 막걸리입니다. 막걸리는 갈증을 멎게 하고 신진대사를 원활하게 하는 유기산 성분이 들어있습니다.

Q 손님이 면세품을 사려고 하는데 돈이 없어서 승무원에게 돈을 빌려달라고 부탁하면 어떻게 할 것인가?

> 승객에게 '죄송합니다만, 이것은 도와드리기가 어려운 것 같습니다. 다음에 탑승하실 때 원하시는 면세품을 배치할테니 그 때 구입해주시기 바랍니다.'라고 말씀드리겠습니다.

Q 한 승객이 자기가 땅콩 알레르기가 있다며 주변에 땅콩을 주지 말라고 할 때 어떻게 할 것인가?

주변 승객분들께 이러한 상황을 알려드리고, 땅콩을 대신하여 다른 것을 서비스할 수 있도록 하겠습니다.

Q 외국인에게 비빔밥을 어떻게 설명할 것인가?

비빔밥은 야채와 다진 고기 그리고 고추장을 곁들인 음식이며, 한국에서 흔히 접할 수 있는 음식이라고 설명해드리겠습니다.

Q 기내에 감기가 걸린 승객이 있는데 현재 기내에는 탑재된 약이 없다. 그런데 마침 내가 비슷한 증상의 감기가 걸려서 약이 있는데 어떻게 할 것인가?

승객에게 현재 기내에 탑재된 약이 없지만, 제가 승객과 비슷한 증상의 감기가 걸려 약을 가지고 있는데 필요하시다면 이 약을 드려도 괜찮으신지 여쭤보겠습니다.

Q 승객이 비빔밥을 먹고 알레르기가 생겼다고 약을 달라 하시면서 고소를 하겠다고 하면 어떻게 할 것인가?

우선 죄송하다고 진심으로 사과를 드린 후, 비빔밥을 드신 다른 분들의 상태를 확인하고 알레르기의 원인이 비빔밥이 맞는지, 어떤 종류의 알레르기인지 정확히 파악을 한 후 사무장님께 이 상황을 보고하도록 하겠습니다.

Q 술을 직접 갖고 탄 승객이 자꾸 본인의 술을 마시는데 어떻게 할 것인가?

기내에서의 음주는 지상과는 달리 피로를 가중시키니, 잠시 후에 드시는 것이 어떠시겠냐고 여쭤본 후에, 따뜻한 커피를 권하겠습니다.

Q 기내에서 손님이 원하는 면세품이 없을 경우?

우선 승객에게 진심으로 사과를 드린 후, 상황을 이해하실 수 있게 설명해 드리고 만약 다른 사람이 반품을 하면 제일 먼저 알려드리겠다고 말씀드리겠습니다.

Q 아이가 조종실에 구경을 가고 싶어할 때, 어떻게 할 것인가?

조종실은 모두의 안전이 걸린 곳이므로, 조종실 대신에 갤리나 벙커 등을 구경시켜 주겠습니다.

Q 기내 탑승 시 승객이 어딘가 불편해 보일 때, 어떻게 할 것인가?

승객에게 다가가 불편해 보이시는데 필요한 게 있으신지 여쭤보고 도움이 필요하시면 언제든지 불러달라고 말씀드리겠습니다.

Q 뜨거운 음료를 서비스하다가 쏟았는데, 손님이 화상을 입은 경우 어떻게 할 것인가?

승객에게 진심으로 사과를 드리고, 화상의 여부를 확인하고 First Aid Kit에 탑재된 화상 연고와 화상용 거즈^{Gauze}를 이용해 상처 부위의 확산을 막고 도착 후 즉시 의사에게 처방을 받을 수 있도록 도와드리겠습니다.

Q 기내 적정온도는 24에서 + 1 –1 정도인데, 손님이 자꾸 춥다고 할 경우?

기내 적정온도에서 다른 승객들은 모두 괜찮은데 한 승객만 춥다고 느낄 경우에는, 건강상의 문제가 있을 수 있으니 승객에게 담요와 따뜻한 음료를 가져다 드린 후 지속적으로 도움을 드리겠습니다.

Q 오렌지주스가 다 떨어졌는데 손님이 찾으신다면?

우선 승객에게 죄송하다고 말씀드린 후, 찾으시는 음료가 다 떨어졌다고 설명하고 현재 있는 음료를 알려드리며 원하시는 게 있는지 여쭤보겠습니다.

Q 기내에서 응급환자가 발생하면 어떻게 할 것인가?

환자 발생 시 환자가 생명이 위험한 상태인지 아닌지 정확하게 판단하고 승객의 의식을 확인하여, 증상에 따른 응급조치를 실시합니다. 또 기장에게 통보하고 Doctor Paging 방송[1]을 실시합니다.

1 손님 중에 의사나 간호사가 있는지 기내방송을 하는 것, 운항 중 응급환자 발생 시 실시한다.

Q 승객이 멀미가 난다고 할 때 어떻게 할 것인가?

승객에게 육체적인 효과뿐만 아니라, 정신적인 안정감을 줄 수 있는 멀미약을 드리고, 차가운 수건이나 음료를 제공하겠습니다. 그리고 혹시 빈 좌석이 있다면, 좀 더 편안한 여행을 위해 다른 좌석으로 자리를 옮길 수 있도록 도와드리겠습니다.

Q 땅콩이 없는데 승객이 땅콩을 달라고 하면?

우선 죄송하다고 말씀드리고 승객에게 현재 땅콩이 모두 서비스되어 남아 있는 것이 없는 상황을 설명해드리겠습니다. 그리고 땅콩 이외에 다른 원하시는 것이 있으신지 여쭤보겠습니다.

Q 가족여행을 온 사람이 자리가 떨어졌다며 불평을 할 경우?

우선 가족 분들에게 죄송하다고 사과드린 후 자리를 붙일 수 있는지 알아보고 올테니 잠시만 기다려 달라고 말씀드린 후, 사무장님께 빈 자리가 있는지 여쭤보겠습니다.

Q 승객이 속이 불편하다고 손 따달라고 할 때?

비행 중인 항공기 내는 환경이 일반적인 경우와 많은 차이가 있으므로 위급한 상황이 아니면 주관적인 판단으로 치료하는 것은 금물입니다. Medical Bag²에서 소화제와 따뜻한 차를 가져다 드리고 지속적으로 승객의 상태를 확인하겠습니다.

> 2 비행 중 사용빈도가 높은 의약품을 넣은 작은 파우치. 소화제, 두통약, 진통제, 지사제, 일회용 밴드 등 간단한 구급 비상약으로 구성되어 있다.

Q 승객이 기내에 탑승하면서 깨질 수 있는 물건인 도자기를 자신한테 맡겼다면?

승객에게 휴대수하물은 직접 관리하며 분실이나 파손에 대해서는 책임지지 않는 것을 미리 알려드린 후, 승객이 직접 적정 장소에 보관할 수 있도록 안내해드리겠습니다.

Q 기내에서 승객이 야!!!!!!!!!! 물 가져와!!!!!!!! 한다면 어떻게 할 것인가?

승객에게 더 정중하게 물을 가져다 드린 후에 다음부터는 승무원이라고 불러주시면 감사하겠다고 말씀드리겠습니다.

Q 기내 화장실에서 담배 냄새가 나는데 그 곳에서 승객이 나오셨다면 어떻게 할 것인가?

그 승객에게 혹시 화장실에서 흡연을 했는지 여쭤본 후에, 기내 화장실 내에 흡연은 엄격하게 제한되어 있고 항공기 내의 화재 발생은 아주 위험한 상황을 초래할 수 있다는 것을 알려드리겠습니다. 그리고 '기내 흡연' 방송을 실시하여 주변승객에게 적절한 사과 및 응대가 이루어지도록 하겠습니다.

Q 기내에서 아기가 울고 있다면?

아기와 함께 여행하는 승객들은 Special Care를 해야 합니다. 아이가 울고 있는 상황에서 부모의 동의를 얻어 아이를 안아주어 아기를 달래는 데 최선을 다해 노력하겠습니다. 또한 아기를 달래기 위해 기념품 Giveaway을 사용하겠습니다.

Q 기내식에 해물스파게티와 쇠고기가 있는데 해물스파게티가 다 떨어졌는데 손님이 해물스파게티를 달라고 하면 어떻게 하겠는가?

우선 다른 zone의 승무원에게 여분의 해물스파게티가 있는지 확인을 하고, 없다면 승무원을 위해 탑재된 승무원용 식사를 활용하도록 하겠습니다. 승객들을 위해 최선을 다하는 승무원의 모습을 보는 것만으로도 불만이 많이 줄어들 것이라고 생각합니다.

Role-play 관련 기출문제

💡 승객에게 음료를 쏟았을 경우[3] 어떻게 대처하겠습니까?

💡 이코노미석에 100명 정원에 15명이 남았는데 어떤 기준으로 비즈니스-퍼스트 자리를 배정할 것입니까?

💡 해외여행을 가는 가족이 있는데 아이동반에 할머니도 있다. 자리배정을 어떻게 할 것입니까?

💡 기내에서 아이가 너무 울어서 주위에서 컴플레인complain을 할 시에 어떻게 할 것입니까?

💡 술 취한 손님이 술을 계속 더 달라고 하는데 어찌할 것입니까?

💡 음식 두 가지 중 하나가 떨어졌는데, 승객이 떨어진 음식을 찾는데 어떻게 할 것입니까?

💡 손님이 주문한 것이 늦었을 때 어떻게 할 것입니까?

💡 승객이 "야! 물 가져와!"라고 반말을 한다면 어떻게 할 것입니까?

💡 "승무원이 자꾸만 내 팔을 치고 다녀서 내가 잠을 제대로 잘 수가 없다. 왜 다 하나같이 내 팔을 치고 다니느냐. 사무장 빨리 불러와라!"라고 할 경우 어떻게 할 것입니까?

💡 여자승객이 자기 동생을 소개시켜주고 싶다고 할 경우엔 어떻게 하겠습니까?

💡 승객이 앞에 연예인에게 싸인 좀 받아 달라고 한다. 그러나 연예인은 싫다고 한다. 이럴 경우 어떻게 할 것입니까?

💡 담배를 피고 싶은데 한번만 봐달라고 하는 경우 어떻게 하시겠습니까?

---

3 얼룩 발생시 긴급 제거방법
- 커피 : 우선 찬물로 씻고, 레몬즙을 조금 써도 효과가 있다. 그러나 비누는 얼룩을 옷감에 영원히 흡착시킬 수 있으므로 사용을 피한다.
- 와인 : 소다수를 이용하여 가볍게 문지른 후, 따뜻한 물로 다시 한번 문지르듯 닦아낸다.
- 우유 : 알코올로 제거한다.
- 과일즙 or 콜라 : 소금물을 거즈에 적셔 두들이듯이 닦아낸다.
- 기름 : 종이를 앞 뒤로 대어 기름을 빨아들이게 한 후, 공기 중에 말린 다음 드라이를 한다. 기름얼룩은 물에 닿지 않는 것이 우선이다.

💡 아이와 놀아달라는 부탁에 어떻게 할 것입니까?

💡 "저쪽 아이가 소란스러워서 잠을 못 자겠다. 내가 일 망치면 책임질 것이냐?" 라고 할 경우 어떻게 할 것입니까?

💡 승객이 음식에 뭐가 들어갔다고 짜증내는 상황에는 어떻게 할 것입니까?

💡 스포츠신문 달라고 승객이 요구했는데 신문이 다 떨어졌을 경우에는 어떻게 할 것입니까?

💡 굳이 기내 안에서 핸드폰을 사용하겠다면 어떻게 할 것입니까?

💡 비행 점검 시간이 늦어지는데 승객이 complain 하는 상황에는 어떻게 대처할 것입니까?

💡 속이 메스껍다고 하며 "손 딸 줄 알아요?"라고 물을 경우 어떻게 할 것입니까?

💡 기내가 너무 추운 거 같다는 상황제시, 옆 사람은 너무 덥다고 할 경우 어떻게 할 것입니까?

💡 "저 자리 제자린데 다른 사람이 앉아있네요."(앉아있는 손님) "아니 그게 무슨 소리에요. 아까 저 승무원이 여기 앉으라고 했는데..."라고 따질 경우 어떻게 할 것입니까?

💡 대한항공에서 어린이들에게 주는 기념품이 있는데, 촌스럽고 쓸모가 없다며 불평을 할 경우 어떻게 할 것입니까?

💡 "일행의 자리가 다 떨어졌다. 자리 왜 안 바꿔주느냐?"라고 물을 경우 어떻게 할 것입니까?

💡 "대한항공 승무원들은 왜 다들 못생겼어요?"라고 물을 경우 어떻게 대처할 것입니까?

💡 "잠 좀 자려는데 창가사람이 창을 열어서 못 자겠다."라고 할 경우 어떻게 할 것입니까?

💡 승객이 자신이 실수로 음료를 쏟고서 승무원에게 화를 낼 경우 어떻게 할 것입니까?

💡 화장실 다 찼는데 비즈니스 화장실 써도 되는지 물을 땐 어떻게 할 것입니까?

💡 손님이 승무원에게 "손님 없는 게 편하죠? 회사 측에선 아닐지 몰라도 승무원은 손님 없는 게 좋잖아요."라고 물을 땐 어떻게 할 것입니까?

💡 화장실 앞을 지나는데 여승객이 나온다. 담배냄새가 나는데 뚝 잡아뗄 경우 어떻게 할 것입니까?

💡 "심심해서 그러는데 나랑 바둑 한판 두지."라고 할 경우 어떻게 할 것입니까?

💡 기내에 없는 음료를 시킬 때(국내선에서 시원한 거품 있는 맥주시킬 때) 어떻게 할 것입니까?

💡 "남편이 술을 많이 먹어서 그런데 뭐 좋은 거 없을까요?"라고 물을 경우 어떻게 할 것입니까?

💡 화장실 옆자리 불편하다고 자리 바꿔달라고 할 때, 남는 자리가 없는 경우 어떻게 할 것입니까?

💡 "승무원들은 무슨 일 해요? 월급은 얼마나 되나요?"라고 물을 경우 어떻게 할 것입니까?

💡 면세품 파는 시간인데 어떤 사람이 잔다고 불을 꺼 달라고 할 경우 어떻게 할 것입니까?

💡 승객이 기내식을 먹는데 그릇이 깨져 있다면 어떻게 할 것입니까?

💡 담요 같은 거 기념으로 가져가겠다고 손님이 떼를 쓰는 상황일 경우 어떻게 할 것입니까?

💡 "커피가 뜨겁다. 왜 이렇게 뜨거운걸 가져왔냐?"라고 따질 경우 어떻게 할 것입니까?

💡 데미소다 먹고 싶다는데 없어서 커피 드시라고 했더니 자기는 몸 생각한다고 아침햇살 달라고 할 경우 어떻게 할 것입니까?

💡 음식이 너무 차갑다고 할 경우 어떻게 할 것입니까?

💡 옆 사람이 창문을 열어놔서 빛 때문에 영화를 못 보겠다고 할 경우 어떻게 할 것입니까?

💡 (남자 승객이 계속 승무원의 엉덩이를 치면서 불렀을 때) 아가씨~라고 부를 경우 어떻게 할 것입니까?

💡 (면세품 파는 시간) "물건 그만 팔고 불 좀 꺼요. 잠 좀 자게."라고 할 경우 어떻게 하시겠습니까?

💡 (반말하는 승객) "야! 물 좀 가져와!"라고 할 경우 어떻게 할 것입니까?

💡 (술에 만취한 승객) "여기 코냑(cognac) 한 잔 더!"라며 술을 더 요구할 경우

어떻게 할 것입니까?

💡 "저 자리 내 자린데 다른 사람이 앉아 있네요. 어떻게 좀 해주세요."라고 할 경우 어떻게 할 것입니까?

💡 (앉아있는 손님) "아니 그게 무슨 소리예요. 아까 저 승무원이 나보고 여기 앉으라고 했는데 왜 이제 와서 옮기라 마라 하는 겁니까?"라고 할 경우 어떻게 할 것입니까?

💡 (채식을 특별식으로 주문한 승객) "뭐라고요? 안 실렸다고요? 나 고기 못 먹는데?"라고 할 경우 어떻게 할 것입니까?

💡 "감기가 심하게 걸렸는데 약 없어요?"라고 할 경우 어떻게 할 것입니까?

💡 "승무원! 오늘 비가 와서 그런지 자리가 많이 비었네요. 솔직히 손님이 없는 게 편하죠? 회사 쪽에서는 아닐지 몰라도 승무원 입장에서는 없는 게 좋잖아요?"라고 할 경우 어떻게 할 것입니까?

💡 "심심해서 그러는데 뭐 없어요?"라고 할 경우 어떻게 할 것입니까?

💡 "아가씨~ 우리 애가 조종실에 가고 싶어하는데 좀 데려다 주세요."라고 할 경우 어떻게 할 것입니까?

💡 "아까는 몰랐는데 어떤 승무원이 내 흰 블라우스에 커피를 쏟고 갔네요."라고 할 경우 어떻게 할 것입니까?

💡 "앞의 승객이 의자를 너무 뒤로 눕혀서 불편해요."라고 할 경우 어떻게 할 것입니까?

💡 "어떻게 비행기가 일반 고속버스보다 좌석이 좁아요. 비즈니스 클래스 자리는 남던데 가서 앉으면 안되나요?"라고 할 경우 어떻게 할 것입니까?

💡 "어린이들한테 주는 기념품 달라고 했더니 없다고 하던데, 아가씨가 하나 구해와요."라고 할 경우 어떻게 할 것입니까?

💡 "어머니랑 동생이랑 일행인데, 자리가 다 떨어졌어요. 아까 붙여준다고 했는데 왜 안 바꿔줘요?"라고 할 경우 어떻게 할 것입니까?

💡 "왜 나만 빼놓고 식사를 안 주나? 아까 탈 때부터 나한테 소홀하더니 밥까지 안주네!"라고 할 경우 어떻게 할 것입니까?

💡 "이 담요 가져가도 되지요?"라고 할 경우 어떻게 할 것입니까?

💡 "저쪽 사람이 신발 벗어서 냄새가 나는데 말 좀 해줘요!"(그 사람은 답답해서 신발 못 신겠다고 한다)라고 할 경우 어떻게 할 것입니까?

💡 "저쪽 애기가 토한 것 같아요. 냄새가 너무 심하니까 어떻게 좀 해줘요."라고 할 경우 어떻게 할 것입니까?

💡 "좌석을 창가로 옮겨주세요."라고 할 경우 어떻게 할 것입니까?

💡 승무원이 유니폼 대신 캐주얼 복장을 하고 인라인 스케이트를 타고 서비스를 한다면 어떻게 할 것입니까?

💡 내일 지구가 멸망하면 무엇을 할 것입니까?

💡 요즘 TV에서 나오는 유행어들이 있는데 승객이 그 유행어 흉내를 내며 장난 섞인 말을 했을 때 어떻게 반응을 보이겠습니까?

💡 기내에서 동료와 사이가 좋지 못한 경우 어떻게 할 것입니까?

💡 기내에 기분이 언짢아 하신 손님이 오면 어떻게 할 것입니까?

💡 시간적 여유가 없이 출근을 하는데 장애인분이 계시다면 어떻게 할 것입니까?

💡 비행하는데 승객이 스킨십한다면 어떻게 할 것입니까?

💡 기내에서 담요를 가져가는 승객을 보았다면 어떻게 할 것입니까?

국내 항공사 승무원의
면접을 알자

Chapter

06

사회를
알자

신문스크랩 기술[1]

1 신문스크랩 기술
  - 최상희(2006)

신문의 취업·창업 관련 기사는 잠깐 모은다고 도움이 되지는 않는다. 짧게는 3개월, 길게는 몇 년을 모아야 그 빛을 발한다.

지금부터라도 신문을 펼쳐보라. 자신이 희망하는 직업·직종과 관련된 기사, 광고를 꾸준히 모으라. 굵직한 국내외 경제정책과 경제동향, 회사·직종의 경기현황 및 전망, 채용동향, 자격증 및 시험안내, 선배나 취업전문기관이 전하는 이력서, 자기소개서 작성법, 면접 노하우, 연봉 및 복지현황 등의 정보가 수두룩하다. 한마디로 없어서 못 찾는 것이 아니라 신문의 위력을 몰라서 못 찾는 것이다.

인사 담당자들이 말하는 당락의 포인트, 즉 떨어진 사람과 합격한 사람의 차이점 가운데 하나가 '신문 활용' 여부라는 점이다. 특히 면접 때 나오는 주요 질문이 최근 며칠 사이에 신문에 나왔던 사안이라는 사실은 이제 상식이 된 지 오래다. 그러나 대부분의 대학생들은 인터넷 자료에 의존하여 면접위원이 요구하는 답을 제대로 말하지 못하는 경우가 많다. 또한 어디선가 보고 외운 자료는 잘 적어내지만 자신만의 생각을 잘 정리해내지는 못한다.

결국 최종 단계에 가서 누가 더 독창적이고 부가가치가 높은 답변이나 결과물을 낼 수 있느냐가 당락을 결정한다는 것이 인사담당자들의 대체적인 견해이다.

신문에서 찾는 취업·창업 관련 정보

신문에서 취업·창업 관련 정보를 찾는 방법은 무엇일까?

첫째, 경제면만 읽지 말라. 종합적인 정보 탐색과 분석이 중요하다. 경제 기사는 읽을 때 기업 중심, 정부 중심 등 어느 한쪽에 치우친 시각으로 보도된 경우는 경계를 한다.

둘째, 신문 경제면에 나오는 경영자의 인터뷰는 반드시 스크랩을 한다. 최신 기업 현황, 경영 원칙, 인사 제도, 복지 제도, 비전, 인재상 등이 제시되어 있다. 면접이나 논술 시험 때에 자신의 직업관과 연계시킬 때 인용하면 좋다.

셋째, 해설 기사를 모아라. 스트레이트 기사는 단편 정보만 제공하고 해설 기사는 상세한 내용풀이, 전망, 영향을 설명한다. 표·그래프 등도 함께 모아두면 요긴하다.

넷째, 인물(동정)면을 유심히 보라. 기업과 관련된 직접 또는 간접적인 일을 많이 다룬다. 미담기사, 동아리나 단체 소개, 인사 발령 등 의외로 요긴한 정보가 가득하다.

다섯째, 광고를 살펴라. 주력 상품과 경쟁 상품의 특징을 파악하는 데 유리하다. 유행이나 흐름 파악에도 용이하다. 이왕이면 해당기업과 관련 업종의 주가가 담긴 주식 시세표와 광고를 연계하여 호황인지 불황인지 등을 분석해보자.

여섯째, 가능하면 직접 확인해보라. 기사나 광고에 나온 성황, 인기 만점, 주가 급등, 마감 등과 같은 미사어구를 너무 믿는 것은 금물이다.

일곱째, 발품을 조금 팔아야 속지 않는다. 이 사회는 양심적인 사람이나 기업도 있지만 그렇지 않은 사람도 있다. 한마디로 속지 말아야 한다. 특히 인터넷을 통한 취업이나 창업광고는 신뢰성이 약하므로 주의해야 한다. 신문에 나온 정보도 마찬가지로 그대로 믿기보다는 시간을 내어 현장에 직접 가서 눈으로 확인해보는 것도 좋다.

뉴스는 신선한 우유다.

● 신선한 우유처럼 매일 공급 받는 뉴스를 통해 대학 교재와 회사 홈페이지에서 얻을 수 없는 부족한 영양분을 채운다.

- 뉴스는 교재에 없는 내용을 메워주는 역할을 한다.
- 뉴스를 통해 입사하고자 하는 회사에 대한 정보를 얻는다.
- 이미 면접에 나왔던 면접 질문들에 대한 답변을 뉴스를 통해 구할 수 있다.
- 매일 새로운 뉴스를 보며 사업 동향을 파악하고 트렌드를 알 수 있다.
- 뉴스를 통해 회사의 신규취항, 비행기 도입, 사회공헌 소식, 주가 전망 등을 빠르게 접할 수 있다.
- 뉴스를 통해 취업 트렌드를 빠르게 파악하고 뉴스를 통해 세상을 볼 수 있다.

뉴스는 망원경이다.

- 뉴스는 망원경과 같아서 멀리 있는 것을 자세하고 또렷하게 볼 수 있다.
- 건강하게 오래 다닐 수 있는 회사를 선택하는데 뉴스가 절대적으로 필요하다.
- 회사마다 가지고 있는 기업 문화를 뉴스를 통해 알아간다.
- 홈페이지와 회사를 다니지 않고서는 알 수 없는 회사에 대한 분위기, 기업 문화 등을 회사 임직원, 신입 사원 인터뷰 등을 통해 파악할 수 있다.
- 홈페이지에 나오지 않는 뉴스를 통해 현실을 파악하고 자신에게 맞는 항공사 선택을 할 수 있는 안목을 키울 수 있다.
- 뉴스를 통해 현실을 알고 직업선택의 폭을 넓힐 수 있다.

시사 관련 기출문제

💡 최근 여성들이 SUV차량을 많이 몰고 다니는 추세인데 이것은 연료도 많이 들고 공해가 심하다. 이에 대해 어떻게 생각하세요?

💡 경제 발전과 정치 발전 중 중요한 것은 무엇인가요?

💡 현재 세계에서 이슈되고 있는 문제는 무엇입니까?

💡 현재의 세계적 상황에서 항공사가 취해야 할 경영 전략은 무엇이라고 생각하세요?

💡 북 핵 문제와 관광의 연관성은 무엇이라고 생각하십니까?

💡 공공장소에서의 핸드폰 사용에 대한 각자의 의견을 말씀해보세요.

💡 요즘 인터넷 활용을 많이 하는데, 인터넷의 긍정적인 측면을 얘기해보세요.

💡 오늘 아침 헤드라인 기사는 무엇입니까?

💡 성형수술에 대해 어떻게 생각하며 어느 부분을 수술하고 싶으십니까?

💡 저출산에 대해서 어떻게 생각하십니까?

💡 청년 실업 문제에 대한 생각과 해소방안에 대해서 말씀해주세요.

💡 북한이 핵실험했는데 알고 있나요? 항공산업에 어떤 영향이 있겠어요?

💡 여성의 사회진출에 관해 어떻게 생각하시는지요?

💡 왜 남승무원들이 지원을 한다고 생각하십니까?

💡 기업노조에 대해 어떻게 생각하십니까?

💡 대통령이 된다면 각 사회, 경제, 스포츠, 어떤 분야이든지 자기가 바꾸고 싶거나 하고 싶은 일들이 있다면 어떻게 생각하십니까?

💡 낙태에 대해 어떻게 생각하십니까?

💡 지지하는 정당이 있습니까?

💡 누가 대통령이 되었으면 좋겠습니까?

💡 현재 우리 사회에서 가장 큰 문제점은 무엇일지 두 가지씩 말씀해보세요.

💡 2만 불이 넘어 선진국으로 가기 위해 여성들의 역할에 대해서 말씀해보세요.

💡 요즘 바빠서 뉴스를 못 봤는데, 최근의 기사를 아나운서처럼 말해보세요.

💡 여성 대통령이 탄생할 거 같으세요? 누가 될 것 같나요?

💡 FTA협상에서 타결이 가장 힘든 부분이 어떤 부분이라고 생각하세요?

💡 대북 지원에 대해서 찬반 의견들이 많은데 본인의 의견은 어떠한가요?

💡 대학들의 등록금 인상 원인이 무엇인가요?

💡 존경하는 대통령에 대해서 말씀해보세요.

💡 여성이 사회에 기여할 수 있는 것은 무엇인지요?

💡 사회가 여성에게 기여할 수 있는 부분은 어떤 부분인지요?

💡 오늘 아침에 읽은 뉴스나 최근에 기억 남는 뉴스 말하고 자기 견해 덧붙여서 짧게 말해보세요.

💡 요즘 조기유학 많이 보내는데, 그에 대해서 어떻게 생각하세요?

💡 사형에 대해서 찬성하는 입장이세요? 반대하는 입장이세요?

💡 사교육비가 증가되고 있는데 이 해결방안에 대해서 말씀해보세요.

💡 요즘 재테크 열풍이 불고 있는데, 본인만이 하고 있는 재테크 방법에 대해서 말씀해보세요.

💡 지금 현 시점에서 해결해야 할 가장 큰 문제는 무엇이라고 생각합니까?

💡 1분간 한국을 소개해보세요.

💡 승무원에게 IQ와 EQ 중 어느 것이 더 필요하다고 생각하십니까?

💡 Global standards란 무엇을 말합니까?

💡 GNP에 대하여 설명해보세요.

💡 IMF 이후 자신에게 일어난 변화는 무엇입니까?

💡 IMF를 통해 우리가 얻은 교훈은 무엇입니까?

💡 NIE[2]란 무엇입니까?

💡 TV는 하루에 어느 정도 봅니까? 주로 어떤 프로를 봅니까?

2 NIE(Newspaper In Education)
: 신문을 교재 또는 보조교재로 활용해 지적 성장을 도모하고 학습효과를 높이기 위한 교육(신문 활용 교육)

3 VIP(Very Important Person) : 정부 요인이나 국빈 등과 같이 특별히 대우해야 할 아주 중요인물

💡 VIP³란 무엇입니까?

💡 FTA는 무슨 뜻입니까?

💡 국회의원이 된다면 어떤 정치를 하고 싶습니까?

💡 근래 들어 이혼율이 높은 데 대해 어떻게 생각하십니까?

💡 내년도 경제 전망을 말해보세요.

💡 사회노령화 문제에 대해서 어떻게 생각합니까?

💡 대통령 선거에 누구를 뽑을 것이며 왜 그런 선택을 할 예정입니까?

💡 대통령 선거에 대해 요즘 젊은이들의 관심은 어느 정도 됩니까?

💡 문화와 언어의 관계에 대해서 말해주세요.

💡 바람직한 대통령에 대해서 설명해보세요.

💡 사교육에 대해 얼마만큼 알고 있습니까?

💡 상식은 어디서 얻습니까? 평소 정보는 주로 어디에서 얻습니까?

💡 성형수술이 왜 자신감을 준다고 생각합니까?

💡 세계 평화를 위해서 우리가 할 수 있는 일은 무엇이 있습니까?

💡 신문 이외에 정기적으로 구독하는 잡지가 있습니까?

💡 신문을 읽습니까? 언제 봅니까? 어떤 것을 봅니까? 주로 어떤 면을 먼저 봅니까?

💡 신용카드는 있습니까? 신용카드 사용남발로 인해 만들어지는 신용불량에 대해 어떻게 생각합니까?

💡 여성의 사회진출에 대해 어떻게 생각합니까?

💡 오늘 뉴스에서 기억에 남았던 기사내용을 말해보세요.

💡 오늘 아침 조간신문의 헤드라인은 무엇이었습니까?

💡 오늘 자 일간지에 난 기사 중 가장 인상에 남는 것은 무엇이었습니까?

💡 요즘 가장 즐겨 보는 방송 프로그램은 무엇입니까?

💡 요즘 기업들이 채용 시 나이 제한을 없애는 것에 대해 어떻게 생각합니까?

💡 요즘 세대를 보았을 때 지적하고 싶은 사항이 있다면 무엇입니까?

💡 요즘 신세대들이 저지르고 있는 기초질서 위반사례를 들어보세요.

💡 요즘 외모지상주의에 대한 당신의 생각을 말해보세요.

💡 요즘 인터넷용어 사용이 많은데 이를 고치기 위한 방안을 말해보세요.

💡 요즘 젊은 20대들의 관심사는 무엇입니까?

💡 우리나라 사람들의 좋지 않은 성향은 무엇이라고 생각합니까?

💡 우리나라 사람들이 외국인 근로자를 무시하는 경향이 있는데 왜 그런 것 같습니까?

💡 청년실업, 경기불황으로 사회가 많이 힘든데, 요즘 젊은 사람들은 무슨 생각을 합니까?

💡 최근 본 한국영화 한 편을 소개해보세요.

💡 스크린쿼터제에 대한 견해는 무엇입니까?

💡 최근 신문에서 본 기사 중 흥미를 가졌던 것은 무엇입니까? 그것에 대해 어떻게 생각하고 있습니까?

💡 최근 일주일간 대중매체(TV, 라디오, 신문 등)에서 접한 이슈를 말해보세요.

💡 취업시즌에 맞춰 성형수술과 명품을 착용하는 것에 대해 어떻게 생각하십니까?

💡 한류 열풍에 대한 자신의 의견을 말해보세요.

💡 다음 총선에서는 어떤 정치인을 뽑고 싶습니까?

💡 현재 사회적인 이슈는 무엇이라고 생각합니까?

💡 현재 한국의 경제를 어떻게 생각합니까?

💡 요즘 사회 이슈가 무엇입니까?

💡 우리나라의 군사적으로 주된 적은 어느 나라라고 생각하십니까?

💡 대학생들의 등록금 인상의 원인이 무엇이라고 생각합니까?

💡 차기 대통령 후보에게 바라는 점은 무엇입니까?

💡 대북지원에 대한 찬반 의견이 많은데 어떻게 생각하십니까?

💡 대선 후보에 여성 후보도 있었는데 여성 대통령이 나올 것 같습니까?

💡 최근 이슈에 대해서 말씀해보세요.

💡 북한과 통일했을 때 가장 큰 문제점은 무엇이 있을지 두 가지씩 말씀해보세요.

💡 오늘 아침에 신문에서 읽은 사설이나 칼럼 기사 아무거나 상관없으니 이야기해보세요.

💡 연휴 동안 기억에 남는 뉴스나 이슈는 무엇입니까?

💡 저출산에 대한 자신의 생각과 해결책을 말씀해주세요.

💡 여성의 사회진출에 관해 어떻게 생각하십니까?

💡 인턴제도에 대해서 말씀해보세요.

💡 취업난의 원인이 무엇이라고 생각하십니까?

💡 요즘 웰빙 열풍이 불고 있는데, 추천해 주고 싶은 웰빙 방법 말씀해주세요.

💡 요즘 TV에도 고구려 역사에 대해서 많이 나오고 있는데, 중국의 동북공정에
   대해서 어떻게 생각하는지, 내가 만약 외무부장관이 된다면, 중국과 그 문제에
   관해서 어떻게 이야기를 나눌 것인가요?

💡 금강산 관광에 대하여 의견을 말해보세요.

💡 FTA[4]에 대한 자신의 의견을 말씀해보세요.

💡 대선이 다가오는데 자신의 생각을 말씀해보세요.

💡 자신이 사는 지역 발전을 위해 무엇이 필요할 것 같습니까?

💡 대통령이 해외 순방을 떠나셨는데 어느 나라로 갔는지 아십니까?

💡 연예인의 자살이 잇따르고 있는데 본인이 그런 상황이라면 어떻게 대처하시겠
   습니까?

💡 무슨 신문 읽습니까? 어떤 섹션을 읽습니까?

💡 등록금 투쟁에 대해서 어떻게 생각하십니까?

💡 낙태에 대해 어떻게 생각하세요?

💡 북한 핵 문제에 대한 두 가지 의견 중 어떤 입장이십니까?

💡 명품 열풍이 불고 있는데 어떻게 생각하세요?

💡 우리나라 국민소득이 얼마인지 아십니까?

💡 한복의 좋은 점은 무엇인가요?

💡 광주발전을 위해 무엇이 필요하다고 생각하십니까?

💡 FTA가 무엇입니까? 무엇의 약자인지 말씀해보세요.

💡 잡지에서 중산층을 봤는데 어떤 사람들이 중산층이라고 생각하나요?

💡 대기업의 의무 3가지씩 말씀해보세요.

💡 요즘 사회적 이슈가 무엇입니까?

💡 무슨 신문을 읽습니까?

💡 오늘의 환율이 얼마입니까?

4 Free Trade Agree-
ment 자유무역협정

💡 대선이 다가오는데 지지하는 후보가 있습니까? 있다면 이유를 말해주세요.

💡 성형수술에 대한 찬성/반대 의견을 말해보세요.

💡 신문을 보실 때 어느 면을 주로 보는지 말씀해보세요.

💡 최근 이슈나 시사에 대해서 말씀해보세요.

💡 인터넷 언어에 대해서 어떻게 생각하십니까?

💡 요즘 이혼이 급격히 증가하고 있는데 그에 대한 생각과 해결방안에 대해 말씀해 보세요.

💡 나이 제한 폐지와 키 제한을 두는 것을 어떻게 생각하십니까?

💡 최근 한국 사회에서 문제가 되고 있는 이슈나 뉴스를 말씀해보세요.

💡 요즘 시사 문제 중에 기억에 남는 문제를 말해보세요.

💡 조기유학에 대한 자신의 생각을 말해보세요.

💡 요즘 문제화되는 왕따 문제에 대해 어떻게 생각하십니까?

💡 기업이 사회활동이나 봉사활동을 하는 것에 대해 어떻게 생각하십니까?

💡 최근에 읽은 감동 깊은 기사 있으면 말씀해보세요.

💡 아동학대에 대해 어떻게 생각하십니까?

💡 저출산에 대해서 어떻게 생각하십니까?

💡 조기유학이나 국제결혼에 대해서 어떻게 생각하십니까?

💡 인터넷의 장단점은 무엇이라고 생각하십니까?

💡 대한민국 국민성을 말씀해주세요.

💡 오늘 아침의 뉴스 헤드라인은 무엇입니까?

💡 신문을 즐겨 본다면 어느 면부터 먼저 보십니까?

💡 취업난의 원인이 무엇이라고 생각하세요?

💡 문법주의 교육에 대해서 어떻게 생각하세요?

💡 신문에서 읽은 최근 기사 중 가장 황당한 뉴스는 무엇입니까?

💡 신용불량자를 어떻게 생각하나요? 이 문제를 해결하기 위한 방안은 무엇이라 생각하나요?

💡 사교육의 문제점을 말해보세요.

💡 칠레 무역협정에 대해 어떻게 생각하나요? (경제학과 전공자에게)

💡 지방 사립대의 위기 극복방안에 대해 말해보세요.

💡 고용인과 고용주의 입장에서 자신의 연봉을 책정한다면 어떻게 하시겠습니까?

💡 학생운동에 참여해 본 적이 있으십니까? 그리고 학생운동에 대해서 어떻게 생각하십니까?

💡 두산중공업 파업에 대해서 어떻게 생각하십니까?

💡 북 지원금에 대한 특검에 대해서 어떻게 생각하십니까?

💡 장애인 차별 금지법은 뭐라고 생각하는가?

💡 무임금 무노동에 대해 어떤 견해를 가지고 있습니까?

💡 최근 남북 관계 악화에 대한 자신의 의견은?

💡 실업률이 높은데 어떻게 생각하세요?

💡 항공업계가 앞으로 나아가야 할 방향은 무엇이라고 생각합니까?

Chapter

07

합격 수기를 알자

01 카타르항공 승무원 합격 수기

2009년 4월 입사

카타르항공이 원하는 인재상은?

카타르항공 승무원 지원을 결심한 후 합격 후기들을 통해 카타르항공의 인재상을 살펴보았습니다. 합격자들의 몇 가지 공통된 점은 긍정적인 마인드, 밝은 미소, 자신감, 적극적인 사람, 주관있는 사람, 면접관과의 자연스러움 등이었습니다. 물론 어느 항공사 승무원에게나 필요한것이고 당연한 점이겠지만 면접 전 저도 그런 사람이 돼야겠다는 생각이 들었습니다. 그 후 거의 두달간 제 머릿속엔 오직 카타르항공밖에 없었던 것 같습니다. 크게 기대는 하지 않았지만 포기는 하기 싫다는 마음으로 임했었고, 주변에 잘하는 친구들이 많아서 때때로 기죽기도 했습니다. 완벽히 준비된 자라고 해서 합격한다는 보장도 없고, 준비가 부족하다 해서 불합격한다는 법 또한 없을 것 같았습니다. '그래, 아직 부족하지만 소신껏 해보는거야.'하고 스스로 다짐했었습니다.

이렇게 시간은 지나 2차 면접일정을 받게 되었습니다.

제가 받은 통질문[1]은 '승무원을 준비하기 위해 그동안 해온 것들' 그리고 개별질문은 '승무원을 봤을 때 느낌'이었습니다. 저는 길지 않게 소신껏 대답하고 면접관님과 eye contact하려고 노력하였습니다. '아웅 신난다.' 이런 생각을 하며 활짝 웃으려고 노력하였습니다. 면접실에 들어갈 때도 나갈 때도 계속 웃었습니다. 면접실을 나오면 20분간 essay를 씁니다. 생각과 동시에 영어로 적어야 됩니다. 이렇게 2차 면접이 마무리되었습니다.

얼마 후에는 공단면접을 저도 갈 수 있게 되었습니다.

면접관은 페이랑 스무디였습니다. 이름과 얼굴을 기억하려고 인터넷을 찾아 보

> [1] 통에서 질문지를 꺼내어 답변하는 질문 방식. 이때, 질문지는 글씨가 보이지 않게 접혀 있고 질문의 내용은 모두 다르다.

앉습니다. 공단면접은 다른 면접과는 달리 언제 어디서든 면접관과 마주칠 수 있기 때문에 절대 늦어서는 안되고 늘 승무원다운 행동을 해야 합니다. 대기 후 면접실에 들어가니 페이랑 스무디가 앉아 있었습니다. '첫인상이 전부다.'라는 생각으로 페이를 보고 활짝 웃었습니다. 페이도 저를 보고 웃어주었습니다. 스무디는 다른 곳을 향해 보고 있었습니다만, 포기하지 않고 스무디와도 eye contact을 하려고 노력했습니다. 그러나 계속 무슨 서류만 보고 있었습니다. screening 전에도 페이가 우리 지원자 모두를 돌아가며 보는 듯한 느낌이 들었습니다.

그 다음은 영어 필기시험과 arm reach[2]를 재러 갔습니다. 그때 잠깐 면접관과의 대화찬스가 생깁니다. 이를 small talk라고 합니다. 면접관이 제 grooming에 관심을 보였습니다. '머리가 단발이네, 언제 자른거야? 왜 다들 단발머리야? 너 3기 누구랑 닮았어.'

2 벽을 바라보고 서서 한 쪽 팔을 쭉 뻗어 212cm에 손가락 끝이 닿는지 보는 것. 기내에서 머리 위 선반을 열고 닫는 동작을 수월하게 할 수 있는가를 보기 위함이다. 이때, 발 뒤꿈치는 들어도 상관없다.

잠시 후 group discussion을 A와 B조로 나누어 하였습니다.

운 좋게도 우리조 지원자 모두 동의도 잘해주고 support도 끝내주었습니다. 저는 잘 들어주고 생각나면 의견 말하고, 웃으면서 분위기 살짝 띄워주는 정도로 임했습니다. 분위기 흘러가는 대로 따라가려고 노력했던 것 같습니다. 면접관도 옆에서 계속 주시하고 있기 때문에 평소보다 내가 잘 듣고 있다, 참여하고 있다는 모습을 보여주는 것이 중요하다고 생각합니다. 그리고 표현 자체를 don't, not, hate 등과 같은 부정적이고 직설적인 표현보다는 긍정적인 동사나 어휘로 이야기하려고 노력했습니다. 마침내, final 통과자가 발표되었습니다. 같은 조였던 지원자들이 많이 통과하여 다시 한번 조별 분위기가 중요하다는 것을 느끼게 되었습니다.

final interview 날 오후에 스무디랑 페이를 다시 만나게 되었습니다.

페이가 문을 열고 반갑게 맞이해주었습니다. 스무디 역시 편하게 맞아주었습니다. 페이는 질문을 하고 스무디는 무엇인가를 열심히 적었습니다. 처음에는 지원서에 적힌 내용을 토대로 물어보았습니다. 'ID 뜻이 뭐야? 동생하고 잘 지내? 일을 하게 되면 언제 join 가능해? 어디로 contact 해야 해?'이후 본격적인 질문으로 들어갔습니다. '그동안의 경력 중에서 가장 기억에 남는 경험은? 그것을 통해 배운 점은? 어떻게 달라졌는가?' 하는 식으로 자세하게 물어보았습니다. '호주에서 뭐 했어? 왜 호주야? 호주에서의 경험을 통해 지금 달라진 점은? 다른 사람들이 너에 대해 뭐라고 말하는지? (부모, 친구, 동료, 손님 모두). 함께 일할 때 어떻게 친해지니? 팀워크로 일한적 있어? 그때 동료와 오해한 적 있었어?' 등을 물어보았습니다. 질문이 끝나자 갑자기 머리를 잡아보라고 했습니다. ponytail style을 보려고 하는 것 같았습니다. 흉터검사를 끝낸 스무디가 '마지막으로 하고 싶은 말'을 물어보았습니다.

얼마 후 최종 합격을 통보를 받았습니다.

전 꾸준히 study를 한 적도 없었고, 모두가 정보를 공유한다는 인터넷 카페에서도 무슨 내용이 오가는지 몰랐습니다. 먼저 스스로를 굳게 믿고, 하늘을 믿고, 하지만 마음은 비우자. 이것이 제가 그동안 준비하며 생각한 것들입니다. 저 역시도 카타르항공에서의 승무원 생활이 소중한 기회인 만큼 힘차게 시작하려고 합니다. 저의 합격 후기가 여러분에게 작게나마 도움이 되길 바라며 카타르항공에서 만나길 고대합니다.

02 ○○항공 승무원 합격 수기

2012년 10월 입사

안녕하십니까. 저는 ○○항공의 막내, ○○○ 승무원입니다.

입버릇처럼 말하고 다녔던 저의 부족한 스펙[3]을 간단히 소개하겠습니다.

- 나이 : 1991년생, 22살
- 대학 : 수도권 2년제 항공관광과
- 학점 : 3.99 / 4.0 만점
- 키 : 162cm
- 몸무게 : 45kg
- 토익 : 600대 초반
- 아르바이트경험 : 웨딩 홀, 패밀리레스토랑, 백화점
- 수상/경력 : 교내 일본어 말하기 contest 은상 / 교내 smile speech contest 대상 /
  교내 튜터링 튜터수료증 / 응급처치수료증 / 심폐소생수료증 / 봉사활동 有
- 스터디경험 : 有 / 학원 無

제 스펙을 보시고 해외어학연수도 없고 토익이 크게 높은 것도 아니고 굉장한 자격증을 소지한 것도 아니고 별거 없네~? 라고 느끼셨나요? 이런 생각을 하셨다면 도대체 이 비루한 스펙으로 면접에 합격하기 위해 무엇을 준비를 했을까요?? 궁금하시죠~ 자, 그럼 저의 면접스토리를 이야기해보겠습니다.

토익이 우선이다.

2010년에 항공과 입학과 함께 ○○항공 비상탈출 훈련시설이 제가 다니는 학교 교내에 설치가 되었습니다. ○○항공 비상장비 옷을 입고 직접적인 실습을 통해

3 자세한 설명서, 사양 Specification의 준말로 직장을 구하는 사람들 사이에서, 학력·학점·토익점수 따위를 합한 것을 이르는 신조어

배움으로써 더욱 친근함을 갖고 ○○항공에 꼭 가고 싶다는 마음이 불타올랐죠. 2학년 당시에 공채가 떴음에도 불구하고 제가 서류를 쓰지 못했던 이유는 토익이었습니다. 아주 기본적인 이 토익점수가 없으니 서류조차 엄두를 못냈죠. 그래서 바로 강남에 토익학원을 등록하여 한 달간 아침 9시부터 밤 10시까지 정말 거지꼴로 토익에만 매진을 했습니다. 그리고 시험을 쳤더니 600점대 초반! 채용자격조건 550점을 넘겼으니 바로 면접 준비를 시작하였습니다. 그런데 점수가 늦게 나오는 바람에 서류 한 번 써보지 못하고 ○○항공의 채용공고는 훨훨 날아가버렸습니다. 그렇지만 더 준비해서 오라는 뜻으로 생각하고 백화점에서 아르바이트를 하며 탄탄히 준비해왔습니다. 그렇게 시간을 보낸 후 하반기 공채가 저의 눈앞에 짜잔! 자이제 시작이다!!! 아르바이트를 그만두고 ○○항공 첫 면접을 위해 가장 먼저 서류를 준비했습니다.

서류준비

면접장 한 번 가보지 못하고 서류에서 떨어진다면 너무 억울하겠죠. 그래서 몇날 며칠 쓰고 지우고를 반복하며 작성을 했습니다. 그 이유의 또 하나는 ○○항공은 서류 한 장 한 장, 한 글자 한 글자를 모두 읽어 보시기 때문입니다. 그만큼 중요함을 알기에 서류전형 마지막 날까지 수정을 하고 최종제출 확인을 클릭하였고 무사히 서류를 통과하였습니다. 약 5000여명 중 약 600명이 뽑혔다고 합니다. 그만큼 서류작성 굉장히 중요하겠죠?

실무면접준비

이제 본격적으로 실무면접준비에 돌입하게 됩니다.

국내 타 항공사에서의 몇 차례 면접 경험에서 느낀 점은 '나 자신에 대해 잘 알고 면접에 임하는 것이 가장 중요하다.'였습니다. 면접관은 저에 대해 궁금할 것입니다. 제가 면접관이라도 그럴 것입니다. 그래서 첫째, 제출했던 서류를 바탕으로 자기소개를 독특하게 만들고 면접관이 무엇을 궁금해 할 것인지에 대한 질문을 만들어 답을 달아 저 자신이 면접에서 당당할 수 있도록 준비했죠. 그리고 두 번째로는 여러 면접후기를 보고 면접질문을 스크랩해 왔던 자료를 바탕으로 술술 입에서 나올 수 있도록 준비를 하였습니다. 이제 1차 실무면접을 보러 가게 됩니다.

1차 실무면접

첫 번째 질문은 자기소개였습니다. 저는 스케치북에 그림을 그려 한 장 한 장 넘기며 소개를 했습니다. 공교롭게도 저와 제 옆 지원자는 같은 학교 같은 학과 동기였습니다. 그래서인지 두 번째 질문은 이런 질문을 받았습니다. "재학시절 서로를 많이 봐왔겠네요. 그럼 학교생활이 어땠는지 서로에 대해 이야기해보세요." 같은 학과 동기였지만 동기가 100명이 넘다 보니 서로에 대해 잘 알지 못했죠. 그래서 그때부터 엄청난 순발력을 발휘해서 옆에 서 있는 동기와 저에 연관된 것, 학교활동 등 막 머리를 굴리기 시작했습니다. 약 8초 가량의 시간이 흐르고 숨을 고른 후 대답을 했습니다. 긴장감이 흐르는 분위기 속에서 한 면접관 분이 세 번째 질문으로 "미스코리아에서 마지막 眞과 善이 남잖아요. 그 둘에게 '누가 眞이 되었으면 좋겠냐'라고 질문을 하잖습니까? 두 분 중 누가 합격을 해야 할까요?"라고 물으셨습니다. 조금 당황은 했지만 이것은 면접이고 배려와는 무관한 경쟁이었기에 옆에 동기에게 "미안해, 이번엔 내가 갈게."라고 말을 하고 면접관님께는 이렇게 말했습니다. "솔직하게 말씀 드리겠습니다. 제가 합격하고 싶습니다. 그러나 제가 합격을 해서 ○○항공에 대한 소식과 정보를 동기에게 도움이 되도록 많이 알려주고 다음 공채에서 동기를 맞이하겠습니다"라고 말씀을 드렸습니다. 면접관분들이 크게 웃으셨고 다음 면접에 대한 희망이 있는 분위기 속에 1차 실무면접을 마치게 됩니다.

1차 실무면접 합격

이런 면접 분위기는 처음이었고 예전과는 다른 느낌이었기 때문에 바로 2차 면접준비를 하게 되었습니다. 그리고 마음을 졸이며 기다린 며칠 후 제게 실무합격이라는 통보문자가 왔습니다. 첫 실무합격이라 그런지 믿기지 않아 전화로 재차

확인을 했습니다. 그리고 가족과 방방 뛰며 꿈의 고지에 가까워지는 벅찬 설레임 … 처음 느껴본 기쁨에 눈물을 무지 흘렸답니다.

○○항공 2차 임원면접 안내문에는 "장기자랑을 준비해 오세요."라는 문구가 있었습니다. 저는 5일을 준비하여 2차 면접을 임하게 됩니다.[4]

4 ○○항공은 FUN 경영철학을 바탕으로 승객들에게 모든 서비스를 제공합니다. 남다른 이벤트 기업문화로 매직서비스, 풍선서비스, 게임 등 항상 고객들과 가깝게 소통을 하는 특별한 서비스 문화를 추구하고 있기 때문에 장기자랑을 임원면접 때 의무화하고 있습니다.

2차 임원면접

면접을 들어간 저는 병풍처럼 아무도 저에게 관심을 주지 않았습니다. 1차 실무면접과는 다른 엄숙한 분위기와 저에 대한 무관심으로 기분이 이상해졌습니다. 자기소개는 실무면접과 같이 한 명씩 다한 후 개별질문이 시작되었습니다. 다른 지원자들에게는 하나 이상 질문을 하시는데 저에겐 아주 사소한 질문도 없이 장기자랑 면접으로 넘어갔죠. 여기서 장기자랑에 올인하겠다는 생각으로 장기자랑을 시작했습니다. 1인 2역을 하며 기내 퀴즈쇼를 진행했고 변진섭 노래 희망사항을 개사해서 불렀습니다. 면접관께서 입사하면 정말 열심히 잘 할 수 있겠냐는 말씀에 "네!!! 지금 보여드린 것의 몇 배는 더 열심히 하겠습니다."라고 말씀드리고 면접을 마쳤습니다.

최종합격

그리고 며칠 후 ○○항공 인사팀에서 합격통보연락을 받고 정말 기절하는 줄 알았습니다. 임원면접에서 저희 조가 굉장히 말을 잘했고 준비도 철저했고 질문이 유난히 적었던 저는 점점 작아져가는 자신감으로 괴로웠습니다. 합격연락과 함께 '나도 이젠 승무원이다'라는 생각에 일주일간은 설레임에 잠을 못 잤습니다. 저희 조에서는 5명 중 4명이 합격했고, 마지막 약 140명 중 46명의 승무원이 뽑혀 건강검진을 마치고 7주간의 교육훈련을 이수하였습니다.

합격하고 나서 가장 크게 느낀 점

간절한 사람은 말투에서부터 우러나옵니다.

다들 희망하고 소망하고 갈망하는 □□항공의 경우를 말씀 드리자면, 저와 예전에 스터디를 같이 한 9명 중 5명이 합격했었습니다. 이들의 공통점은 평소에도 묻어나오는 간절함이었습니다.

　그리고 제가 제일 먼저 드리고 싶은 것은 첫째, 자기소개, 지원동기를 완벽하게 준비하라는 것입니다. 가장 중요한데 가장 소홀히 하는 것이 바로 이 문제들입니다. 왜냐, 어렵거든요. 자기소개와 지원동기는 차별화되어야 한다고 생각합니다. 아시아나항공은 공채당 평균 1만명이 지원한다고 합니다. 제주항공도 5천명이 넘는 지원자들이 있고 대한항공은 그 이상이라고 다들 아실 겁니다. 이 많은 지원자들과 경쟁하려면 분명 차별화된 무언가가 필요하다고 생각합니다.

　그리고 두 번째로 면접 concept을 정하세요. 내가 오늘은 이걸 꼭 말하고 싶다! 라는 것을 정해서 자기소개할 때, 지원동기 말할 때 꼭 사용할 것들은 미리 정해서 가는 것을 추천합니다. 여러 아르바이트 경험(20여 가지)을 concept으로 하여 어떠한 질문도 이것을 써서 대답할 수 있게 준비하시는 것을 추천합니다.

　세 번째로는 키워드 정하세요. 외워서 말하는 거는 다 티가 납니다. 우리끼리 스터디할 때도 다 보이잖아요. 외운 것 잊어버리면 어버버버버버 얼굴 빨개지고 입술 마르고 말 더듬고 이러지 말고 몇 가지 단어로 키워드를 만듭니다. 좌우명, 아르바이트 경험, 성격, 포부. 이렇게 쓴 후 좌우명 말하고 바로 아르바이트 경험을 통해 어떤 성격을 갖추게 되었고 그것들을 바탕으로 어떻게 할 것이라고 스토리를 정해서 매번 다르게 면접을 준비하세요.

　네 번째로는 스펙에 연연하지 마세요. 이건 민감한 문제가 될 수 있겠습니다만, 나이가? 토익이? 몸무게가? 얼굴 까만가요? 이러한 것들 왜 걱정을 하세요? 다른 사람이랑 똑같으면 되고 안 똑같으면 안 되고 이런 것 없잖아요. 졸업 후 몇 개월 준비한 제가 감히 주변에 준비하는 예비승무원들에게 해주는 말이 있습니다. 그런 것 묻는다는 자체가 스스로에게 자신이 없어서 묻는 것이라고, 너가 다른 사람에게 부끄럽지 않을 때 지원하라고.

　여러분, 때로는 면접 탈락으로 힘든 나날도 있고 '이게 내 길이 맞나? 나는 안 되려나 보다'라는 나쁜 마음을 먹는 순간도 있기 마련입니다. 그러나 그런 생각은 여러분을 더 힘들게 할 뿐더러 그러한 생각이 꿈에서 한 발짝 더 멀게 만듭니다. 지금부터라도 Trust yourself!! 스스로 자신감을 갖고 자기의 시간을 만들어 힘찬 준비를 시작하세요!! 유니폼을 입고 돌돌이[5]를 끌며 비행을 가는 본인의 이미지를 자꾸 떠올려보세요. 너무나도 설레이지 않나요~? 그 설레임을 안고 자기 자신에게 확신을 가지시기 바랍니다. 이제 여러분의 차례입니다.

사회의 첫 발을 가장 높은 하늘에서 함께 시작해요. GOOD LUCK TO YOU!

5 기내 반입 가능한 Carrier를 이르는 말로 승무원끼리 사용하는 애칭임.

03 △△항공 승무원 합격 수기

2011년 5월 입사

입사한 지 많은 시간이 흘러 그날의 합격후기를 적으며 지난 시간들을 되돌아보니 20대를 참 열심히 살았구나 생각이 듭니다.

대학시절에는 안 해 본 아르바이트가 없었고, 학과에서 진행하는 모든 행사에 참여해서 스펙을 하나라도 더 쌓으려고 노력도 많이 했었습니다.

처음 저의 꿈은 승무원이 아니었습니다. 하지만 항공운항과에 입학하여 학과공부를 배우며 이 직업을 사랑하게 되었고, 처음엔 동경하게 되었습니다.

내가 과연 할 수 있을까, 의심을 갖게 될 때마다 마음을 다 잡으며 승무원의 모습에 좀 더 가까워지려고 노력했습니다.

△△항공사에 실습생으로 일하며 나의 적성을 찾았고, 그 이후에 다시 공채를 준비하면서 승무원을 준비하는 사람들이라면 모두가 겪었을 고난과 시련을 다시 한번 맛봐야 했습니다.

성공적인 면접이란 준비한다고 하루아침에 되는 것이 아니라, 다양한 면접 경험을 통해 노하우를 익히고 자기만의 장점을 어필하여 그야말로 면접관의 마음에 들어야 하는 것 아닐까요?

준비하는 기간 동안 승무원을 준비하는 다양한 사람들과 면접 스터디를 하며 제 장점과 단점을 파악하였고, 여러 면접 서적을 읽으며 면접에서의 승자가 되기 위해 공부했습니다.

저는 승무원이라는 꿈이 있었던 지난 시간들이 제 인생에서 가장 치열했지만 행복했었던 시간이었다고 생각합니다.

꿈이 있기에 목표가 있고, 목표를 하나하나 달성하다 보면 어느 순간 그 꿈에 와 있게 될 것입니다. 승무원을 꿈꾸는 모든 분들이 자신의 자리에서만 안주하여 좌절하지 말고, 객관적인 눈으로 자기 자신을 바라보아 면접에서의 승리자가 되시길 바랍니다.

항공사에 다니는 친언니 때문인지 막연히 항공사에 대한 관심이 있었고 대학교에 들어와서 본격적으로 승무원 학원을 다니면서 승무원 준비를 시작하게 되었습니다. 가장 가고 싶은 항공사로 에미레이트 항공사를 선택해서 집중적으로 준비를 해보기로 결심했습니다. 제가 처음 항공사를 준비했을 때에는 에미레이트항공 공채가 일 년에 4~5번씩 있었기 때문에 준비만 열심히 한다면 꼭 될 수 있을 것이라는 확신이 있었습니다. 그와 더불어 아주 좋은 항공사로 평이 나 있었기 때문에 꼭 가고 싶은 마음이 들었습니다. 승무원 준비를 처음해보는 입장에서 학원은 저에게 도움이 많이 되었습니다. 같이 모인 학생들끼리 정보도 공유하고 삼삼오오 그룹을 만들어서 study 모임을 했기 때문에 많은 연습이 되었던 것 같습니다. 서로 잘못된 부분은 지적도 하고 좋은 부분은 더 칭찬함으로써 자신감도 많이 생기고 서로 많은 격려가 되었습니다. 저에게 에미레이트 항공사의 첫 지원은 안타깝게도 현지면접관과 함께하는 부분에서 낙방하게 되었습니다. 저의 부족한 부분인 영어인터뷰 부분을 좀 더 보완해서 공부하였습니다. 현지면접에서 떨어지게 되면 6개월 후에 지원하는 것이 원칙이기 때문에 6개월 후에 다시 도전을 하였습니다. 면접은 대행사(승무원 학원)에서 보는 1차, 2차 면접과 현지면접관과 산업인력공단에서 보게 되는 3차, 4차 면접으로 이루어졌습니다.

- 1차 : 파트너 소개
- 2차 : article 읽고 요약
- 3차(산업인력공단) : 파트너 소개(좋아하는 휴양지에 대해서) → arm reach → 1차 discussion → 필기시험 → 2차 discussion → 인·적성 검사
- 4차 : 최종면접

이렇게 네 단계로 구성되어 있습니다. 현지면접관과 함께한 1차 discussion 주제는 모토로라 핸드폰과 노키아 핸드폰에 대해서 토론하는 것이었습니다. 우리 조는 모토로라 핸드폰으로 정해주셨는데 저는 여러 사람들의 토론 중에 모토로라는 글로벌 선두회사이기 때문에 세계 어디서든지 서비스받아서 좋다는 평이한 대답을 했습니다. 2차 discussion 주제는 한국 사회에서 최근에 가장 issue되는 것을 토론하는 것이었습니다. 토론면접에서는 내용도 중요하지만 그 사람의 태도와 배려심이 중요한 것 같습니다. 다른 사람이 이야기를 하는데 끼어들거나 자신의 주장이 너무 강한 점은 단점으로 작용할 수 있으니 조심할 부분인 것 같습니다.

최종면접에서는 면접 전에 작성하는 서류가 있는데 언제부터 일 시작이 가능한지를 쓰고 준비해온 캐주얼 사진과 서류를 면접관과 함께 검토하게 됩니다. 그런 다음에 자연스럽게 최종면접이 이루어지게 됩니다.

- 일하는 중 손님에게 special한 서비스를 한 적이 있습니까?
- 일하는 중 동료랑 의견이 맞지 않은 적이 있습니까?
- team으로 일한 적이 있습니까?
- 어느 때 스트레스를 받습니까?
- 스트레스를 어떻게 푸나요?

에미레이트 항공사의 최종면접은 주로 일 경험을 중심으로 이루어집니다. 인터뷰 내용은 동료와의 관계, 고객에게의 서비스, 자기관리의 세 부분으로 이루어집니다. 다국적 승무원들이 함께 일하는 환경이기 때문에 다른 나라의 문화에 대해 이해하려는 태도도 중요한 부분으로 작용할 것입니다. 흔히 에미레이트 면접이 항공사 면접 중 영어의 난이도가 가장 높을 것이라고 생각하시는 분이 많으신데 제가 느끼기에는 우리가 흔히 볼 수 있는 면접 기출문제 안에서 준비하게 되면 누구든지 충분히 가능하다고 생각합니다. 저도 너무나 가고 싶었던 항공사였기에 면접 준비에 항상 노력을 기울였고 누구든지 긍정적인 생각과 함께 도전한다면 꿈은 이루어질 것입니다.

05 Cathay Pacific Airways 승무원 합격 수기

2010년 9월 입사

캐세이퍼시픽항공은 한국인 승무원 채용이 자주 나지 않는 항공사로 알려서 있어서 지원할 수 있는 기대감은 적었다. 2000년도 이후 8년 만인 2007년에 이루어졌고 그 다음해인 2008년에 지원을 하게 되었다. 먼저 캐세이퍼시픽은 대행사(승무원 학원) 없이 자체적으로 이루어지기 때문에 cover-letter와 resume(이력서)를 먼저 e-mail로 보내야 한다. 그동안 다른 외항사를 많이 준비한 덕에 준비하는 데에 큰 어려움은 없었다.

- 채용절차 : 서류심사(홍콩으로 보냄) → arm-reach → 1차 면접(discussion) → 2차 면접(1:1)

cover-letter와 resume(이력서)를 정성껏 만들어 e-mail로 보낸 후 통과를 했다.

두 번의 면접은 타 항공사보다 까다롭지 않게 간단히 진행되었다. 장소는 강남 리츠칼튼 호텔에서 arm-reach를 잰 후 1차 discussion이 진행되었다. 15명 정도가 둥그렇게 앉아서 일단 자기소개를 돌아가면서 하였다. 시간이 많아서인지 면접관이 기분이 너무 좋아서인지 각자 하고 싶은 얘기 다하라고 하였다. '다들 오늘 진짜 예쁘다.'를 중국어로 하고 내 소개를 시작하였다. 여기서 면접관에게 좀 플러스가 된 것 같다. 일단 캐세이퍼시픽 채용할 때의 면접복장은 자신에게 가장 잘 어울리는 옷과 헤어스타일을 하고 가는 것이 좋다. 다른 항공사와는 달리 틀에 박힌 승무원 이미지가 아닌 자신을 가장 돋보이게 할 수 있는 옷을 입는 것이 좋다. 캐세이퍼시픽은 개성을 중요시하는 것 같다. 면접관이 한 명 한 명에게 종이를 주고 그 종이에 써 있는 토론 주제를 보고 이야기하는 것이다. 토론 주제는 캐세이퍼시픽 기내 판매상품으로 새롭게 제안할 물건을 말하는 것이었다. 생각할 시간 1분을 준 후에 시작하는데 아무도 시작을 하지 않길래 원래 리더성격은 아니지만 내가 먼저 시작했다. 주제가 참 흥미롭다고 이야기하면서 다이어리에 캐세이퍼시픽 로고를 새기자고 제안했다. 사람들이 쓸 때마다 로고를 보고 우리 항공사를 기억할 것이고 또 유용한 아이템이라고 말하였다. 그 후 한 명 두 명 이야기를 하기 시작했다. 그 뒤부터는 너무 많이 나서는 건 좋지 않을 것 같아서 다른 지원자의 말에 동조를 많이 했다. 1차 discussion이 끝나고 면접관이 어떤 지원자가 마음에 드셨는지 그 지원자에게 요약정리를 하라고 했다. 하지만 1차 합격은 나랑 내 옆에 앉았던 지원자 이렇게 두 명만 되었다. discussion에서의 팁은 문제지를 줄 때 면접관과 eye contact을 긍정적으로 하는 것이다. 그리고 이때 피부를 꼼꼼히 다 체크하는 것 같았기 때문에 평소 피부관리에도 신경 써야 할 것 같다.

최종면접 날짜를 받고 다시 리츠칼튼 호텔에 갔다. 꿈의 항공사였기 때문에 너무 많이 떨렸다. 대기실에서 기다리는데 면접관이 불러서 따라 나갔다. 조용한 면접실로 들어가 1대1로 면접에 들어갔다.

- 전공을 바꾼 이유
- 전공 선택 이유
- 해외경험

대학교 4학년 마지막 학기였기 때문에 주로 학교생활을 중심으로 질문이 이루어졌다. 질문의 난이도는 평이했다. 이력서를 중심으로 일 경력보단 학업위주로 질문이 이루어져서 좀 더 쉽게 대답할 수 있었던 것 같다.

나는 지금 홍콩을 base로 세계 각국의 승무원들과 세계의 무대로 즐겁게 비행하고 있다.

06 ☆☆항공 신입승무원 합격 수기

2012년 2월 입사

안녕하십니까? 2012년 상반기 ☆☆항공 객실승무원에 최종합격한 OOO입니다. 아직도 제가 승무원이 되었다는 것이 실감이 나질 않습니다. 저도 처음엔 K항공 A항공과 같은 대형 항공사만을 고집하며 준비해왔습니다. 하지만 늘 밝고 주변인들에게 웃음을 선사하기 좋아하는 개그성이 짙은 제겐 FUN한 서비스와 즐거운 회사 분위기의 ☆☆항공이 나의 회사였다는 것을 지금에서야 느낍니다. 무조건 큰 회사보다는 회사의 인재상과 분위기가 본인이 가지고 있는 성격과 잘 부합하는지 살펴보는 것도 정말 중요하다고 생각합니다.

파란만장 승무원 도전기

제가 승무원이라는 꿈을 이루기까지는 저보다 제 주변인들이 더 잘 알 만큼 파란만장했습니다.

K항공 서류탈락 2번, 실무탈락 4번

A항공 서류탈락 2번, 임원탈락 3번

J항공 실무탈락 2번

T항공 실무탈락 1번, 임원탈락 1번

E항공 서류탈락 1번

☆☆항공 서류탈락 1번, 실무탈락 1번, 최종합격

저는 항공사 승무원 공채 18번 만에 합격하게 되었습니다.

불합격의 이유

최종합격하였을 때 다들 제게 인간승리라고 하였습니다. 막상 합격해보니 그동안 제가 탈락했던 이유가 뭘까 곰곰이 생각해 볼 여유가 생겼습니다. 첫 항공사 시험을 A항공에서 보게 되었는데 운 좋게 임원면접까지 가게 되었습니다. 그 뒤로 자신감이 아닌 자만심을 가지게 되어 '나는 임원까지 갔으니까 외형적인 부분은 문제없어. 질문 운이 좋으면 합격할 거야. 제발 내가 아는 질문만 나와라.'라는 못된 자만심으로 남들보다 준비를 미흡하게 했던 것 같습니다. 제게 미흡한 준비란 채용공고가 나면 밤새서 반짝 준비하는 것을 의미합니다. 만약 제가 ☆☆항공을 준비했던 것처럼 A항공을 준비했었다면 한 번에 합격할 수 있었을지도 모릅니다.

서류전형

그동안 제가 치른 17번의 서류전형과는 다르게 준비했습니다. 남들과는 다른 저만의 성격을 ☆☆항공이 원하는 인재상에 잘 부합시켜 스토리 형식으로 이어 나갔습니다. 항목마다 소제목을 붙여 한 눈에 알아볼 수 있게 하고 궁금증을 유발할 수 있도록 독특하게 쓰려고 노력했습니다. 입사 후에 알게 된 사실이지만 지원서류를 일일이 다 읽어 보신다고 합니다. 굳이 다 읽어 보지 않아도 첫 몇 줄만 읽어보면 이 지원자가 우리 항공사만을 위해 작성한 것인지 아니면 다른 항공사에도 썼던 내용을 몇몇 부분만 수정해서 제출한 것인지 다 아신다고 합니다. 그렇기 때문에 멋스럽게 어려운 말을 쓰며 논술형식으로 쓰기보다는 남들에게 없는 나만의 이야기를 회사의 성격과 맞게 쓰는 것이 중요하다고 생각합니다.

실무면접

면접은 보면 볼수록 더 떨리는 것 같습니다. 면접예정시간보다 1시간 정도 먼저 가서 그동안 준비했던 것들을 다시 한번 정리하고 거울을 보며 밝게 웃으며 얼굴 근육도 풀어주고 있었습니다. 미리 가서 웃는 연습을 하는 것과 하지 않는 것과의 차이는 엄청나다고 생각합니다.

본인 스스로 열심히 준비했다면 긴장은 덜 되는 것 같습니다. 이전에 면접을 치를 때에는 '나한테만 어려운 질문을 하시면 어떡하지? 내 옆에 나보다 예쁜 지원자가 있으면 어떡하지'라는 걱정을 하며 늘 위축된 상태로 면접에 임했던 것 같습니다. 하지만 이번만큼은 그 누구보다도 툭 치면 주르르르르 나올 정도로 ☆☆항공만을 위한 답변을 준비했습니다. 또한 어떤 질문이 나와도 애사심을 잘 표현할 수 있도록 꼼꼼히 준비했기 때문에 긴장이 덜 했던 것 같습니다.

임원면접

실무면접 합격발표가 나기도 전부터 임원면접 준비를 철저히 하였습니다. ☆☆항공은 임원면접 시 장기자랑을 한다는 정보를 들은 적이 있었습니다. 그림 그리는 것을 좋아하는 저는 영화 러브 액추얼리를 떠올리며 스케치북 5장에 그림을 그렸습니다. ☆☆항공만의 특징으로 가사를 만들어 흥겨운 가요에 붙여 노래준비를 하였습니다.

면접 당일 실무면접 때와 같이 1시간 정도 먼저 가서 준비했던 것들을 다시 한번 보고, 웃는 연습 또한 소홀히 하지 않았습니다. 면접대기실에는 무궁무진한 장기자랑들이 대기 중이었습니다. 오카리나, 바이올린 등.

드디어 임원면접 시작. 저는 가장 마지막으로 들어갔습니다. 처음에는 관심을 받지 못하고 있다는 생각이 들어서 불안하기도 했지만 내 진심을 다해 보여드린다면 떨어져도 후회는 없을 것이라고 제 자신을 다독였습니다. 장기자랑 시간이 왔습니다. 떨리지만 진심을 다해 노래를 부르며 스케치북을 넘겼던 것 같습니다.

그렇게 긴장되던 임원면접이 끝났습니다. 이미 여러 차례 임원면접에서 탈락한 저는 합격할 것이라는 자신을 가지지 못한 채 풀이 죽어 지냈습니다. 하지만, 한편으론 '혹시……'라는 희망을 품으며 임원면접 결과 발표날을 기다렸습니다. 합격 전화를 받고 심장이 몸 밖으로 튀어 나올 것 같이 너무나 놀라고 행복했습니다. 그동안의 수많은 고통과 역경들이 주마등처럼 지나가던 순간이었습니다.

최종합격

건강검진 후 최종합격 전화를 받게 되었고 ☆☆항공의 객실승무원이 되었습니다. 장수생을 포함한 승무원 지망생들에게 저의 이야기를 들려주어 많은 희망을 안겨 드리고 싶습니다. 17번의 도전 그리고 실패. '이 길이 내 길이 아니구나'하고 좌절할 때면 주변에 많은 사람들이 '너는 될 수 있을 거야. 정말이야. 단지 이번이 때가 아니었을 뿐이야. 좌절하지마!'라는 위로와 격려를 해주었기에 힘을 내고 포기하지 않고 끝까지 도전했던 것 같습니다.

최종합격을 하고 다시 한번 느꼈습니다. 정말로 노력하면 안 되는 것이 없다는 것을. 누구 앞에서나 '나 진짜 열심히 노력했어!'라고 당당히 말할 수 있을 정도로 노력하고 노력하면 그 때는 하늘도 감동하여 운이 따라준다는 것을 저는 경험자로서 당당히 말할 수 있습니다.

예비승무원에게

입사 후에 교육 훈련을 받게 되면서 알고 느끼게 된 것이지만, 저도 그랬듯이 많은 승무원 지망생들은 승무원이 예쁜 유니폼을 입고 여자로서 인정받고 또 월급도 평균 이상이며 여러 나라의 문화 등을 체험할 수 있다는 장점을 보고 지망하는 것 같습니다. 하지만 승무원의 정의는 '비상탈출 시 승객들의 신속하고 빠른 탈출을 위한 안전요원'이라는 것을 알아두셨으면 합니다. 안전이 확보된 상태에서 그 이후의 부가적인 서비스를 하는 것이지 서비스가 주가 아닌 직업이라는 것을 미리 알아두면 좋을 것 같습니다. 물론 다양한 나라를 다니기 때문에 평소에 어학공부를 철저히 하면 입사 후 교육 훈련받을 때에도 비행할 때에도 더 자신감 있게 행동할 수 있을 것이라고 생각합니다.

항공 관련 학과를 졸업한 저는 ☆☆항공에 입사하기 전까지 모교 교수님들을 많이 괴롭혔습니다. 졸업 후에 학교에 찾아가 재학생들과 모의면접도 했습니다. 교수님들께서는 공채 때마다 서류도 검토해주시고 탈락이라는 고배를 마실 때마다 늘 될 것이라는 위로도 해주시고 다양한 면접자료와 많은 조언들을 아끼지 않으셨습니다.

사랑하는 부모님을 비롯한 내가 알고 있는 모든 이들. 정말 감사합니다! 그대들이 있어 170 : 1 이라는 경쟁률을 뚫고 ☆☆항공의 승무원이 될 수 있었습니다.

모든 장수생 여러분 그리고 지망생 여러분, 몇 번 떨어졌다고 '난 자질이 없다'라고 생각하지 마십시오. '길고 어두운 터널일수록 더욱 더 밝은 빛을 볼 수 있는 법'이라는 말을 비서 시절 제가 모시던 전무님께 들었습니다. 어두움이 길더라도 지금은 터널일 뿐입니다. 당장 빛이 보이지 않는다고 불안해 하지 말고 계속해서 앞으로 나아가십시오. 눈부신 빛들이 여러분들을 기다릴 것입니다.

07 B항공 승무원 합격 수기

2015년 11월 입사

- 키 : 164.7cm
- 몸무게 : 48kg
- 토익 : 750점. 외국인과 간단한 의사소통에 문제 없음.
- 지방 사립 4년제 : 4학년 재학 중

처음 대학교에 입학 할 때 163cm였으나 대학 와서도 키가 큰 케이스입니다.

대학교에 입학 후, 교수님과 상담을 할 때 우유 마시면 키 클 수도 있다고 하셨는데 정말 키가 컸습니다. 미국도 다녀오고 먹는 것을 좋아해 살이 50kg까지 쩌서 9월부터 꾸준히 운동을 했습니다.

운동장을 한 시간씩 돌거나 런닝 머신을 뛰고 스쿼트를 꾸준히 하였습니다. 스쿼트는 면접 시, 비틀거리지 않게 도움도 주며 다리를 예쁘게 만들어 줍니다.

2011년 3월 지방 사립대학교 4년제 항공서비스학과 입학
2014년 1년 휴학
2014년 4월 5일 – 2015년 2월 10일 호주 워킹홀리데이
2015년 3월 4학년으로 복학
2015년 6월 19일 – 7월 28일 미국 어학연수
국내 LCC 후반기 9월 서류전형 탈락
B 항공사 2015년 9월 21일 서류전형 합격
　　　　　　　25일 실무면접
　　　　　10월 1일 실무면접 합격
　　　　　　　4일 체력/인적성
　　　　　　6일 체력/인적성 합격
　　　　　12일 3차전형 임원면접
　　　　　14일 임원면접 합격
　　　　　16일 건강검진/수영 테스트

20일 최종합격

11월 2일 입사 예정

2016년 2월 졸업예정

학교에서 선발해서 보내주는 미국 어학연수 프로그램으로 미국에 가 있어서 중반기는 지원하지 못 하였고 후반기부터 지원하였습니다.

1차 실무면접

인터넷을 찾아보며 정보수집

예상질문과 사람들의 후기를 많이 읽어 보았습니다. 사실 어떻게 해야 할지 몰라서 막막하다가 나름대로 예상 질문 만들어서 답변을 준비했습니다. 그리고 방에서 혼자 구두신고 무릎 붙이는 연습을 하며 답변 연습하였습니다.

10시 30분 ○○호텔에서 면접 보았고 8명이 한 조였는데 두 명이 빠져서 6명이 들어갔습니다. 사람이 적은 게 더 유리하다고 면접 진행하시는 분이 그랬습니다.

면접위원은 여자2분 남자1분으로 개별질문 없이 공통질문만 하셨습니다. 계속 웃어주시고 엄마미소 해주셔서 분위기가 굉장히 좋았습니다.

면접 전 몸무게/키 측정

Q1. B항공사 지원동기

- 생각해보니 지원동기를 제대로 준비하지 않았었습니다. 이렇게 기본적인 질문을. 그래도 머리를 굴려가며 뭐라고 할지 생각해내서 B항공사 광고를 본 적이 있는데 꿈을 꾸는 건 아이들의 몫이지만 기회를 주는 건 어른들의 몫이라는 말에 정말 공감할 수 있었다. B항공사의 승무원이 되어 아이들에게 기회를 주며 함께 사회공헌하고 싶다고 이런 식으로 답변.

Q2. 끝나고 무엇을 할건지

- 부모님이 계시는 집에 바로 갈 예정이다. ○○까지 왔는데 바로 집으로 가야 해서 아쉽지만 아쉬운 대로 터미널까지 가는 길에 ○○의 공기를 많이

마실 것이다. 내일이면 추석연휴가 시작되니 풍성한 한가위 보내시라고 답변. 그러자 밥도 못 먹고 가냐고 하길래 시간이 없어서 그래야 한다고 했습니다.

Q3. 마지막으로 하고 싶은 말 있는지

- 바로 손들어서 말해도 되냐고 물어본 후, 자부심을 가지고 자신의 일을 사랑하겠습니다. 손님에게만이 아닌 항공사 모든 분들께 먼저 웃으며 다가가는 승무원이 되겠습니다. 라며 대답.

일부러 짧게 말하려고 했습니다. 몇 일씩 계속 되는 면접에 지루해하시며 아마 다들 똑같은 말 할 것을 알기에 저희 조에서 딱 3명만 마지막으로 말했습니다.

체력검사와 인적성 검사

여기서도 떨어진다는 말을 듣고 굉장히 걱정하였지만 저만 어려운 게 아니라 모든 사람들에게 어려운 것이기에.. 지금 생각해보니 걱정할 필요 없었습니다.

인적성이 끝나고 밥버거를 먹고 체력검사 시작.(밥버거 주시길래 실망했습니다)

악력 / 배근력 / 유연성 / 윗몸 말아올리기

윗몸 말아 올리기가 윗몸 일으키기와 다르다고 하기에 걱정하였는데 다행히 다리 잡아주고 해서 그만하라고 할 때까지 쭉 했음 약20개. 너무 힘 들어 보이는 지원자한테는 중간에 그만하라고 하였지만 우리 조는 그런 사람 없이 다 같이 마지막까지 다 했습니다.

임원면접

임원면접 역시 실무면접처럼 인터넷에서 정보 수집.

질문이 다른 항공사에 비해 특이하다고 하는 게 많다고 해서 걱정하였지만 우리 조는 생각보다 무난한 질문 받았습니다. 면접위원으로는 사장님과 남자2분이 계셨고 조 원은 8명.

실무 때도 그랬지만 노트북 하시면서 아이컨택 잘 해주심. 엄마 미소까지는 아니었지만 웃으면서 좋은 분위기였습니다.

Q1. 공통질문. 자기소개

● 준비 한 것으로 자기소개. 눈 마주치면 더 방긋 웃으려고 노력했습니다.

Q2. 개별질문. 옆 지원자와 자신 중 누가 됐으면 좋겠느냐

● 어려운 질문이지만 제가 되고 싶다며 열정과 끈기를 누구보다 안다고 했습니다. (자기소개 내용 또한 끈기와 열정이었습니다.) 그러자 옆 지원자에게 넌 어떻게 생각하냐고 물어보셔서.. 자기가 되고 싶다며 중국어를 잘하는 것으로 어필을 하였습니다. 그리고 또 저한테 어떻게 생각하냐 물어보셔서 너무 당황했었습니다. 그래서 말도 안 되는 말로 답변.. 영어를 할 수 있으니까 영어이야기로 이끌어냈어야 했는데 저도 모르게 중국어 공부를 하고 있고, 더 열심히 할 것이라 문제되지 않는다며 반박하였습니다. 그러자 입사 후에 열심히 하면 뭐하냐 길래 결과물은 없지만 지금도 열심히 하고 있다고 하였습니다. 여기서 끝낼 줄 알았는데 그럼 지금 한 말을 중국어로 해봐라하셔서.. 아무 말 못하고 죄송하다며 그 정도 실력 없다고 하였습니다. 그러자 그럼 공부 안하는거네라는 식으로 말씀 하시고 다른 지원자에게 넘어갔습니다.

전부 다 기억나는 것은 아니지만 다른 지원자들한테는 지원자 학교에서 우리 항공사 이미지는 어떠한가. 승무원의 어떤 점이 좋아서 하고 싶은지, 항공서비스학과 학생 두 명이 있었는데 누가 되었으면 좋겠냐. 또 한 분은 제주도에서 리포터 활동 한 적이 있다고 해서 어떻게 했는지 보여달라고 했습니다.

건강검진 & 수영 테스트

병원에서 건강검진. 수영테스트는 다 같이 지하철을 타고 공항 주변에 있는 체육관에서 실시(25미터 1분 안에)

대학교 2학년 때 전공 수업으로 수영을 들었습니다. 그 전에는 수영을 할 줄 몰랐는데 수업시간에 배워서 수영에는 자신이 있었습니다. 하지만 수영 테스트 전에 동네 수영장에 두 번 정도 가서 연습하였습니다.

지원자 한 명이 수영하다 멈춘 적이 있지만 마지막에 다시 한번 기회를 줬다는 말을 들었습니다.

전형이 끝날 때마다 체념하며 자책도 많이 하였지만 긍정적으로 저에게 기회가 주워진다면 열심히 하겠노라 다짐하며 한 달을 지내왔습니다. 그리고 항상 다음 전형의 기회를 가지게 되어 정말 감사한 마음으로 준비하였습니다.

다 끝나고 보니 면접은 아무도 모르는 일인 것 같습니다. 면접이 끝 난 후, 항상 난 안 될 것이라고 생각해왔지만 뜻밖의 결과를 받을 수 있었습니다. 또한 답변의 준비도 필요하지만 일단 웃는 모습과 자연스럽게 이야기하는 것이 중요하다고 느낄 수 있었습니다.

메이저 항공사를 지원 해보지도 못하여 아쉽기도 하지만 이번 기회를 놓치고 싶지 않으며 감사한 마음으로 입사를 할 예정입니다. 열심히 교육 받고 멋진 승무원이 되도록 노력하겠습니다.

예비 승무원들에게

자신감을 가지고 끝까지 당당하게 하는 모습이 중요하다고 생각합니다. 용기를 잃지 말고 면접장에서나 어디서든 당당하시길 바랍니다. 준비를 하다 보면 어떻게 준비를 해야 할지 어디서부터 해야할지 막막하기도 합니다. 처음엔 저 또한 그랬었습니다. 하지만 차분하게 인터넷을 찾아보고 교수님들의 이야기를 들으며 마음을 가다듬고 천천히 저에게 맞게 준비할 수 있었습니다. 남들이 이렇게 한다고 자신 또한 그렇게 할 필요는 없으며 남들과 비교하며 자기 자신을 깎아 내리지 않았으면 좋겠습니다. 저 또한 제 자신을 깎아내며 지내던 적이 있습니다. 나 먼저 내 자신을 사랑해야 모든 일이 잘 될 것이라고 생각합니다.

엄청난 스펙이 아닌 저도 승무원이 될 수 있었습니다. 다들 용기를 가지시고 끝까지 도전하셨으면 좋겠습니다.

08 베트남항공 승무원 합격 수기

2016년 1월 입사

　승무원의 꿈을 갖게 된 계기는 승무원이라는 직업의 화려함도 있었지만 상황적으로 외국을 나갈 수 있는 기회가 많이 없었던 저에겐 그 누구보다 해외를 가고 싶은 간절함이 있었습니다. 그래서 대학도 항공서비스 학과에 입학하기 위해서 준비해왔고, 2007년도 수도권 2년제 대학의 항공관련학과 1기로 입학을 하게 되었습니다. 하지만, 저에겐 생각처럼 그 꿈을 이루기란 쉽지만은 않았습니다.

　대한항공 현장실습생과 공채 그리고 아시아나항공 공채가 날 때마다 지원을 해왔지만 매번 실무면접의 탈락으로 승무원에 대한 자신감이 떨어졌습니다. 그렇다고 마냥 승무원만을 준비할 수 없는 상황이어서 ○○전자 비서로 취직을 하게 되었고, 일을 하면서도 계속해서 도전했었지만 결과는 똑같았습니다. 그래서 이제는 정말 승무원의 꿈을 접어야겠다라는 다짐과 함께 ○○○○회사로 이직을 하며 비서 일을 계속 해왔습니다. 하지만, 저에게 비서가 잘 맞아서 6년이란 시간 동안 일을 했었을까요? 절대 아닙니다. 전 활동적이고 사람들을 만나는 것을 좋아하는 성격이기 때문에 비서가 제 적성에 맞지 않다는 걸 잘 알고 있었습니다. 그래서 저만의 목표를 찾으려 자기개발에 투자하기 시작하였습니다.

　첫 번째로는 어렸을 때부터 춤을 좋아해서 취미로 시작한 벨리댄스가 현재는 벨리댄스 강사 자격증까지 취득하게 되었고, 5년동안 공연 단으로 활동하면서 대회나 공연들을 통해 삶의 활력을 찾을 수 있었습니다..

　두 번째로는 평소 스포츠를 즐겨 보기 때문에 친구들과 직접 경기장을 자주 다녔습니다. 그렇게 자연스레 스포츠 아나운서라는 직업에 관심을 가지게 되었고, 운이 좋게 현직 스포츠 아나운서 분과 친분을 갖게 되면서 새로운 목표인 스포츠 아나운서를 준비하게 되었습니다. 그러나 준비를 하면서 저에게 또 한번의 시련이 닥쳐왔습니다. 그것은 바로 학력과 나이였습니다. 그 때 제 나이는 26살이였습니다. 방송을 준비하기엔 나이가 어중간하기도 했고, 학력을 높이기 위해서 시간이 필요했습니다. 그래서 단기로 대학원을 진학할 수 있는 방법으로 학점은행제를 시작을 하였고, 1년만에 학사점수를 이수하며 대학원을 준비하고 있었습니다. 그런데 학원 대표님께서 대학원보다 학사편입을 준비해보라는 말씀에 아나운서 준비를 잠시 멈춘 뒤 토익으로 편입할 수 있는 대학교를 목표로 삼고 토익 공부를 시작했습니다.

하지만, 비서 일을 하면서 공부를 하기란 쉽지 않았습니다. 왜냐하면 새벽 6시반까지 출근을 해서, 7시가 다 되어 퇴근을 했기 때문에 그 이후에 학원을 다니며 공부하기에 저에겐 체력적으로나 정신적으로 너무 벅찼었습니다. 그렇다고 일을 관두고 공부만 하기엔 집에서 도움을 받을 수 있는 상황이 아니었기 때문에 이런 제 앞에 놓인 모든 상황들이 너무나도 원망스러웠습니다. 그렇게 받은 토익 점수가 600점대 밖에 안됐고 저는 또 한번의 좌절을 하게 되었죠.

그 당시 제 모든 상황들은 절망적이었고, 제 자신에 대한 무능력함에 큰 실망과 자존감이 바닥까지 이르게 되었습니다. 하지만 한번 사는 인생인데 이렇게 살고는 싶지 않았습니다.

마지막으로 지금까지 이루지 못했던 승무원의 꿈을 꼭 이루겠다라는 큰 결심으로 외국항공사를 가야겠다라는 목표를 세우고 무모한 도전을 시작했습니다. 그 때 저는 28세이었습니다. 저희 아버지와 친구들은 이 나이에 다시 승무원을 준비하기엔 너무 늦지 않았냐며 제 선택을 만류했지만, 저희 어머니만큼은 후회하는 것 보단 끝까지 최선을 다해보는 것이 낫다며 지지해 주셨습니다. 그래서 제가 모아둔 돈으로 필리핀 어학연수를 가기로 마음을 먹었고, 회사를 관둔 뒤 4개월동안 그 곳에서 생활을 하게 되었습니다. 4개월이란 시간이 너무 짧다고 생각할 수 있지만, 저에겐 4년과 같은 시간들이었습니다.

제 앞에 놓인 상황에선 최선의 방법이었기 때문에 정말 죽기살기로 열심히 공부했습니다. 그리고, 그 곳에서 외국인 친구들과 생활하며 그들의 문화생활과 가치관들을 공유하고 소통하면서 꼭 외국항공사에 가야겠다는 확신이 들었습니다.

그렇게 한국에 귀국한 뒤, 승무원 준비를 하면서 사실 두려운 마음과 자신감이 많이 없었습니다. 그것은 이 전에 실패한 경험들과 28세란 나이에 대한 압박감 그리고 승무원이 된다는 보장도 없을 뿐 더러 저희 가족들과 친구들에게 실패한 모습을 보이고 싶지 않았기 때문입니다. 한치의 앞도 보이지 않은 상황들로 인한 스트레스와 4달 넘게 불면증에 시달려 왔지만 이거 아니면 안 된다는 절박한 마음과 믿음 하나로 매일 밤 울면서 기도하며 독하게 준비했습니다. 그 동안에 노력 해왔다고 생각했던 것은 노력하게 아니구나 라고 느낄 정도로 정말 열심히 했습니다.

하반기 공채가 뜨기 시작했고, 국내항공사는 마지막 지원이라는 마음으로 대한항공과 아시아나 항공을 지원했었고, 외국항공사로는 하이난항공, 동방항공, 베트남항공, 에미리트 항공 등 공채가 나는 대로 지원했습니다. 예상대로 국내항공사는 대한항공은 1차 실무에서 탈락, 아시아나 항공은 처음으로 서류탈락이라는 통보를 받았습니다. 그런데, 기대를 많이 하지 않아서 그런지 그 결과들을 덤덤하게 받아 드렸습니다.

외국항공사 중 첫 지원이었던 하이난항공 면접은 저에게 자신감을 회복해주는 계기가 되었습니다. 모든 면접은 영어로 진행되었고, 1차 면접은 Group Discussion과 English Test로 진행 되었고, 그 날 바로 합격자 발표를 하였고, 2차 Final Interview가 이틀 뒤 진행되었습니다. 처음으로 저에게 승무원이 될 수 있는 기회가 가까이 다가왔다라는 생각은 했지만 큰 기대를 하진 않았습니다. 그건 상처를 덜 받기 위함이기도 했죠. 2차 면접이 다 끝나고 그 날 새벽에 불합격 통보를 받았습니다. 하지만, 저는 좌절하기 보다는 앞으로 남은 항공사 면접이 기대가 됐습니다.

그리고, 베트남항공의 총 3차면접까지 있었고, 2차 면접부터 서바이벌 식으로 면접이 진행됐습니다.

저 같은 경우는 최종면접이 있는 날 오전에 2차면접을 보게 되었고, 그 면접을 통과하면 오후에 바로 최종면접을 보는 식이었습니다. 2차면접은 small talk과 한국 기내방송문 그리고 3대1로 베트남 면접관 님들과 인터뷰로 진행되었습니다. 질문은 "전공이 승무원인데 거기서 무엇을 배웠습니까?" "요즘은 뭐하고 지내니?" 그리고 일어서서 워킹을 해보라고 시킨 뒤 "너는 충분히 건강하다고 생각하니?" 질문에 저는 그 동안 5년동안 배운 벨리댄스과 헬스를 하면서 건강관리를 꾸준히 하고 있다고 대답을 하였고, 면접관 님께서는 그럼 벨리댄스를 보여줄 수 있겠냐고 하셨고, 저는 주저 없이 벨리댄스를 추었습니다. 제가 면접을 보면서 벨리댄스를

추리라곤 생각도 못했지만, 그 춤으로 인해서 최종면접에 갈 수 있었다고 생각합니다. 최종면접은 베트남 유니폼인 '아오자이'를 입고 면접을 보았습니다. 그리고 마지막으로 Activity를 끝으로 면접은 끝이 났고, 합격자 발표만을 기다리고 있었습니다.

총 지원자 1000명중 1차에서 500명이 붙었고, 2차는 250명, 3차는 70명이 붙은 상황에서 최종 합격자는 36명이었습니다. 랜덤으로 번호가 호명이 되었고, 제 수험번호는 44번이었습니다. 떨리는 마음으로 제 번호가 발표되길 가슴조리고 있었습니다. 20명쯤 호명이 되었을 때 제 번호가 들렸고, 저는 순간적으로 아무 생각이 들지 않았고 울컥한 감정과 함께 기쁨을 만끽할 수 있었습니다.

6년만에 제 꿈인 승무원을 결국 이뤄냈습니다.

그래서, 이번 기회를 통해 지금까지 지내왔던 시간들이 다 헛되지 않고, 승무원이 되기 위한 준비과정이라는 것을 철저하게 느끼며 감사할 수 있었습니다. 벨리댄스로 저의 재능을 뽐낼 수 있었고, 아나운서 준비하면서 익힌 발성과 음색으로 기내방송도 깔끔하게 소화해낼 수 있었으며 비서로 근무하면서 익혀온 사회생활에 대한 적응력 또한 저에겐 모든 것이 계획된 것이라고 생각이 들 수 밖에 없었습니다.

아직까지 제가 됐다는 것에 실감이 나지 않지만, 앞으로 제 앞에 펼쳐진 비행생활들이 기대도 되고 힘든 일이 생기더라도 지금까지 제가 노력해왔던 가치들을 잊지 않고 항상 겸손하고 초심의 마음을 잃지 않으며 감사한 마음으로 비행을 할 것입니다.

이 글을 마치면서 승무원에 대한 꿈을 안고 대학교 때 처음 김영진 교수님을 만나 지금까지 인연을 이어오고 있습니다. 면접 수업을 진행하실 때 항상 카리스마로 저희 잘못된 부분들을 돌직구로 지적해주셨던 기억이 아직도 새록새록 떠오릅니다. 또 이렇게 제 이야기를 담을 수 있는 좋은 기회를 주셔서 감사 드린다는 말씀을 전하고 싶습니다.

그리고, 승무원의 꿈을 이루기 위해 열심히 준비하는 분들께 꼭 해드리고 싶은 말이 있습니다.

"절대 포기하지 마세요. 결국 끝까지 인내를 가지고 준비하는 자가 꿈을 이룰 수 있습니다. 그리고 정말 죽을 만큼 노력하세요. 그렇다고 절대 죽지 않습니다. 열심히 노력했는데도 안 된다고요? 그럼 지금 노력한 것에 두 배 세 배 더 하셔야 됩니다. 그리고 독하게 공부하세요. 자기 자신이 한 단계 높은 곳에 위치하고 싶다면 방법은 공부뿐입니다. 노력한 만큼의 결과로 보상받게 되실 겁니다. 왜냐고요? 노력은 절대 배신을 하지 않기 때문입니다."

끝으로 저의 승무원 도전이야기를 읽어주셔서 감사합니다.

09 국내 LCC 승무원 합격 수기

2017년 1월 입사

직전 채용 최종합격 발표 이주 만에 또 공채가 떴다. 직전 임원 불합격의 아픔을 뒤로하고 아무도 몰래 서류를 넣었다. OO항공은 원 아웃이라는 말이 많았기에 기대조차 하지 않았지만 서류가 합격되었고, 서류는 네 가지 항목 중 두 가지만 바꿨다.

- 서류 전형 접수기간: 2016년 11월 4일 12:00 ~ 14일 17:00
- 서류전형결과 발표: 2016년 11월 18일 18시
- 면접 일시: 2016년 11월 24일 오후 2:00

면접은 약 3일간 진행되었고 남자 지원자는 제일 마지막에 따로 본다.

실무 면접 전날 부산에 가서 자고 근처 숍에서 헤어만 예약했다. 화장은 본인이 잘한다면 직접 하는 것이 좋은 것 같다.

스터디하는 언니와 같은 조가 되었고 광주 전남 지역을 따로 보는 것 같았다.

면접 장소는 농심 호텔, 면접 들어가기 전에 키와 몸무게를 재고 대기후 a와 b조로 나눠 8명씩 들어간다. 면접은 서서 15~20분간 진행 되며 'ㄷ'자 워킹을 한다.

직전 채용도 B조였는데 이번에도 B조였다. 면접관이 한 분만 바뀌고 그대로였다.

공통으로 자기소개를 시켰다. 외국어로 준비한 사람은 외국어로 하라고 했다. 나는 4번 이였고 직전과 같은 자기소개를 했다. 외국어를 정말 잘하고 잘 외워 왔다면 추천하지만 제대로 못할 거 같으면 그냥 한국어로 자신 있게 하는 게 낫다.

B조 면접관중 남자 분은 모든 지원자에게 웃어주고 눈을 맞춰 주시고 답변이 끝나면 호응도 해주신다. 내 자기소개를 듣고 'OO씨는 MC해도 되겠어요' 라며 칭찬을 해주셨다. 그리고 다음 공통질문 이번엔 8번부터 '첫 월급으로 뭐 할거냐' 물어보셨고, 나는 많이 더듬거리며 말을 해서 실무면접을 완전히 망하고 왔다. 이제 부

산에 올 일이 없을 것 같아 같이 간 언니와 부산 여행을 즐기다 왔다.

카카오 톡 오픈 채팅 방에서 후기를 서로 말하는데 자기소개(외국어로 할 수 있으면 하세요), 지원동기, 전 채용에서 왜 떨어진 것 같냐, 여가시간에 뭐하냐, 첫 월급으로 뭐할 거냐, OO항공에 대해 아는 것이 있으면 말해라 등등 대체로 쉬운 질문이었다.

남자 면접조는 '장기자랑 해보라' 하셔서 태권도, 노래, 춤 할 수 있는 것은 다 나왔다고 한다.

- 실무합격자 발표: 2016년 11월 30일 오후 6시
- 임원면접: 2016년 12월 7일

실무면접 8명중 나만 합격했다. 임원면접은 하루에 진행된다.

약 4000명 서류 지원자 중 실무에서 약 1500~2000명, 임원에서 약 150명이 면접을 본다.

면접실 앞에서 3명씩 사진촬영을 한다.

이번 면접도 머리만 하고 갔다. 구두 힐은 키가 작아 12cm정도 .. 그래도 작다.

임원은 9명씩 들어가 의자 뒤로 돌아가 의자 앞으로 선다.

직전 채용과 마찬가지로 9번이었다.

1번부터 9번까지 인사 후 앉아서 면접 진행되며 1번부터 자기소개를 시키셨다.

임원 사장님 임원 이렇게 앉아있는데 오른쪽 분만 질문하시고 사장님께서는 핸드폰을 자주 보셨다. 왼쪽 분께서는 말씀을 잘 안 하셨다.

1번분: 중국어로 자기소개 해보겠습니다.

Q. 면접관: 우리가 알아들을 수 있을 것 같아요?

1번분: 아 그럼 제가 한국어로 해보겠습니다.

Q. 면접관: 우리가 못 알아 들을 것 같아요?

1번분: 아닙니다. 중국어로 하겠습니다~

자기소개하는 도중 면접관께서 몇 번이나 읽고 오셨냐고 뭐라 하시면서 듣다 마셨다. 모두들 무난하게 자기소개 해나갔고 내 차례가 되었다.

자기소개 안에 나의 절실함 간절함 그리고 OO항공이라는 확고함을 보여주었다. 자기소개 후 앞으로 나오라고 하셨다.

직전 면접 질문

Q. 오른쪽 면접관: 앞으로 나와서 본인이 어필하고 싶은 사람을 쳐다보세요.

나는 사장님을 뚫어지게 봤다. 그랬더니 면접관께서 웃으면서 너 찍혔어! 들어가! 라고 말씀 하셨고 앉고 나서 본인이 중국어를 잘하는 것 같지 않은데 잘한다고 생각하냐고 물어서 저는 잘하진 않지만 중국어를 좋아한다고 그래서 하계 유니버시아드 통역을 맡으며 많은 외국인들과 소통하려 노력했고 잊지 못할 경험을 했다고 마무리했다.

사장님을 쳐다봐서 일까 불합격…

이번 채용 질문

Q. 면접관: 저번 채용 때 떨어졌는데 누구한테 어필이 덜돼서 떨어진 것 같나요? 본인이 할 수 있는 것을 다 해서라도 어필을 해보세요.

A. 나: 저는 정말 다 ~ 잘 보이고 싶습니다. 하지만 제가 저번엔 사장님께 어필을 했는데, 그래서 저번에 저보고 찍혔다고 들어가라고 하셔서 마음이 너무 아팠습니다. 그래서 이번엔 꼭 (오른쪽)면접관님께 어필하고 싶습니다.

Q. 면접관: 나는 OO씨 붙였을 수도 있는데?

A. 나: 그래도 이번엔 면접관 님께 꼭 어필을 하고 싶습니다. 하면서 OO항공에서 느낀 점과 이런 곳에서 어떻게 일을 할 것인지 좌우명과 섞어서 잘 대답했다.

Q. 면접관: 나는 OO씨 붙였을 수도 있다니까?

A. 나: 그럼 이번에 제가 (왼쪽 면접관을 정중히 가르키며) 면접관 님께 어필을 해보겠습니다.

하고 어필을 잘했고 들어가라고 하셔서 인사드리고 앉았다. 그 후 8번부터 1번까지 계속 압박 질문을 하셨다. 나는 병풍마냥 앉아있었다. 압박 질문이지만 분위기 자체는 편안하고 재미있었다. 그래서 그런지 OO항공이란 회사를 다시 보게 되고 더욱더 가고 싶어지는 것 같다. 면접이 끝나고 나온 뒤 같은 조 분들이 왜 이렇게 잘하시냐고 붙을 것 같다고 칭찬해 주셨지만 나는 '저번에도 이렇게 잘했는데 떨어졌어요' 라고 했다.

OO항공은 약간 병풍처럼 있는 사람을 많이 뽑는 것 같다. 합격자들과 얘기를 하면 다들 나는 관심 못 받아서 떨어질 줄 알았다며 왜 붙은 지 모르겠다고 한다.

- 임원발표: 2016년 12월 12일
- 건강검진: 2016년 12월 13일/14일 택1
- 수영/ 체력테스트: 2016년 12월 15일
- 최종합격자 발표: 2016년 12월 19일

건강검진은 혈액검사, 소변검사, 시력검사, 청력검사, 심전도검사, 의사상담, 키, 몸무게, 척추 검사 이렇게 진행된다.

체력테스트를 받으러 간 날 24명의 합격자 중 2명이 남자였다.

다들 이미지가 비슷한 것도 아니었고 피부가 좋은 것도 아니었다.

키가 그렇게 큰 편이 아니었지만 163인 내 키가 제일 작은 듯 하다.

악력, 배 근력, 유연성, 윗몸 말아 일으키기 이렇게 네 가지를 하는데 윗몸 말아 일으키기는 40개가 만점인데 힘들어 보이면 중간에 그만하라고 말하신다. 19개, 25개, 30개, 40개 다양하게 있다. 나는 30개 했는데 더 하고 싶었는데 그만하라고 하셔서 그만했다. 걸어서 삼분거리인 수영장으로 가서 두 명씩 출발한다. 기회는 될 때까지 주신다.

한 명은 내가 씻고 화장을 다 할 때까지 통과를 못해서 계속 하고 있다고 그랬다.

그렇게 모든 과정이 끝난 후 개별로 귀가 한다.

광주 사람은 나밖에 없고 23살이 제일 어리다.

제일 많은 나이가 26살이다. (키 163, 토익 스피킹 없고, 토익 710점, HSK 5급, 학점 4.08)

입사일은 2017년 1월 2일 월요일이다.

　　교육은 1달 반정도로 예상되며 수료 후 바로 비행을 한다. 교육 때는 약 150만원 받는다고 한다. 인턴은 잘 모르겠다.

　　나도 대형항공사만을 고집했었다. 하지만 OO항공 면접 보고 온 뒤 내 자신이 너무 작게 느껴졌다. HSK 6급, 토익 900이상, 토스 6 이상 널리고 널렸다.

　　키도 다 크고 예쁜 사람도 엄청 많았다. OO항공도 마찬가지다. 합격자중 HSK 5급 자격증이 널리고 널렸고, 토익은 기본 850점 이상에 955점까지 있다.

　　학점은 평균 3.5 이상 분들만 모여있다.

　　스펙이 좋지 않은 분도 있지만 분명 다른 장점이 있을 것이다.

　　많은 항공사 면접을 보진 못했지만 OO항공에 합격해서 너무 좋다.

　　승무원이라는 꿈을 이뤄서 행복하다.

　　한 항공사를 고집 하는 것보다 어느 항공사이든 승무원이 되려고 열심히 노력했으면 좋겠다.

　　15번 이상 항공사 면접에서 떨어지시고 이번에 되신 분도 있다.

　　그러니 끝까지 포기하지 말고 꼭 꿈을 이뤄 하고 싶은 일 했으면 좋겠다.

2017년 9월 입사

OO항공 입사 동기들 토익 점수는 700후반~800후반까지 다양하다. 참고로 나의 스펙을 공개하자면 다음과 같다.

- 토익 660점, 토스 없음, 중국어 없음, 키 170cm, 몸무게 54kg, 학점 3.58점, 아프리카 해외봉사, 대학 홍보대사, 중국교환학생 안 갔음, 복수 전공 안 함
- 광주유니버시아드대회 피켓요원, 미스코리아 선발대회 광주 예선(김영진 교수님 추천)
- 교내 캡스톤 디자인 경진대회 수상 등등

항공사 취업을 목표로 항공서비스학과에 입학했으므로 항공에 집중하기 위해 중국에 교환학생 기회가 있었지만 가지 않았다. 1학년 때부터 항공 전공 수업은 빠짐없이 모두 수강했다.

메이크업, 수영, 헬스, 기내방송, 객실, 식음료, 면접, 항공기 구조론, 항공영어, 캡스톤 디자인 등등

대형항공사를 목표로 하는 것이 아니라 어느 항공사든 들어가서 열심히 하겠다는 다짐으로 공채를 준비해왔다.

4학년 1학기부터 공채가 나는 대로 계속 지원했다.

- 국내 LCC A항공 서류 탈락
- 국내 FSC A항공 서류 합격, 실무면접 탈락
- 국내 LCC B항공 서류 합격, 실무면접 합격, 임원면접 탈락(국내 FSC B항공과 적성검사와 겹쳐서 불참)
- 국내 LCC C항공 서류 합격, 실무면접 탈락
- 국내 LCC D항공 서류 탈락

2017년 9월 국내 FSC B항공 최종합격

　　서류제출기간은 2017.6/13~29까지였고, 여름방학이 시작하자마자 거의 바로 OO항공 2017년 2차 캐빈승무원 인턴 채용공고가 떴고, 자기소개서를 열심히 적어서 제출을 하였다. 13OO선배님이 OO항공 서류 합격을 하셨기에 한번 읽어봐 달라고 부탁을 하였는데 감사하게도 바쁜 비행와중에 도움을 주셔서 너무 감사했다.

　　OO항공의 경우는 자기소개서를 중요시하기 때문에 더 집중해서 여러 번 수정 후에 제출하였고, 자소서 항목이 조금씩 계속 바뀌지만 지원동기에 관한 내용은 바뀌지 않았다.

서류발표는 7/6일에 났다.

　　실무면접기간은 정확히는 모르겠지만 광주/부산/서울 지역별로 면접을 보기 때문에 일주일이 넘는 기간 동안 진행이 되었다고 한다.

　　서류제출 시 면접 장소를 선택을 하는데 난 부산으로 선택했다. OO항공 캐빈승무원으로 일하고 있는 13OO선배 자취방에서 묵었다. 선배님은 그날 비행 나가서 자취방에 없었지만 기꺼이 내게 방을 내 주었다. 주위 분들의 도움 없이 합격은 불가능하다.

　　실무면접은 7/18 부산상공회의소 12시 조로 면접을 보았다. 인사팀이 가장 먼저 면접설명하고, 조 호명한 뒤, 몸무게/키/암리치를 측정한다. 그 후에는 인사연습이 진행이 되었다. 면접관은 3명(여자1/남자2)이었고, 면접자는 한 조에 8명이다. 딜레이 없이 면접이 진행되었다.

　　질문은　1. 전현차에서 어떤 기출문제 봤는지(자유롭게 말하기)

　　　　　　2. 공통)그 중에서 가장 자신 있는 답변 : 10년 후 나의 모습 대답

　　　　　　3. 공통)준비하면서 가장 힘들었던 점 : 사투리 고치기

　　면접 전 미리 준비한 입사 포부를 생각해 내서 10년 후 나의 모습으로 답변을 했고, 부산 면접이라도 사투리를 당연히 쓰지 않을 것이라고 생각했는데, 좀 많은 사람들이 사투리를 써서 힘들었던 점을 사투리 고치기로 답변을 했다. 준비한 답변에 의존하기보다는 그 상황에 대처할 수 있어야 할 것 같다.

실무발표는 8/10일에 발표가 났고, **임원면접**은 8/21일에 봤다. 면접은 총 2일로 나뉘어 21,23일 이렇게 진행이 되었다. 면접은 OO항공 승무원 체험 장소였던 김포공항 OO항공 훈련원에서 진행이 되어 지리도 익숙했고 오랜만에 가니 반가웠다. 오후 3시 30분조였지만 딜레이가 2시간 정도되었다.

　서류제출 후, 4명씩 전신사진을 찍은 후 영어면접이 진행되었는데 영어면접 면제자는 대기실에서 대기한다. 토스 Lv 5.는 패스니까 꼭 땄으면 한다. 대기자 24명 중 나 포함 2명만 토스 Lv 5. 가 없어 영어 면접을 봤는데 정말 후회했고 부끄러웠다.

　영어 질문은 1. 자기소개 2. 좋아하는 음식 3. 기내에서 영어가 아닌 어떤 언어를 사용할 수 있는지 4. 치킨/비프/피시 중 치킨이 없을 때 어떻게 할 것인지 5. 취미 6. 마지막 할 말

　20분 정도 진행이 되었고 편한 분위기였다. 롤 플레이가 나와서 조금 당황했지만 짧게 짧게라도 대답하니 good이라고 말씀해주시니 감사했고 덕분에 더 편하게 면접을 볼 수 있었다. 영어 면접관은 한국인이었고, 들어갈 때부터 나갈 때까지 영어로 대화했고, 면접관1 VS 면접자2 로 면접이 진행되었다.

　임원 면접관은 남자5명이었고, 가운에 사장님이 앉아계셨다. 실무와 마찬가지로 총 8명이서 면접을 봤고, 첫날 마지막 조였다. 질문은 총 2개.

　공통) 독립할 텐데 아버지가 반대하시면 어떻게 설득할건지
　공통) OO항공 서비스 받아 본 경험 어땠는지, 개선사항 있으면 같이

　독립은 4년동안 기숙사 생활 한 이야기로 답변을, 다음 질문은 홍보대사어필 동시에 홍보활동으로 제주도 가면서 OO항공 탄 이야기하고 끝마쳤다. 나오기 전에 스마일유지하고 반 좌향좌, 반 우향우 하면서 옆모습을 보셨다. 팔/손 검사는 따로 하지 않고 건강검진 이미지메이킹 때 확인했다.

임원발표는 8/31, 건강검진, 체력테스트 및 인성검사는 9/4

- 건강검진- 혈압, 귀, 키/몸무게, 시력/색맹, 청력, 심전도, X-ray, 혈액, 소변, 내과, 갑상선
- 체력테스트- 유연성, 윗몸 일으키기, 악력, 허리근력
- 인성검사- 255문제(간단한 예VS아니오 문제)

- 이미지메이킹- 흉터 & 문신 검사, 팔 손 검사
- 수영- 2m 깊이에서 시작, 중간에 멈추면 재시험
- 오전 8시~오후 5시까지 진행이 되었고, 스킨로션, 립스틱 일절 금지였다.
- 최종발표는 9/28 오후 5시에 결과가 났다.

6월 늦봄부터 여름이 지나 9월말 추석이 올 때까지 4개월동안 면접 보러 여기 저기 다니고 결과발표의 반복으로 정말 힘들었지만, 마지막엔 최종합격이라는 4글자를 봐서 너무 행복했다.

이번 여름방학에 OO항공 이외에 대부분의 항공사들이 모두 공채가 떠서 면접 보러 다니느라 고생했지만 다시는 하지 못할 정말 값진 경험을 했다고 생각한다. 그리고 합격자들과 이야기하면서 더 공부하고 노력해야 하는 걸 느꼈고, 너무 부족하다고 느꼈다.

다양한 경험들을 많이 해보고 취업을 할 수 있게 되어서 너무 기쁘다. 학교나 학과에서 진행하는 모든 것들이 이력서를 채울 때 경력이 되어주었다. 새마을 봉사, 대학홍보대사, 네이버 OOO카페, 해외봉사, 학과체험 도우미, 승무원학원 입시설명회 도우미 등등

또한 4학년 선배님들이 하는 모의면접 스터디를 3학년 때부터 함께했다. 오랫동안 하지 못했지만 많이 도움이 되었고, 3학년 때부터 진지하게 준비를 했다는 자세가 중요했다고 생각한다.

교수님을 비롯해 승무원으로 취업하신 1300, 1300 선배님이 많이 도와주시고 응원해주셔서 이 최종합격이라는 것을 받을 수 있었다고 생각한다.

이 후기를 읽고 동기들 그리고 후배들이 많은 도움을 받아서 함께 비행하는 날이 왔으면 좋겠다.

Chapter

08

최근
기출문제를 알자

01

대한항공 기출문제

💡 자기소개 해보세요.

💡 자기 PR 해보세요.

💡 승무원이 되기 위한 자신만이 가지고 있는 장점이 있다면 무엇인가요?

💡 자신의 단점에 대해 주변 사람들이 뭐라고 하나요?

💡 대한항공에서 실시하고 있는 문화예술사업은 무엇인가요?

💡 기내에서 아이들에게 제공하는 음식은 무엇인가요?

💡 입사하고 나면 가장 먼저 하고 싶은 게 무엇인가요?

💡 왜 대한항공에 지원하게 되었나요?

💡 2번째 지원인데 무엇이 달라졌나요?

💡 가고 싶은 여행지는 어딘가요?

💡 본인을 뽑아야 하는 이유, 다른 사람과 차별화된 자기의 강점을 위주로 말해 주세요.

💡 승무원에 필요한 자질 3가지를 말씀해보세요.

💡 대한항공 최근 소식에 대해 말해보세요.[1]

💡 요즘 추천하고 싶은 음식을 무엇인가요?

💡 준비한 거 있으면 보여주세요.

💡 직장경험과 승무원과 연관성에 대해 말해보세요.

💡 취미와 승무원 연관성에 대해 말해보세요.

💡 존경하는 여성분이 있다면 말해보세요.

💡 대한항공 승무원 이미지에 대해 말해보세요.

1 면접일과 최소 1주일 전 뉴스를 말한다. 지원회사에 대한 사고, 컴플레인, 주가하락과 같은 부정적인 기사는 이야기하지 않는다. 긍정적인 기사만 언급을 하는데, 예를 들면 세계적인 상의 수상소식, 신규 항공기 도입, 신규 취항지, 주가상승과 같은 기사내용만 이야기한다.

💡 대한항공과 타 항공사의 이미지를 비교해보세요.

💡 대한항공과 타 항공사의 CF 비교를 해보세요.

💡 대한항공과 타 항공사의 서비스 비교를 해보세요.

💡 대한항공과 타 항공사의 유니폼 비교를 해보세요.

💡 전에 서비스했던 곳의 경험에 대해 말해보세요.

💡 대한항공 광고에 대한 생각을 말해보세요.

💡 인생의 멘토가 누구인가요?[2]

💡 삶의 신조를 말해보세요.

💡 대한항공 작년 매출액을 아시나요?

💡 대한항공 여객사업 외 하는 사업분야를 말해보세요.

💡 자신의 장/단점을 말해보세요.

💡 살면서 가장 행복했던 때는?

💡 승객 구토 시 대응방법은 무엇인가요?

💡 기내 24.5도. 한 승객 : 덥다, 다른 승객 : 춥다 할 경우 대처방법은?

💡 점성 강한 토마토 주스를 승객의 하얀 와이셔츠에 쏟았을 경우 대처방법은?

💡 자기소개서 개인적 질문(예 : 외국드라마 보기가 취미 – 내용 알아들을 수 있나)

💡 기내에 개인적으로 술을 가지고 탄 승객이 그 술을 마시면 어떻게 하겠습니까?

💡 본인의 장점, 단점은 무엇인가요?

💡 신종플루가 유행했는데 탑승 승객이 기침을 많이 할 경우 어떻게 하겠습니까?

💡 어떤 교수님을 좋아하고 좋아하는 이유는 무엇입니까?

💡 학교 위치, 학교 생활이 어땠습니까?

💡 승객이 면세품을 주문했는데 그 제품이 없을 경우 대처방법은 무엇입니까?

💡 취미, 특기(예 : 일어가 특기–영어를 더 잘 하냐. 일어를 잘 하냐)가 무엇입니까?

💡 발 냄새 심한 승객 때문에 컴플레인이 들어올 경우 대처방법은 무엇입니까?

💡 여성 승객 힘들다고 많은 짐을 오버헤드 빈에 올려 달라고 할 경우 어떻게 하
  겠습니까?

💡 여자 승객이 항공사 머리 핀, 스카프 하나 달라고 할 경우 대처방법은 무엇입니까?

💡 학교 동아리 활동으로 무엇을 했습니까? (전국 항공과에서 동아리활동을 안

2 정치인, 종교인, 부모님을 제외한 면접위원이 아실 만한 유명인사로 답변하는 것이 바람직하다. 자세한 내용은 본서의 존경인물 부분 참고하기 바람.

하는 것 같다)

💡 비행하는데 손님이 엉덩이를 만졌다면 어떻게 하겠습니까?

💡 기내가 흔들려서 손님에게 물이나 음료를 쏟은 경우 어떻게 하시겠습니까?

💡 승객이 취한 상태에서 더 술을 달라고 하신다면 어떻게 하시겠습니까?

💡 ○○신문사 회장님이 탑승하셔서 회사의 신문을 찾으시는데 없을 경우 어떻게 하시겠습니까?

💡 비빔밥이 다 떨어졌습니다. 비빔밥을 원하는 승객이 있다면 어떻게 하시겠습니까?

💡 고등학교 학생들 수학여행 시 너무 시끄럽게 해서 승객들이 컴플레인을 하면 어떻게 하시겠습니까?

💡 기내에서 아이가 너무 심하게 웁니다. 다른 승객들이 컴플레인하실 경우 어떻게 하시겠습니까?

💡 대한항공에 제안하고 싶은 서비스가 있으십니까?

💡 짓궂은 승객이 계속해서 농담을 하신다면 어떻게 하시겠습니까?

💡 살면서 거짓말을 한 적이 있으십니까?

💡 흡연에 대한 본인의 생각을 말씀해주세요.

💡 아시아나항공과 대한항공 유니폼의 차이?

💡 대한항공의 이미지?

💡 자신의 강점이 승무원으로써 어떻게 적용이 될 수 있는지?

💡 왜 대한항공의 승무원이 되어야 하는지?

💡 면접장 들어오기 전에 무슨 생각을 했는지?

💡 자신의 강점이 승무원으로써 어떻게 적용될 수 있는지?

💡 최고 서비스, 최악 서비스, 승무원이 되면 가장 하고 싶은 것?

💡 전공이 ○○인데 그것과 승무원과의 연관성은?

💡 최근 읽었던 신문기사는?

💡 서비스직에서 아르바이트가 많은데 그때 느꼈던 장점과 단점은?

💡 학점 좋은 지원자 - 공부 말고 잘하는 것은 무엇인가?

💡 명품 항공사, 명품 승무원이란 말에 대해 어떻게 생각하나?

💡 장애인 차별 금지법이란?

💡 웃지 말고 차렷해서 평소 인상해보세요.

💡 마지막으로 하고 싶은 말?

💡 오늘 면접보기 위해서 제일 열심히 준비한 것은?

💡 천만원이 생긴다면 어디에 쓸 것인가?

💡 춤 춰 보세요.

💡 기내 승객 소화가 안 될 때 바늘로 따 줄 것인가?

💡 기내 밖이랑 안이랑 온도 차이가 나면 이슬처럼 물방울이 생기는데 그 물방울
   이 승객에게 떨어졌을 경우 대처방법?

💡 승무원 사진을 승객이 몰래 찍을 때 대처방법은?

💡 해외여행 경험 있습니까?

💡 영어공부 어떻게 했나?

💡 기내에 감기 걸린 환자가 있는데 의약용품이 없다. 하지만 내가 감기에 걸려
   내 약이 있다. 승객에게 내 약을 제공하겠는가?

💡 자신이 정말 좋아하는 연예인이 탑승했는데 다른 zone 승무원이 사인을 받으
   려고 한다면?

💡 대한항공 관련된 한 가지 말해보세요.

💡 회사소개 해보세요.

💡 체력관리는 어떻게 하세요?

💡 제일 자신 있는 거 아무거나 말해보세요.

💡 존경하는 인물은?

💡 어제 저녁에 뭐 했어요?

💡 승객이 술을 권한다. 어떻게 할 것인가?

💡 성격 장·단점은?

💡 제대로 된 서비스란?

💡 탑승한 어린이 승객이 조종실을 가고 싶어 한다면?

💡 본인이 생각하는 승무원의 자질?

💡 힘든 상황에서 서비스할 수 있겠어요?

💡 까다로운 승객이 등받이를 뒤로 한다면 어떻게 할 것인가?

💡 본인을 뽑으면 우리 회사에 무슨 이익이 있을까요?

💡 봉사활동 없으면 – 봉사활동 경험 왜 없으세요?

💡 승객이 월급 얼마나 받냐고 묻는다면 어떻게 할 것인가?

💡 승객이 같이 사진찍자고 한다면 어떻게 할 것인가?

💡 기내 탑승한 승객이 지갑의 10만원을 잃어버렸다면 어떻게 할 것인가?

💡 승객이 코트를 맡겼는데 코트에 있던 브로치가 없어졌다고 한다면 어떻게 할 것인가?

💡 대한항공 본사가 어디 있는지 아세요?

💡 항공관광과에 왜 지원하셨어요?

💡 승객이 아기를 담요로 감싸서 나가려고 한다. 어떻게 할 것인가?

💡 대한항공의 명품 서비스 왜 유명한지 아세요?

💡 외국인에게 홍어, 꽃게, 간장게장, 닭발 중 어느 것을 소개할 것인가?
   (대답한 뒤 : 외국인들이 기피하는 음식을 몰랐어요?)

💡 기내에 다이어트 콜라가 떨어졌다면 어떻게 할 것인가?

💡 착륙 전 승객이 의자를 눕히고 자고 있다면 어떻게 할 것인가?

💡 햇볕 정책에 대해 설명해보세요.

💡 child meal 주문 안한 승객이 달라고 한다. 어떻게 하겠는가?

💡 승무원은 왜 진주귀걸이를 해야 하나요?

💡 아침식사 하셨어요?

💡 명품 승무원이란 무엇이라고 생각하세요?

💡 해외여행 안 가보신 분 손 들어보세요.

💡 막걸리에 어울리는 음식 추천해보세요.

💡 승객이 비빔밥을 먹고 알레르기가 일어나 고소하겠다고 한다. 어떻게 하겠는가?

💡 힌두교도에게 비빔밥을 어떻게 설명하시겠어요?

💡 A380에 대해서 아세요?

💡 베스트셀러 중 '배려'란 책이 있는데, '배려'가 중요한 이유가 뭐라고 생각하세요?

💡 땅콩이 기내에 없는데 승객이 땅콩을 찾는다. 어떻게 하겠는가?

💡 이름의 뜻을 말해보세요. (이름 특이한 지원자)

💡 승무원이 뭐 하는 사람이라고 생각하세요?

💡 친구 성격에 대해서 말해보세요. (친구랑 같이 들어간 지원자)

💡 친구랑 둘 중 한 명만 승무원이 되어야 한다면 누가 됐으면 좋겠어요?
   (친구랑 같이 들어간 지원자)

💡 승객이 면세품을 사려고 하는데 돈이 없어서 승무원에게 돈을 빌려 달라고 부
   탁 한다면?

💡 학교에서 공부 말고 다른 건 무엇을 했는지 말해보세요.

💡 왜 꼭 대한항공이어야만 하는가?

💡 기내에서 틀지 말아야 할 영화에 대해 말해보세요.

💡 대한항공에서 가장 큰 비행기가 뭔지 아세요?

💡 하반기에 대한항공에 도입 예정인 비행기 기종 아세요?

💡 여가시간에 뭐하세요?

💡 등록금을 어떻게 마련하세요?

💡 어릴 적 꿈이 뭐였어요?

💡 토익점수가 550이 넘는데 왜 국내선으로 지원하셨어요?

💡 승객이 승무원에게 핸드폰 번호를 알려달라고 한다면?

💡 '나'라는 사람은 누구인지 말해보세요.

💡 취항지 중에 가고 싶은 나라 말해보세요.

💡 땅콩 알레르기 있는 승객이 주변 승객까지 땅콩을 먹지 말라고 한다면 어떻게
   할 것인가?

💡 서비스란 무엇인가?

💡 손님이 자신이 가져온 도시락을 냉동보관 해달라고 한다면?

💡 얼굴에서 제일 자신 없는 부분은?

💡 승무원이 돼서 가고 싶은 취항지?

💡 승객에게 커피를 쏟았다면 어떻게 할 것인가?

💡 하고 싶은 말?

💡 지상에서 예약할 때 옆 좌석이 비었다고 했는데 탑승해보니 옆에 다른 승객이
   있다고 불평한다면 어떻게 할 것인가?

💡 이코노미 승객이 비즈니스로 좌석을 올려달라고 한다면 어떻게 할 것인가?

💡 기내온도가 24도인데 손님이 춥다고 한다면 어떻게 할 것인가?

💡 세계적인 항공사 중 서비스가 제일 좋은 항공사?

💡 개인의 차별화된 점은?

💡 어린이승객에게 제공된 Child Meal, 기념품이 맘에 안 든다고 한다면 어떻게 할 것인가?

💡 부모가 아이가 받은 기념품이 맘에 안 든다고 한다면 어떻게 할 것인가?

💡 백화점에서 뭘 보고 물건을 사나?

💡 친구들이 생각하는 자신에 대해서 말해보세요.

💡 대한항공 티켓이 비싼데 그에 맞는 서비스를 해 달라고 한다면 어떻게 할 것인가?

💡 승객이 닭고기를 먹고 있는데 맛없다며 비빔밥으로 바꿔달라면 어떻게 할 것인가?

💡 기내에 닭고기가 없는데 승객이 닭고기를 달라고 한다면 어떻게 할 것인가?

💡 자신의 콤플렉스?

💡 목표 성취한 적이 있으세요? 있다면 그게 뭔지 말해보세요.

💡 기내 좌석이 다 차 있는 상태인데 가족들이 떨어져서 앉아 있어 승객이 바꿔달라고 한다면 어떻게 할 것인가?

💡 좌석 많이 남아있는 상태에서 한 승객이 편하게 가고 싶다며 다른 좌석으로 바꿔달라고 한다면 어떻게 할 것인가?

💡 자신만의 스트레스 해소법?

💡 기내식 두 개를 어떤 언어로도 설명할 수 없다면 어떻게 할 것인가?

💡 명품 항공사가 되기 위해서 대한항공은 어떤 것을 해야 할까?

💡 명품 항공사로 도약할 때 필요한 나의 자질은?

💡 기내에 김치가 떨어졌는데 승객이 김치를 찾는다면 어떻게 할 것인가?

💡 건강하신 남자 승객이 무거운 짐을 대신 들어달라고 한다면 어떻게 할 것인가?

💡 친구들이 본인을 어떻게 생각하는지 말해보세요.

💡 전공에 대해서 말해보세요.

💡 일본어로 자기소개를 해보세요.

💡 의상학과를 나오셨는데 대한항공 유니폼에 대해서 느낀 점이 있다면 말해

보세요.

💡 면접 끝나고 뭐 하실 겁니까?

💡 홍보대사는 어떻게 뽑는지 말해보세요.

💡 승무원의 자질은 무엇이라고 생각하십니까?

💡 서비스 자질은 무엇이라고 생각하십니까?

💡 체력관리방법에 대해서 말해보세요.

💡 대한항공 이미지에 대해서 말해보세요.

💡 우리가 타이핑을 많이 치고 있는데 무엇을 치고 있는 것 같은지 말해보세요.

💡 전에 지원한 경험이 있으신가요?

💡 오늘 이 건물에 면접을 보러 와서 어떤 생각이 들었는지 말해보세요.

💡 체중감량의 비결이 무엇인지 말해보세요.

💡 노래를 잘하십니까?

💡 승무원이 되기 위해서 준비한 것이 무엇인지 말해보세요.

💡 전현차를 아십니까?

💡 제주도에서 공부를 하셨는데 제주도까지 가서 얻은 점이 있었는지 말해보세요.

💡 최고로 기분 좋은 서비스가 있었다면 말해보세요.

💡 체력관리를 어떻게 하셨는지 말해보세요.

💡 승무원은 언제부터 하고 싶었는지 말해보세요.

💡 지금은 어디서 일하고 있으며 왜 여기 대한항공에 지원을 했는지 말해보세요.

💡 취미에 대해서 말해보세요.

💡 내가 당신을 왜 승무원으로 뽑아야 하는지 말해보세요.

💡 승무원이 왜 하고 싶은지 말해보세요.

💡 지금 다니는 회사 왜 그만두고 싶은지 말해보세요.

💡 떨어져도 또 지원하시겠습니까?

💡 지원자의 서로의 느낌에 대해서 말해보세요.

💡 졸업하셨는데 무슨 과목이 제일 기억에 남는지 말해보세요.

💡 자신의 강점에 대해서 말해보세요.

💡 대한항공 홈페이지에 나와 있는 것 아는 대로 말해보세요.

💡 채용 홈페이지에 대해서 아는 대로 말해보세요.

💡 최근에 본 시사기사에 대해서 말해보세요.

💡 최근까지 자신이 생각했을 때 가장 잘했다고 생각하는 일이 있다면 말해보세요.

💡 반대로 가장 후회하는 일이 있었다면 말해보세요.

💡 승무원을 준비하면서 힘들었던 점에 대해서 말해보세요.

💡 마지막 하고 싶은 말이 있으면 말해보세요.

💡 중반기에 국제선 지원했는데 왜 이번에 국내선 지원하셨나요?

💡 토익점수가 몇 점이십니까?

💡 승무원에 대해 아는 것 있는지 말해보세요.

💡 승무원이 뭐 하는 직업이라고 생각하십니까?

💡 자신의 취미에 대해서 말해보세요.

💡 전공과 승무원과의 연관성에 대해서 말해보세요.

💡 대한항공 최신 뉴스에 대해서 말해보세요.

💡 항공운항과 학교에서 주로 배우는 것이 있다면 무엇인지 말해보세요.

💡 어학 관련 공부 어떻게 하는지 말해보세요.

💡 받았던 서비스 중 인상 깊었던 것이 있다면 말해보세요.

💡 국내선 이용한 적 있는지 말해보세요.

💡 국제선과 서비스가 어떻게 다른지 말해보세요.

💡 승무원이 되고 싶은 이유와, 승무원이 되기에 어떠한 장점을 가졌는지 포괄적
으로 설명해보세요.

💡 승무원에게 추천하고 싶은 나라가 있으면 말해보세요.

💡 대한항공의 CF에 대해서 말해보세요.

💡 승무원에게 필요한 덕목에 대해서 말해보세요.

💡 존경하는 CEO에 대해서 말해보세요.

💡 두 번째 지원인데 달라진 점이 있다면 무엇이 있는지 말해보세요.

💡 자신이 준비해 온 것이 있으면 말해보세요.

💡 직장다니고 계시는데 어디 다니시는지 그리고 이직하려는 이유는 무엇인지
말해보세요.

💡 자신의 과에 대해서 설명해보세요.

💡 국악이랑 승무원의 연관성에 대해서 말해보세요.

💡 왜 토익점수 있는데 국내선에 지원했는지 말해보세요.

💡 국제선과 국내선 몇 명 뽑는다는 공지를 드렸는데 못보셨습니까?

💡 국내선을 지원한 이유에 대해서 말해보세요.

💡 자신이 살아오면서 제일 잘한 일에 대해서 말해보세요.

💡 전공이랑 지금 하고 있는 일에 대해서 말해보세요.

💡 명품이란 무엇인지 말해보세요.

💡 기내식을 추천해보세요.

💡 신혼여행 때 가고 싶은 곳이 있다면 말해보세요.

💡 최근에 본 대한항공 기사에 대해서 말해보세요.

💡 대한항공 광고에 어울리는 음악을 추천해보세요.

💡 기내에서 아이들이 많이 울기도 하고 그러는데 본인만의 아이를 달래는 노하우가 있다면 말해보세요.

💡 선배들이 많이 승무원으로 있을텐데 어떤 조언이나 오늘 어떻게 하라고 말해주었는지 말해보세요.

💡 외국인에게 추천하고 싶은 우리나라 여행지가 있다면 어딘지 말해보세요.

💡 대한항공을 꽃에 비유한다면 어떻게 비유하실 건지 말해보세요.

💡 취미를 음악으로 쓰셨는데 뭘 즐겨듣는지 말해보세요.

💡 나이 어린 선배들이 많을텐데 어떻게 할 건지 각오 한 마디를 해주세요.

💡 "나는 승무원이다."라는 프로그램이 있다면 "나는 이런 승무원이다."라는 한 가지씩 말해보세요.

💡 수화로 자기소개를 해보세요.

💡 최근에 읽은 책이 있다면 소개해보세요.

💡 대한항공을 그림으로 그린다면 어떻게 그림으로 표현하고 싶은지 말해보세요.

💡 대한항공에 대해 아는 것이 있으면 말해보세요. (최근 관심있게 본 이슈 등)

💡 서비스업에서 일해 본 적 있는지 말해보세요.

💡 서비스 직업이 적성에 맞는지 말해보세요.

💡 경험해 본 서비스 중 좋았던 것이 있으면 말해보세요.

💡 항공과에서 중요시 배운 것이 있다면 말해보세요.

💡 직장생활을 하고 계시는데 승무원을 하려는 이유에 대해서 말해보세요.

💡 처음부터 꿈이 승무원이셨습니까?

💡 최고의 서비스에 대해서 말해보세요.

💡 직장의 의미란 무엇이라고 생각하십니까?

💡 친구들은 나를 어떻게 생각하는지 말해보세요.

💡 대한항공 관련 중 공헌한 것에 대해서 말해보세요.

💡 대한항공 광고에 대해서 말해보세요.

💡 시각장애인에게 대한항공 유니폼을 설명해보세요.

💡 대한항공 최근 기사에 대해서 말하는데, 단 중복이 안 되게 말해보세요.

💡 자신의 인생에 있어서 대한항공은 어떤 존재인지 말해보세요.

💡 스트레스 해소법에 대해서 말해보세요.

💡 옆 지원자의 이미지가 어떤지 말해보세요.

💡 저번 지원 때 왜 떨어진 거 같으신지 말해보세요.

💡 일본어를 어느 정도 하십니까?

💡 왜 일본어전공을 택했는지 말해보세요.

💡 대한항공 광고 중 인상 깊었던 것을 말해보세요.

💡 만약 취업을 하게 된다면 어떻게 하시겠습니까?

💡 의상학과이신데 대한항공 유니폼에 대해서 어떻게 생각하는지 말해보세요.

💡 자신이 했던 경험이 승무원이 된다면 어떻게 사용될 수 있는지 말해보세요.

💡 자신의 경력을 승무원직에 쓰지 못하는데 괜찮으십니까?

💡 자신이 순발력이 있다고 생각하십니까?

💡 승무원으로 삼행시를 지어보세요.

💡 면접장에 오기 전에 무엇을 했는지 말해보세요.

💡 왜 다니던 곳을 그만두고 지원을 하셨습니까?

💡 멀리서까지 어떻게 오게 됐는지 말해보세요.

💡 여섯 자매 중에 막내이신데 여자분들이 많으면 질투도 심할 거 같은데 어떻게

참는지 말해보세요.

💡 그동안 들은 과목 중 가장 기억에 남는 과목에 대해서 말해보세요.

💡 좋아하는 연예인에 대해서 말해보세요.

💡 사물이나 동물 혹은 색에 대해 자신의 PR을 해보세요.

💡 오늘 면접장에 무엇을 타고 왔는지 말해보세요.

💡 자신의 이름의 뜻에 대해서 말해보세요.

💡 승무원에게 받고 싶은 서비스가 있다면 말해보세요.

💡 요즘 읽고 있는 책에 대해서 말해보세요.

💡 1박 2일이나 무한도전을 보시는지 말해보세요.

💡 집에다 뭐라고 하고 나오셨는지 말해보세요.

💡 끝나고 뭐를 먹을 건지 말해보세요.

💡 자신의 장점에 대해서 말해보세요.

💡 구체적으로 봉사활동 하신 것에 대해서 말해보세요.

💡 시사면 중에 자신이 다르게 보는 점이 있다면 말해보세요.

💡 대한항공의 회장님/사장님 성함을 말해보세요.

💡 외국인에게 부산을 관광시켜주고 싶은 곳이 있으면 말해보세요.

💡 대한항공 홈페이지 중 개선했으면 하는 점에 대해서 말씀해보세요.

💡 지난 번 공채에 비해 보완점이 있다면 무엇인지 말해보세요.

💡 지방에 사시는데 어떻게 오셨는지 말해보세요.

💡 경력에 대해 말해보세요.

💡 요즘 가장 즐거웠던 일에 대해서 말해보세요.

💡 10년 후 어떤 승무원이 될 거 같은지 말해보세요.

💡 일본에서 대학을 나오셨는데 일본어를 잘하십니까?

💡 일본에서 왜 취직을 안 하셨습니까?

💡 부모님께서 대한항공에 대해서 자주 말씀하신다고 하셨는데 무엇을 주로 말씀하시는지 말해보세요.

💡 어떤 서비스가 좋으셨는지 말해보세요.

💡 승무원 준비를 어떻게 하셨습니까?

💡 전현차 카페가 무엇입니까?

💡 전현차에서 어떤 정보를 공유합니까?

💡 전현차에서 어떻게 해야 뽑힌다고 합니까?

💡 체력관리는 어떻게 하십니까?

💡 "내가 승무원이 되면 이러한 승무원이 되겠다."에 어떤 승무원이 되실 건지 말해보세요.

💡 최근 본 기사 아무거나 말해보세요.

💡 주변에 친구들이 나를 어떻게 보는지 & 어떻게 말하는지 말해보세요.

💡 자신의 강점에 대해서 말해보세요.

💡 서비스직을 하셨는데 서비스직 경험에 대해서 말해보세요.

💡 자신의 신조나 좌우명에 대해서 말해보세요.

💡 존경하는 사람에 대해서 말해보세요.

💡 대한항공 승무원이 된다면 자신의 포부에 대해서 말해보세요.

💡 중국어가 특기인데 어느 점에 중점을 두고 중국어 공부를 하였는지 말해보세요.

💡 승무원의 자질에 대해서 말해보세요.

💡 승무원을 위해서 어떤 걸 준비하셨는지 말해보세요.

💡 커피전문점에서 일하였는데 가장 자신 있게 커피를 만드는 방법에 대해서 말해보세요.

💡 자신이 가지고 있는 승무원의 자질과 덕목에 대해서 말해보세요.

💡 승무원이 되기 위해서 특별히 하신 일이 있으신가요?

💡 자신의 전공과목과 승무원이라는 직업에 대한 연관성에 대해서 말해보세요.

💡 좋은 조직이란 무엇이라고 생각하십니까?

💡 첫 지원이 아니신데 준비하신 것과 지원동기를 말해보세요.

💡 취미가 독서인데 최근에 읽은 책에 대해서 말해보세요.

💡 웃기가 취미이신데 어떻게 웃으십니까?

💡 독일인의 국민성 중 본받을 만한 것에 대해서 말해보세요.

💡 좋은 회사란 어떤 회사인지 말해보세요.

💡 한류문화가 유지되기 위한 방한에 대해서 말해보세요.

💡 임원면접에 가게 된다면 같이 가고 싶은 조원에 대해서 말해보세요.

💡 최근에 본 영화에 대해 말해보세요.

💡 대한항공에 지원한 이유와 간절함을 말해보세요.

💡 대한항공이 첫 지원인데 다른 항공사를 선택하지 않고 대한항공을 선택한 이유에 대해서 말해보세요.

💡 아르바이트 경험을 통해 배운 점과 아쉬운 점에 대해서 말해보세요.

💡 선생님이 학생을 처벌하는 것에 대해 어떻게 생각하고 처벌하는 것이 맞는 것인지 말해보세요.

💡 자기가 자랑하고 싶은 걸 말해보세요.

💡 자신이 살고 있는 지역으로 자랑해도 좋습니다.

💡 취미와 특기가 활동적인 운동들인데 같이 하는 활동이 아닌 개인 활동으로 하는 것이 도움이 많이 되는지 말해보세요.

💡 두 번이나 임원까지 가셨는데 왜 기회를 못 잡으셨는지 말해보세요.

💡 왜 여성들이 승무원을 하고 싶어하는지 말해보세요.

💡 왜 현재 하고 있는 일을 하지 않고 승무원을 하고 싶은지 말해보세요.

💡 과가 특이한데 과에 대해 설명을 하고 승무원이 왜 하고 싶은지도 함께 말해보세요.

💡 A380 항공기 국내선 도입 찬성과 반대 의견에 대해서 말해보세요.

💡 스터디를 어떻게 했는지 말해보세요.

💡 아르바이트 경험에 대해서 말해보세요.

💡 명품서비스와 일반서비스의 차이점에 대해서 말해보세요.

💡 직장인의 덕목 3가지에 대해서 말해보세요.

💡 나이가 있으신데 나이 어린 선배들에게 어떻게 대하실 건지 말해보세요.

💡 훈계나 충고를 잘 받아들이는 편이십니까?

💡 기내에서 남자승객분께 여자화장품을 어떻게 파시겠습니까?

💡 서비스 직종에서 일을 하셨는데 손님이 화가 나셨을 때 어떻게 하시겠습니까?

💡 엄청 화가 나 있는 승객분께 계속 웃을 수 있으십니까?

💡 대한항공 서비스 중 기억에 남는 서비스나 알고 있는 서비스가 있다면 말해보세요.

💡 승무원이 갖춰야 할 자질에 대해서 말해보세요.

💡 만약 어떤 손님이 컴플레인을 하시는데 승무원이 왜 미소를 계속 짓냐고 하면
뭐라고 하시겠습니까?

💡 주위에서 첫인상은 뭐라고 하는지 말해보세요.

💡 성격의 단점에 대해서 말해보세요, 백화점 일을 하면서 고객응대에 대해서 말
해보세요.

💡 아프리카에서 모피를 팔아보세요.

💡 시 낭송이 취미이신데 시 낭송을 해보세요.

💡 알래스카에서 아이스크림을 팔아보세요.

💡 호텔 서비스와 기내 서비스의 공통점과 차이점에 대해서 말해보세요.

💡 처음 보는 승객분과 대화를 이어갈 소재에 대해서 말해보세요.

💡 집에서 여기까지 어떻게 왔는지 짧게 설명해보세요.

💡 무엇이든 자신이 못하는 것이 있다면 한 가지씩 말해보세요.

💡 중국어과에 대해서 말해보세요.

💡 성격의 장·단점에 대해서 말해보세요.

💡 외형상으로 마음에 안 드는 부분이 있다면 어느 부분인지 말해보세요.

💡 다른 지원자와 비교했을 때의 보완점에 대해서 말해보세요.

💡 디자인이 전공인데 전문직인데도 불구하고 승무원이 되고 싶은 이유에 대해
서 말해보세요.

💡 항공과 전공을 하셨는데 도움이 되었던 과목에 대해서 말해보세요.

💡 면접준비는 어떻게 하셨는지 말해보세요.

💡 본인이 가지고 있는 나쁜 버릇이 있다면 말해보세요.

💡 2명의 아이가 있는데 육아병행을 하면서 자주 집을 비우게 될텐데 괜찮으시
겠습니까?

💡 이제 곧 점심시간인데 면접 끝나고 무엇을 먹을 건지에 대해서 말해보세요.

💡 영문과이신데 영어로 자기소개를 해보세요.

💡 왜 꼭 승무원이어야만 하는지 말해보세요.

💡 승무원이 되기 위해서 무엇을 준비했는지 말해보세요.

최근 여행한 곳이 어딘지 말해보세요.

첫 지원인데 어떻게 준비하셨습니까?

지원경험이 있으신데 보여줄 것이 있다면 무엇이 있는지 말해보세요.

저번에 아깝게 합격하지 못하였는데 그때 보여주지 못한 장점을 말해보세요.

자원봉사로 통역을 하셨는데 어떤 언어를 하셨는지 말해보세요.

호텔에서 실습한 경험이 있으신데 그때 컴플레인 고객이나 응대할 때의 에피소드가 있다면 말해보세요.

언제 미국을 갔는지 말해보세요.

○○대를 나오셨는데 학교 자랑을 해보세요.

학점이 굉장히 높으신데 학점관리에 대해서 말해보세요.

취미가 사람 관찰하기이신데 취미에 대해서 설명해보세요.

기내에 추천할 만한 영화에 대해서 말해보세요.

무한도전 멤버들 중 자신과 닮은 사람은 누구인지 말해보세요.

자신의 취미와 특기가 승무원으로 일할 때 어떻게 연관되는지 말해보세요.

취미에 대해서 말해보세요.

승무원의 자질에 대해서 말해보세요.

승무원이 가져야 할 자질 1개와 자신이 가지고 있는 자질 1개를 말해보세요.

대한항공의 미취항지 중에 부모님과 같이 가고 싶은 곳을 말해보세요.

자신이 말하고 싶은 걸 말해보세요.

결혼을 하면 신랑과 신혼여행지로 가고 싶은 곳이 있다면 대한항공 미취항지 중에서 얘기해보세요.

자신의 장점이 무엇인지 그 장점이 승무원으로서 어떻게 작용될 지 말해보세요.

대한항공 하면 떠오르는 이미지에 대해서 말해보세요.

옆 지원자를 칭찬해보세요.

비빔밥을 일어로 소개해보세요.

승무원의 자질에 대해서 말해보세요.

파리에 대한 느낌에 대해서 말해보세요.

중국인 고객에게 어떻게 서비스해야 하는지 말해보세요.

💡 대한항공 지원동기와 간단한 입사 포부에 대해서 말해보세요.

💡 아침에 일어나서 뭐를 했고, 어떤 생각으로 왔는지 말해보세요.

💡 몇 시에 일어났는지 말해보세요.

💡 자기가 제일 먼저 일어난 거 같은 사람은 몇 시에 일어났는지 말해보세요.

💡 친척언니 두 분이 대한항공 승무원이신데 여러 이야기를 들었을 텐데 대한항공에 대해 가지고 있는 생각에 대해서 말해보세요.

💡 항공운항과를 나오셨는데 과목 중 가장 생각나는 과목에 대해서 말해보세요.

💡 대한항공 미취항지 중 추천하고 싶은 곳 있으면 말해보세요.

💡 대한항공을 이용해 본 사람은 이용 시 불편했던 점에 대해서 말해보세요.

💡 대한항공을 이용해 보지 못한 사람은 타 항공사 서비스는 어땠는지 말해보세요.

💡 승무원이 된 후 유니폼을 입고 가고 있는데 만약 리무진에서 어떤 분이 본인이 special meal을 신청 안했는데 어떻게 해야 하냐며 말을 걸어온다면 어떻게 하시겠습니까? 단, 대한항공 승무원이 됐다는 전제하에 말해보세요.

💡 승무원이 된 후 일을 하는데 만약 어떤 사람이 본인을 무척 싫어하는 것 같으면 어떻게 할 것인지 말해보세요.

💡 학교 졸업하고 무엇을 하셨는지 말해보세요.

💡 연극을 전공하고도 승무원이 되고 싶은 이유를 말해보세요.

💡 대한항공이 개선했음 하는 것들을 말해보세요. 단, 서비스를 제외하고 말해보세요.

💡 대한항공을 이용해 보신 적이 있으십니까?

💡 서비스 경험 중에 기억이 남는 것이 있다면 말해보세요.

💡 존경하는 사람과 그 이유에 대해서 말해보세요.

💡 좋아하는 연예인이 누구며 어떤 데이트를 하고 싶은지 말해보세요.

💡 입사하고 1년이 지나서 비행을 할 때쯤 후배로 이상형의 남자 후배가 들어왔는데 어떻게 하시겠습니까?

💡 입사하고 1년이 지나서 비행을 할 때 대한항공의 10년 선배이신 다른 부서의 분이 승무원 후배로 들어왔는데 어떻게 대하시겠습니까?

💡 색이나 동물에 자신을 비유해보세요.

💡 왜 중국어를 공부하셨습니까?

💡 "나는 이런 성향을 가진 사람과는 친하게 지낼 수 없다." 그 이유를 말씀해보세요.

💡 승무원에 떨어지면 승무원 말고 어떤 일을 하고 싶은지 말해보세요.

💡 대한항공 취항지 CF 중에 가보고 싶은 나라와 그 이유에 대해서 말해보세요.

💡 채용 홈페이지의 개선점에 대해서 말해보세요.

💡 자신을 동물에 비유해보세요.

💡 자신을 색깔에 비유해보세요.

💡 자신의 단점에 대해서 말해보세요.

💡 친한 친구에 대해서 이야기해보세요.

💡 학과를 소개해보세요.

💡 왜 그 학과를 선택했는지 말해보세요.

💡 어떤 승무원이 되고 싶은지 말해보세요.

💡 승무원이 무슨 일을 하는지 아시는 분 말해보세요.

💡 토익점수 언제 취득했는지 말해보세요.

💡 광고학인데 대한항공 홍보 잘 하고 있는지 말해보세요.

💡 아르바이트 경험 중 힘들었던 점에 대해서 말해보세요.

💡 학교 자랑을 해보세요.

💡 직장이 있으신데 그곳에서 당신의 역할이 무엇인지 말해보세요.

💡 대한항공 비행기를 이용해 본 적이 있는지 말해보세요.

💡 아르바이트 경험이 있으신데 아르바이트를 하면서 힘든 일은 없으셨습니까?

💡 취미에 대해서 말해보세요.

💡 어머니께서 시인이신데 좋아하는 시에 대해서 말해보세요.

💡 왜 승무원이 되려고 하는지 말해보세요.

💡 승무원의 자질에 대해서 말해보세요.

💡 운동을 좋아하십니까?

💡 졸업하고 뭐하셨는지 말해보세요.

💡 전공을 살릴 생각은 없는지 말해보세요.

💡 승무원 하면 어떤 이미지가 떠오르는지 말해보세요.

💡 현재 일하는 곳에서 힘든 점은 없었는지 말해보세요.

💡 대한항공이 하고 있는 사회공헌활동에 대해서 말해보세요.

💡 호텔에서 일하면서 제일 힘들었던 점이 있다면 말해보세요.

💡 직장을 다니시고 있으신데 직장에 대해서 말해보세요.

💡 승무원의 자질이 있다고 생각하십니까?

💡 대한항공이 왜 날 뽑아야 하는지 말해보세요.

💡 집이 OOO이신데 소개할 만한 점에 대해서 말해보세요.

💡 특기가 화장실 청소인데 어떻게 하면 잘 할 수 있는지 말해보세요.

💡 화장실 청소를 하는 것이 어떻게 왜 기내안전과 서비스에 중요한지 말씀해 보세요.

💡 예전에 지원한 적이 있었는데 대답을 제대로 못해서 아쉬웠던 질문이 있다면 말해보세요.

💡 예전에 지원한 적이 있었는데 그때에 비해서 지금 바뀐 점이 있다면 무엇이 있는지 말해보세요.

💡 화장을 받고 오셨습니까?

💡 화장은 맘에 드십니까?

💡 면접위원님에게 추천해 줄 책이 있다면 말해보세요.

💡 아침에 눈 떴을 때 비가 왔는데 기분이 어땠습니까?

💡 중국 유학을 다녀오셨는데 중국에 대해서 말해보세요

💡 자신이 승무원이 되어야 하는 이유에 대해서 말해보세요.

💡 드럼을 칠 줄 안다고 알고 있는데 얼마나 잘 치는지 말해보세요.

💡 드럼을 치면 어떤 장점이 있는지 말해보세요.

💡 "~한 승무원이 되고 싶다"라고 표현해보세요.

💡 봉사활동에 대해서 말해보세요, 서비스를 한 적이 있다면 말해보세요.

💡 자신의 성격이 외향적 or 내성적이라고 생각하시나요?

💡 항공과이신데 두 분에게 과 소개를 해보세요.

💡 승무원이 되기 위해 어떤 노력을 했는지 말해보세요.

💡 공대를 나오셨는데 학과와의 연관성에 대해서 말해보세요.

💡 자신의 좌우명에 대해서 말해보세요.

💡 일반적으로 솔직히 준비한 것이 있으면 말해보세요.

💡 자신이 가지고 있는 자질에 대해서 말해보세요.

💡 직장 경험이 있는데 거기서 배운 것들은 무엇인지 말해보세요.

💡 대구에서 오셨는데 대구 자랑을 해보세요.

💡 협동심과 센스 중에 승무원에게 더 중요한 덕목은 무엇이라고 생각하십니까?

💡 최근 대한항공에 대해서 아는 것이 있다면 말해보세요.

💡 기내에서 애기가 울고 난동을 피우는데 어떻게 하시겠습니까?

💡 대한항공에 어필할 수 있는 자신의 강점에 대해서 말해보세요.

💡 좌우명에 대해서 말해보세요.

💡 20대에게 대한항공 CF는 어떤지 말해보세요.

💡 일본사람에게 신경써야 할 서비스에 대해서 말해보세요.

💡 "대한항공은 ○○○이다!" 짧게 그 이유와 함께 말해보세요.

💡 취미가 캐치볼이신데 캐치볼에 대해서 말해보세요.

💡 대학을 해외에서 나오셨는데 에피소드가 있다면 말해보세요.

💡 승무원이 됐는데 적성에 안 맞는다면 어떻게 하시겠습니까?

💡 명품항공사란 무엇이라고 생각하십니까?

💡 글로벌 마인드란 무엇이라고 생각하십니까?

💡 추천하고 싶은 서비스에 대해서 말해보세요.

💡 몸이 불편하신 손님이 자리를 옮겨달라고 한다면 어떻게 하시겠습니까?

💡 전공이 두 개인 이유에 대해서 말해보세요.

💡 회사생활에 있어서 가장 중요한 것은 무엇이라고 생각하십니까?

💡 사무적인 회사에서 일을 할 때 사원들끼리의 커뮤니케이션을 어떻게 해야 할
지 말해보세요.

💡 승무원이라는 직업을 하고 싶어서 왔지만 이 점은 승무원이라는 직업이 참 안
좋다라고 하는 점을 말해보세요.

💡 승객들에게는 커뮤니케이션을 어떻게 해야 할지 말해보세요.

💡 자신이 받아본 서비스 중에서 가장 기억에 남는 서비스에 대해서 말해보세요.

💡 취미가 여행하기이신데 많은 곳을 다녀와보셨을 텐데 가장 좋아서 다시 가고 싶은 곳을 추천해보세요.

💡 승무원이 되기 위해서 한 준비가 있으면 무엇인지 말해보세요.

💡 스터디라는 곳이 지원자들이 모여서 하는 곳인지 말해보세요.

💡 요즘 대졸 공채도 있고 많은 사람들이 대한항공을 들어오고 싶어합니다. 대한항공 직원들은 어떤 이미지라고 생각하십니까?

💡 학생과 직장인의 차이점에 대해서 말해보세요.

💡 서비스의 꽃이라고 말씀했는데 이유가 뭐라고 생각하는지 말해보세요.

💡 남자친구를 사귈 때 보는 기준을 솔직하게 말해주세요.

💡 ○○○항공 근무하면서 어떤 점이 어려웠는지 말해보세요.

💡 체력관리는 어떻게 했는지 말해보세요.

💡 첫 지원인데 스터디 경험은 있는지 말해보세요, 스터디를 하면서 뭐가 제일 어려웠는지 말해보세요.

💡 해외에 오래 있었는데 해외에 있으면서 가장 어려웠던 점이 있다면 무엇이었는지 말해보세요.

💡 인생을 살면서 많은 발전들을 해오셨을 텐데 가장 발전한 계기가 된 사건에 대해서 말해보세요.

💡 자격증에 대해서 말해보세요.

💡 최근에 받았던 서비스에 대해서 말해보세요.

💡 A380에 대해 아는 것이 있다면 하나씩 말해보세요.

💡 대한항공의 지상직으로도 들어오실 수 있으실 텐데 왜 승무원을 고집했는지 말해보세요.

💡 대한항공이 저가 항공사에 대비하여 더 발전해야 할 점이 있다면 무엇이 있는지 말해보세요.

💡 살면서 가장 엉뚱했던 경험에 대해서 말해보세요.

💡 SNS랑 스마트폰의 장·단점에 대해서 말해보세요.

💡 은행에서 일을 하셨는데 항공서비스와의 차이에 대해서 말해보세요.

💡 CPR 응급처치방법에 대해서 말해보세요.

🔖 응원단 동아리를 하셨는데 응원단 동아리에서 있었던 일을 말해보세요.

🔖 김치 담그기가 특기신데 어떻게 하면 맛있게 김치를 담을 수 있는지 말해보세요.

🔖 항공교통과를 나오셨는데 항공교통과에 대해서 설명해보세요.

🔖 "대한항공은 ○○○이다!" 짧게 답변 부탁드립니다.

🔖 졸업예정이신데 후배에게 조언을 해보세요.

🔖 전공이 법 관련이신데 손님께서 일어나면 안 되는 상황에서 오버헤드에서 짐을 꺼내다가 사고가 났을 때 항공사 책임인지, 승객 책임인지 말해보세요.

🔖 영문과 출신이신데 당연히 영어를 준비하셨을 테니 자신 있는 것을 영어로 말해보세요.

🔖 첫 지원이신데 느낌이 어떤지 말해보세요.

🔖 기내에 추천하고 싶은 영화를 한 가지씩 말해보세요.

🔖 면접장에 오시기까지 어떻게 오셨는지 상세하게 말해보세요.

🔖 불어 전공을 하셨는데 불어를 해보세요.

🔖 서비스직을 많이 하셨는데 가장 힘들게 한 고객에 대해서 말해보세요.

🔖 옆 지원자에 대해 말해보세요.

🔖 주위에 승무원이 있으십니까?

🔖 감명 깊게 본 영화에 대해서 말해보세요.

🔖 외국 어디가 가고 싶은지 말해보세요.

🔖 3달 만에 토익 300점 상승하셨다고 하셨는데 어떻게 해서 300점을 상승할 수 있게 하셨는지 말해보세요.

🔖 임원면접에 가셨을 때 당시 기억나는 질문을 말해보세요.

🔖 삼겹살 굽기가 특기신데 어떻게 하면 맛있게 굽는지 말해보세요.

🔖 요리가 취미이신데 잘 하는 요리에 대해서 말해보세요.

🔖 스터디를 한다고 하셨는데 몇 명이 하며 언제 하는지 말해보세요.

🔖 신문방송학과가 전공이신데 CF 기억에 남는 것 중 이야기해보세요.

🔖 봉사활동에 대해서 말해보세요.

🔖 매너가 나쁜 고객을 어떻게 응대하시겠습니까?

🔖 살아가면서 가치 있는 일이 여러 가지 있는데, 자신이 가장 가치 있다고 생각

되는 시간이나 일에 대해서 말해보세요.

💡 자신만이 가지고 있는 자질과 능력에 대해서 말해보세요.

💡 승객이 이상형인데 번호를 달라고 한다면 어떻게 대처하시겠습니까?

💡 과 홍보대사라고 생각을 하고 과를 소개해보세요.

💡 남들에 비해 이건 내가 자신 있다 하는 점을 말해보세요.

💡 오늘의 날씨가 어떤지 설명해보세요.

💡 사계절 중 어느 계절을 가장 좋아하는지 말해주세요.

💡 취미가 등산이신데 가장 좋아하는 등산 코스를 말해보세요.

💡 대한항공에서 하는 일이 무엇이 있는지 말해보세요.

💡 친구들이 자신을 어떻게 생각하는지 말해보세요.

💡 대한항공 사보 같은 잡지에 대해서 아는지 말해보세요.

💡 TV 프로그램 중 개선하고 싶은 프로그램에 대해서 말해보세요.

💡 기차내 서비스랑 기내 서비스의 차이점에 대해서 말해보세요.

💡 취미와 특기로 배운 걸 어떻게 서비스하시겠는지 말해보세요.

💡 미취항지를 추천해보세요.

💡 서비스[3]란 무엇이라고 생각하십니까?

💡 진정한 서비스를 해도 고객님이 화를 내신다면 어떻게 하시겠습니까?

💡 자신의 생활신조에 대해서 말해보세요.

💡 대한항공의 서비스와 다른 항공의 차이점에 대해서 말해보세요.

💡 승무원이 되기 위해 준비한 것이 있다면 말해보세요.

💡 친구들이 당신을 보고 성격이나 성향을 뭐라고 하는지 말해보세요.

💡 추천하고 싶은 영화에 대해서 말해보세요.

💡 자신을 과일에 비유해보세요.

---

3 서비스는 다의어(多義語)로써 여러 가지 뜻을 내포하고 있으며 면접 시 개개인마다 각자의 정의를 말할 수 있다. 학자들이 말하는 서비스의 가장 큰 네 가지 특징은 다음과 같다. 무형성intangibility, 이질성heterogeneity=가변성variability, 비분리성inseparability=생산과 소비의 동시성, 소멸성perishability=재고 불가능성, 비저장성, 일회성이다(김영진, 2010 참고).

💡 자신의 취미와 특기가 승객들께 어떤 도움이 될지 말해보세요.

💡 미국에 어떤 계기로 다녀왔는지 말해보세요.

💡 미국 가서 인턴십의 어떤 일을 했는지 말해보세요.

💡 얼마나 인턴십을 했는지 말해보세요.

💡 인턴십을 하면서 느낀 점에 대해서 말해보세요.

💡 우면산 봉사활동을 한 적이 있는데 이것은 무엇인지 말해보세요.

💡 봉사활동을 하면서 인상 깊었던 일을 말해보세요.

💡 재미있는 얘기가 취미라고 되어 있으신데 한번 해보세요.

💡 건축공학과인데 이쪽 분야로 갈 생각 없으시나요?

💡 임원면접 경험이 있는데 기억이 나시나요?

💡 임원면접 때 어떤 질문을 받고 어떻게 대답했는지 말해보세요.

💡 아랍어를 전공하셨는데 한번 보여주시겠습니까?

💡 첫 월급을 타면 뭐하실 건지 말해보세요.

💡 명품이란 무엇인지 말해보세요.

💡 대한항공에 대해 아는 것을 말해보세요.

💡 평창 동계올림픽은 언제 하는지 말해보세요.

💡 전공과 승무원의 연관성에 대해서 말해보세요.

💡 승무원이 면세점에서만 명품을 살 수 있습니까?

💡 좋아하는 철학자에 대해서 말해보세요.

💡 승무원 준비를 하는 데 있어서 학원이나 과외가 꼭 필요하다고 생각하십니까?

💡 살면서 가장 감동을 느꼈던 일에 대해서 말해보세요.

💡 첫 지원 때도 보브이셨는지 말해보세요.

💡 마지막으로 하고 싶은 말 하시고 싶으신 분들은 손들고 말해보세요.

💡 자신이 갖고 있는 부족한 점을 말해보세요.

💡 옆 지원자의 장점과 단점을 말해보세요.

💡 러시아어과이신데 러시아인들의 특성에 대해서 말해보세요.

💡 면접을 위해 준비한 것에 대해서 말해보세요.

💡 성대모사가 특기이신데 성대모사를 해보세요.

💡 CPR에 대해서 설명해보세요.

💡 교정 중이십니까?

💡 승무원을 하게 되면 생기는 힘든 점에 대해서 말해보세요.

💡 요즘 관심 있게 보는 프로그램에 대해서 말해보세요.

💡 사형제도 찬반에 대해서 말해보세요.

💡 자신이 면접관이라면 지원자의 어떤 면을 볼 것인지 말해보세요.

💡 성형의 기회가 주어진다면 어디를 고치고 싶은지 말해보세요.

💡 좋아하는 TV 프로그램이 무엇인지 말해보세요.

💡 면접 전날에 무엇을 하셨는지 말해보세요.

💡 승무원의 힘든 점에 대해서 말해보세요.

💡 커뮤니케이션할 때 가장 중요하다고 생각하는 것은 무엇입니까?

💡 대학생 때 활동한 것 중에 가장 기억에 남는 것이 있다면 말해보세요.

💡 이것만큼은 나의 뛰어난 장점이고 이건 부족한 점이라고 생각한 것이 있으면 말해보세요.

💡 자기를 표현하는 사자성어에 대해서 말해보세요.

💡 전현차에 후기가 어떻게 올라왔는지 말해보세요.

💡 타 항공사와 비교해서 대한항공의 단점에 대해서 말해보세요.

💡 추천할 만한 국내 여행지를 말해보세요.

💡 면접을 이렇게 보는 게 정형화되어 있는데 다른 방법을 생각해본다면 어떤 것이 있는지 말해보세요.

💡 급박한 상황에서 아이와 노인분 중 누굴 구할지 말해보세요. 단, 두 명을 구하는 건 안 됩니다.

💡 승무원 준비하기가 힘든데 어떤 점이 힘들었는지 말해보세요.

💡 연예인 누구 닮았는지 말해보세요.

💡 이상형의 연예인이 탄다면 어떻게 하시겠습니까?

💡 자신을 음식에 비유한다면 무엇으로 비유하실 건지 말해보세요.

💡 승무원으로서의 자신의 단점에 대해서 말해보세요.

💡 신혼여행지로 가고 싶은 곳에 대해서 말해보세요.

💡 일반과 항공서비스의 차이점에 대해서 말해보세요.

💡 취업난에 대해서 어떻게 생각하십니까?

💡 하루 중 잠 빼고 시간을 가장 많이 소비하는 일에 대해서 말해보세요.

💡 가장 기억에 남는 일에 대해서 말해보세요.

💡 첫 지원이신데 어떤 부분에 주력했는지 말해보세요.

💡 간호와 승무원직이랑 연관해서 말해보세요.

💡 취미가 뮤지컬 감상이라고 하셨는데 최근에 뭐 봤는지 말해보세요.

💡 루브르박물관 오디오 서비스를 이용해보셨다던데, 개선할 점에 대해서 말해
보세요.

💡 A380이 몇 대인지 아시나요?

💡 A380에 대해서 말해보세요.

💡 추천하고 싶은 기내식에 대해서 말해보세요.

💡 추천할 만한 서비스에 대해서 말해보세요.

💡 러시아어 자격증이 이 정도면 어느 수준인지 말해보세요.

💡 왜 러시아어과를 선택했는지 말해보세요.

💡 3학년이신데 일찍 지원한 이유에 대해서 말해보세요.

💡 학교를 어떻게 하실 생각인지 말해보세요.

💡 전공을 버리셔야 할 텐데 괜찮으십니까?

💡 비서를 하신 적이 있는데 왜 이직을 하시는지 말해보세요.

💡 아직 재학생인데 보통 졸업하고 지원하시는 분들이 많은데 왜 일찍 지원을 했
는지 말해보세요.

💡 졸업식과 비행이 겹친다면 어떻게 하시겠습니까?

💡 취미가 다도인데 다도의 어떤 점이 좋은지 말해보세요.

💡 차 마시는 방법이 여러 가지던데 설명을 해보세요.

💡 차와 같이 마시면 좋은 디저트를 말해보세요.

💡 중국어로 "비행기가 흔들리고 있으니 자리에 앉아주시기 바랍니다."를 해보
세요.

💡 중국이 제2의 강국으로 떠오르고 있는데 어떤 점 때문이라고 생각하는지 말해

보세요.

💡 대학교를 중국에서 나왔는데 가게 된 계기에 대해서 말해보세요.

💡 취미가 터치럭비인데 터치럭비가 무엇인지 말해보세요.

💡 전공이 중문과인데 대한항공 중국 노선 중 추천하고 싶은 취항지를 말해보세요.

💡 전공이 동양화인데 승무원에 지원한 계기는 무엇입니까?

💡 제일 좋아하는 화가는 누구입니까?

💡 그림을 보면 보통 이해하기 어려운데 그림 보는 방법을 말해준다면 설명해 보세요.

💡 기내 상영 영화의 상영 가능 여부의 기준은 어떤 것이라고 생각하십니까?

💡 기내 상영은 어떤 것을 상영해야 한다고 생각하십니까?

💡 오늘 아침 뉴스에서 본 기사에 대해서 말해보세요.

💡 대통령이 된다면 무엇을 하고 싶은지 말해보세요.

💡 우리에게만 있는 나라 CF에 넣을 관광지를 추천해보세요.

💡 대한항공이 가지고 있는 매력에 대해서 말해보세요.

💡 직업이 특이하신데 설명을 해보세요.

💡 최근 CF에서 기억에 남는 것이 있다면 말해보세요.

💡 지금까지 받았던 서비스 중 최고의 서비스에 대해서 말해보세요.

💡 승무원의 덕목에 대해서 말해보세요.

💡 승무원이 나에게 어떤 의미가 있는지 말해보세요.

💡 취미가 나중에 승무원이 되어서 어떤 관련이 있는지 말해보세요.

💡 제주도 자랑을 해보세요.

💡 승무원이 된다면 어디를 가장 가고 싶은지 말해보세요.

💡 행복했던 때에 대해서 말해보세요.

💡 슬펐던 때에 대해서 말해보세요.

💡 승무원이 되면 가장 먼저 가보고 싶은 나라에 대해서 말해보세요.

💡 마지막으로 최근 본 영화에 대해서 말해보세요.

💡 존경하는 인물의 책을 읽어 본 적이 있는지 말해보세요.

💡 서비스 경험 관련해서 힘들었던 적이 있으면 말해보세요.

💡 ○○○씨에게만 있는 나라는 무엇인지 말해보세요.

💡 대한항공 취항지 중 가고 싶은 곳을 말해보세요.

💡 내가 받은 최악의 서비스에 대해서 말해보세요.

💡 키 제한을 없애는 것에 대해서 어떻게 생각하는지 말해보세요.

💡 자신의 강점이 승무원으로서 어떻게 작용하는지 말해보세요.

💡 승무원이 왜 하고 싶은지 말해보세요.

💡 왜 졸업하고 어학연수를 다녀왔는지 말해보세요.

💡 축산과를 나오셨는데 승무원과 연관이 있다고 생각하십니까?

💡 항공과를 나오셨는데 주변에 승무원들이 많은가요? 대한항공 승무원도 있나요?

💡 대한항공 유니폼은 어떤 거 같은지 말해보세요.

💡 대한항공의 유니폼의 단점에 대해서 말해보세요.

💡 나이가 있으신데 하던 일을 그만두시고 왜 승무원이 하고 싶었는지 말해
   보세요.

💡 승무원은 어린 친구들이 많아 선배로 대해야 할 텐데 괜찮으시겠어요?

💡 중국어로 자기소개 해주시고 해석도 해주세요.

💡 프랑스 어디를 가장 가고 싶은지 말해보세요.

💡 독일 어디서 어학연수를 하셨는지 말해보세요.

💡 전공이 경찰행정과이신데 승무원에 지원하게 된 계기에 대해서 말해보세요.

💡 기내에서 비빔밥 드신 외국 승객을 도와주신 적이 있으신데 영어로 다시 한번
   해보세요.

💡 미국 관광지를 추천해보세요.

💡 저가 항공사와 대한항공을 비교해서 말해보세요.

💡 면접위원이라면 지원자들의 어떤 면을 보고 뽑을지 말해보세요.

💡 면접이라는 짧은 시간 안에 승무원의 자질을 가리는 것이 많이 힘든데 본인이
   면접위원이라면 어떤 질문을 하겠습니까?

💡 A380을 도입함에 있어서 어떤 마케팅을 해야 하는지 말해보세요.

💡 무인도에 가져갈 물건 3가지를 말해보세요.

💡 본인의 이미지를 한 단어로 말해보세요.

💡 당신이 면접위원이라면 무엇을 보시겠습니까?

💡 여행 선택 시 무엇을 우선시 하는지 말해보세요.

💡 남들이 생각하는 자신의 이미지에 대해서 말해보세요.

💡 자신이 보는 하늘색은 어떤 색인지 말해보세요.

💡 자신의 생활신조에 대해서 말해보세요.

💡 자신의 가훈에 대해서 말해보세요.

💡 기내에서 화재 발생 시 대처법에 대해서 말해보세요.

💡 왜 승무원에 적합하다고 생각하십니까?

💡 모델을 하셨는데 무슨 모델을 하셨는지 말해보세요.

💡 어떤 질문을 받았으면 좋겠다고 생각하셨나요?

💡 대한항공과 아시아나항공의 유니폼의 차이점에 대해서 말해보세요.

💡 면접준비를 어떻게 하셨나요?

💡 공항에서 근무하셨는데 이야기를 해보세요.

💡 상명탕이나 우황청심환을 드셨는지 효과가 나타나는 것 같습니까?

💡 이상형이 명함을 주신다면 어떻게 하시겠습니까?

💡 특별한 미국 문화가 있으면 말해보세요.

💡 공항 실습을 하셨는데 느낀 점에 대해서 말해보세요.

💡 준비해 온 것이 있으면 해보세요.

💡 뭐 타고 오셨는지 말해보세요.

💡 옆 지원자가 승무원으로서의 적합한 점에 대해서 말해보세요.

💡 집이 어디며 버스를 타고 오면서 무슨 생각을 했는지 말해보세요.

💡 취미가 요리이신데 어떤 요리를 잘하는지 말해보세요.

💡 리무진을 타 본 적이 있는지, 비행기 승객 한 분이 리무진은 좌석도 넓은데 비행기는 왜 이리 좁냐며 항의하면 어떻게 하시겠습니까?

💡 지금 갖고 싶은 물건을 말해보세요. 단, 추상적인 것은 제외하고 말해보세요.

💡 대한항공의 환경사업에 대해서 말해보세요.

💡 자신이 다녀온 여행지나 가고 싶은 여행지가 있으면 말해보세요.

💡 영어로 자기소개를 해보세요.

💡 대한항공 하면 생각나는 것에 대해 말해보세요.

💡 서울 시장이 된다면 공약으로 어떤 걸 하시겠습니까?

💡 서비스란 무엇이라고 생각하십니까?

💡 가장 감동적이었던 순간에 대해서 말해보세요.

💡 승무원의 자질 중 가장 중요한 것 한 가지를 말해보세요.

💡 옆 지원자의 장점과 단점 중 하나를 말해보세요.

💡 외국어로 자기소개를 해보세요.

💡 좋은 선후배 관계에 있어서 필요한 것에 대해 말해보세요.

💡 10년 후 나의 모습에 대해서 말해보세요.

💡 이성친구를 고를 때 이걸 먼저 본다는 것과 싫다는 것에 대해 말해보세요.

💡 무슨 프로그램을 즐겨 보는지 말해보세요.

💡 졸업을 안 했는데 후회를 안 하시겠습니까?

💡 신이 공평하지 않다고 느낄 때도 있는데 자신에게는 부족해서 꼭 가지고 싶다 하는 것에 대해서 말해보세요.

💡 지금까지 살면서 결정을 내려야 하는 순간이 있었을 텐데 가장 중대한 결정을 내렸던 적은 언제인지 말해보세요.

💡 자신의 자랑을 해보세요.

💡 체벌에 대한 찬성과 반대 의견을 내보세요.

💡 비행기에서 이상형인 분을 만날 수도 있는데 누구를 만나고 싶은지 말해보세요.

💡 면접위원들에게 하고 싶은 말을 해보세요.

💡 승무원 말고 다른 직업 뭐 하고 싶은지 말해보세요.

💡 본인이 남들보다 더 나은 서비스 자질은 무엇이라고 생각하십니까?

💡 성형을 한다면 어디를 하고 싶은지 말해보세요.

💡 언제부터 지원하고자 마음을 먹었는지 말해보세요.

💡 전공이 다른데 승무원 일을 할 수 있으시겠습니까?

💡 무엇을 통해서 승무원 준비를 할 수 있었는지 말해보세요.

💡 해외경험이 있으신데 해외경험에 대한 에피소드를 말해보세요.

💡 왜 승무원이 되려고 하는지 말해보세요.

💡 대한항공 승무원이 되기 위해 자기가 갖추었다고 생각하는 자질에 대해서 말해 보세요.

💡 왜 이직을 하려고 하는지 말해보세요.

💡 휴학하셨는데 휴학하고 뭐 하셨나요?

💡 동아리 활동을 통해 얻은 것이 있다면 말해보세요.

💡 다른 서비스 분야에서 경험이 많으신데 그 분들보다 뛰어난 본인의 강점에 대해서 말해보세요.

💡 취미가 음악 R&B 듣기인데 왜 R&B를 좋아하는지 말해보세요.

💡 이번에도 임원에 간다면 임원 면접위원님들에게 어떻게 어필할 건지 말해 보세요.

💡 인생의 멘토에 대해서 말해보세요.

💡 한지의 우수성에 대해서 말해보세요.

💡 페이스북 관리가 취미이신데 관리를 어떻게 하시나요?

💡 일본어로 자기소개를 해보세요.

💡 1박 2일 동안 일본으로 여행갈 때 같이 가고 싶은 남자 연예인을 말해보세요.

💡 승무원의 단점에 대해서 말해보세요.

💡 주변 분들이 승무원 한다고 하면 뭐라고 하는지 말해보세요.

💡 스트레스 해소법에 대해서 말해보세요.

💡 자신의 단점을 냉철하게 말해보세요.

💡 아이를 달래기 위한 노하우에 대해서 말해보세요.

💡 월남 음식의 특징을 말해보세요.

💡 외국에서 공부하셨는데 다시 외국으로 가셔야 하시는 건 아닌지 말해보세요.

💡 첫 월급을 받으면 어떻게 쓰고 싶은지, 단 부모님 선물 사드린다 식의 통상적인 대답이 아닌 다른 대답으로 말해보세요.

💡 승무원이 되었는데 남편과 아이들이 반대한다면 어떻게 하시겠습니까?

💡 불어의 매력은 무엇이라고 생각하십니까?

💡 승무원의 자질에 대해서 말해보세요.

💡 전현차 후기를 보고 오셨습니까? 어떤 질문들이 있었나요?

💡 나는 누구인지 말해보세요.

💡 40세에 어떤 승무원이 되고 싶은지 말해보세요.

💡 첫인상이라는 것이 중요하다고 생각하는데 자신의 왼쪽 친구의 첫인상에 대해서 말해보세요.

💡 자신의 매력은 무엇이라고 생각하십니까?

💡 영어로 외국인에게 부산을 소개해보세요.

💡 대한항공 유니폼을 바꾼다면 어떻게 바꾸시겠습니까?

💡 독일어로 자기소개를 해보세요.

💡 승무원이 되면 근무 외에 따로 여행티켓이 나가는데 그때 어디를 가고 싶은지 말해보세요.

💡 승무원의 어떤 점이 힘들다고 들었는지 말해보세요.

💡 대한항공 하면 떠오르는 이미지를 이유 없이 말해보세요.

💡 자신이 서비스업에서 다른 사람보다 강점이라고 생각되는 것에 대해서 말해보세요.

💡 실수한 적이 있다면 그에 대한 대처방법에 대해서 말해보세요.

💡 캘리그래피가 취미인데 캘리그래피가 무엇인지 말해보세요.

💡 전공이 고고학인데 왜 승무원을 하려고 하는지 말해보세요.

💡 대한항공 승무원이 되면 유니폼을 입는데 유니폼을 입게 되면 대외적인 이미지와 어떻게 해야 하는지 말해보세요.

💡 맛집을 소개해보세요.

💡 한 달에 책을 얼마나 읽는지 말해보세요.

💡 음악감상이 취미이신데 어떤 음악을 좋아하는지 말해보세요.

💡 기내에서 비행시작과 끝에 고객들께 들려주고 싶은 음악을 추천해보세요.

💡 비서경력에 대해서 말해보세요.

💡 일본어를 전공하셨는데 유학경험이 있으십니까?

💡 아르바이트하면서 난처한 손님 대처법에 대해서 말해보세요.

💡 취미가 요리 메뉴 개발인데 지금 추천해주고 싶은 신 메뉴가 있다면 무엇인지 말해보세요.

💡 나이가 있는 편인데 왜 이제 지원을 했는지 말해보세요.

💡 박물관과 미술관 답사에 대해서 말해보세요.

💡 터키 사람들은 어떤지 말해보세요.

💡 최악의 식사에 대해서 말해보세요.

💡 마지막으로 안 하면 후회할 것 같은 말이 있으면 말해보세요.

💡 최악의 승객과 대처방법까지 말해보세요.

💡 야구가 취미인데 좋아하는 팀과 좋아하는 선수에 대해서 말해보세요.

💡 전공이 전자인데 전공을 살릴 생각은 없는지 말해보세요.

💡 무슨 일을 했는지, 해보니까 잘 안 맞았나요?

💡 경영전공이신데 경영학은 어떤 학문인가요?

💡 불어가 전공이신데 불어로 자기소개를 해보세요.

💡 학점이 낮으신데 무엇을 중점으로 학교 생활을 하셨나요?

💡 저번에 안 좋은 결과가 있으신데 그 후로 어떻게 준비하셨나요?

💡 왜 승무원이 되려고 하나요?

💡 자기관리는 어떻게 하십니까?

💡 자신에게 직업이란 무엇이라고 생각하십니까?

💡 그룹에 있어서 리더가 되어 본 경험이 있으십니까?

💡 취미가 토속요리인데 구체적으로 어떤 건지 말해보세요.

💡 인재상에 맞는 자신의 장점에 대해서 말해보세요.

💡 자기가 가지지 못한 능력 중에 가지고 싶은 것이 있다면 말해보세요.

💡 타임머신을 타고 과거나 미래로 갈 수 있다면 어디로 가서 무엇을 할 것인지 말해보세요.

💡 비행을 하게 되면 만나고 싶은 유명인에 대해서 말해보세요.

💡 사형제도에 대해 어떻게 생각하는지 말해보세요.

💡 임원면접에서 왜 거만했다고 생각하셨는지, 그럼 어떻게 바꿔서 오셨는지 말해보세요.

💡 과가 특이하신데 무엇을 배우는 학과인지 말해보세요.

💡 어떤 과목이 제일 재미있었고 성적은 좋으셨는지 말해보세요.

💡 매의 눈이 별명이신데 왜 그런 별명을 얻으셨는지 말해보세요.

💡 매의 눈이어서 생긴 에피소드에 대해서 말해보세요.

💡 컴플레인을 좀 해보신 것 같으신데 반대의 입장에서도 일을 잘 할 수 있는지 말해보세요.

💡 긍정적인 성격 덕분에 덕을 보셨던 일이 있으시면 말해보세요.

💡 졸업 후에 무엇을 하셨는지 말해보세요.

💡 외국인 친구들을 학원에서 사귀게 된 건지 말해보세요.

💡 어떤 게임을 좋아하시는지 말해보세요.

💡 대한항공 현장실습생 최종에서 떨어지셨는데 비행하면서 힘들었던 점에 대해서 말해보세요.

💡 건축학과이신데 가보고 싶은 건물에 대해서 말해보세요.

💡 커피전문점에서 일을 하셨는데 저가 커피와 비싼 커피에 대해서 어떻게 생각하는지 말해보세요.

💡 ○○에서 일하시기 전에 공백기간이 있는 것 같으신데 그동안 무슨 일을 하셨는지 말해보세요.

💡 기내에서 아이를 어떻게 대하실 건지 말해보세요.

💡 탱고가 취미이신데 탱고의 매력에 대해서 말해보세요.

💡 취미가 짐 들기이신데 어떻게 짐을 드실 건지 말해보세요.

💡 바둑은 얼마나 잘 두시는지와 누구한테 배웠는지 말해보세요.

💡 요즘 한문을 점점 안 쓰는 추세에 대해서 어떻게 생각하시는지 말해보세요.

💡 지금의 이 면접의 상황을 사자성어로 표현해서 말해보세요.

💡 일본에 대해서 어떻게 생각하는지 말해보세요.

💡 일어로 지금의 느낌을 표현해보세요.

💡 마지막으로 하고 싶은 말 있으시면 손들고 해보세요.

💡 여자들끼리 근무하는 곳에서 트러블이 없게 하려면 어떻게 해야 하는지 말해보세요.

💡 주5일 근무에 대한 본인의 생각은?

💡 회사를 선택할 때 가장 중요하게 생각하는 기준은 무엇인가?

💡 1억이 생기면 무엇을 하고 싶은가?

💡 취업준비를 하면서 우리 회사에 입사하기 위해 어떠한 준비를 했는가?

💡 대학생활 중 가장 기억에 남는 일은?

💡 자신이 생각하기에 가장 좋은 항공사는 어떤 항공사라고 생각하는가?

💡 공무원 노조와 기업 노조의 파업에 대해 어떻게 생각하는가?

💡 최근에 읽은 항공사 관련 기사는 무엇입니까?

💡 승무원이 되기 위하여 성형을 한다는 것을 어떻게 생각하는가?

💡 중국 관광도시 추천해주세요.

💡 대한항공이 속한 그룹에 대한 이야기를 해보세요.

💡 스카이팀 소속항공사 중에 이용해 본 항공사 이야기해보세요.

💡 형제가 있습니까? 있다면 얼마나 친합니까?

💡 비빔밥을 외국인이 못 드실 경우에는 어떻게 처신할 것인가?

💡 최근 상영작 중 추천할 만한 영화?

💡 손님이 울고 계실 때는 어떻게 할 것인가?

💡 서비스가 중요한가, 안전이 중요한가?

💡 영어스킬이 중요한가, 예쁜 미소가 중요한가?

💡 영어로 대한항공에 대한 이야기를 해보세요.

💡 오늘 일기예보 보셨죠? 오늘 날씨에 대해 말해보세요.

💡 비행기가 뜨는 원리가 무엇인지 알고 계십니까?

💡 이거 하나는 정말 잘해서 어른들께 칭찬받았던 점은 무엇입니까?

💡 방금해 본 말을 영어로 말해보세요.

💡 전공이 승무원과 거리가 먼데 지원한 이유는?

💡 호텔과 기내에서의 서비스의 공통점은?

💡 마른 편이라 체력이 약해보이는데 반론할 말 있나요?

💡 가훈을 적으셨는데 가훈이 자신에게 미친 영향은?

💡 인턴을 했는데 왜 항공승무직을 택했는가?

💡 꿈이 승무원인 것을 교수님들이 알고 계시는가? 뭐라고 말씀하셨나?

💡 (독어를 전공한 지원자에게) 독일과 우리나라의 차이점은?

💡 기내 서비스의 개선점은 무엇이라고 생각하는가?

💡 일본 노선 취항이 많아졌는데 어떻게 유치할 것입니까?

💡 이상적인 팀원이란 무엇이라고 생각하는가?

💡 20대 여성의 불만고객을 대처하는 방법에 대해 설명해보세요.

💡 1등 승무원이란?

💡 아기가 배고파서 울고 있을 경우 대처방법은?

💡 좋은 상사는 어떤 상사인가?

💡 일본어의 필요성은 무엇이라고 생각합니까?

💡 취미가 ○○○인데 왜 이 취미를 갖게 되었습니까?

💡 자신이 면접위원이라면 무엇을 볼 것인가?

💡 해외여행 중에 제일 인상이 깊었던 문화쇼크는 무엇입니까?

💡 최근 다른 사람에게 도움을 준 일은 무엇입니까?

💡 대한항공이 고객을 더 유치하기 위하여 개선점은 무엇이라고 생각합니까?

💡 승무원에게 어울릴 만한 메이크업 추천해주세요.

💡 성차별에 대한 견해에 대해 말해보세요.

💡 첫 번째 면접 때와 지금의 마음이 같은가요?

💡 아르바이트 경험이 있는데 제일 기억에 남는 것을 상황극으로 해보세요.

💡 대한항공이 새롭게 비전을 세운다면 어떤 방향으로 세우시겠어요?

💡 자신이 일하는 스타일은 어떻습니까?

💡 대한항공이 앞으로 신규 취항할 곳이 많아지는데 아는 것 있습니까?

💡 여러 가지 서비스가 있는데 대한항공 서비스가 다른 이유는 뭘까요?

💡 인간관계에서 가장 중요한 것은 무엇이라고 생각합니까?

💡 내가 몇 년 전에 비해 달라진 것이 있다면?

💡 비행 중에 가장 짜증나는 상황은 무엇이라고 생각합니까?

💡 승무원이 된 후 그 경험을 바탕으로 하여 어떻게 할 겁니까?

💡 5년 차 시니어와 같이 생활하는 데 불편함을 겪는다면 어떻게 대처할 것입니까?

💡 전공을 접목시켜 어떻게 서비스할 것입니까?

💡 복수전공을 한 이유?

💡 옆의 면접자분께 선물을 한다면 어떤 것을 하겠는가?

💡 키가 큰 것에 대한 장점은 뭐라고 생각합니까?

💡 기내식으로 어떤 쿠키나 케이크를 추천합니까?

💡 대한항공의 이런 면접방식에 대해서 어떻게 생각합니까?

💡 항공이나 호텔 서비스는 고객이 예약을 했다가 취소하면 위약금을 물게 하는데, 렌터카 같은 서비스는 취소를 하면 위약금을 물지 않는다. 이것에 대해 어떻게 생각합니까?

💡 이름이 특이한데 이름 때문에 있었던 에피소드 말해보세요.

💡 돈은 왜 벌어야 된다고 생각합니까?

💡 요즘 청소년들이 욕설을 많이 사용하는데 그 이유가 뭐라고 생각하세요?

💡 화를 잘 내는 편입니까?

💡 새로 취항한 케냐의 지역에 특화하고 싶은 기내 서비스는?

💡 나이로비로 가는 고객을 위해 어떤 특별한 서비스를 하겠는가?

💡 언어가 통하지 않는 승객이 복통을 호소한다. 어찌하겠는가?

💡 면접 전에 부모님께 받은 코멘트는 무엇입니까?

💡 옆사람에게 질문 하나씩 해보세요.

💡 좋아하는 남성상은?

💡 플라잉 맘 서비스란 무엇인지 설명해보세요.

💡 영화관에 갔는데 영화가 전부 매진이라면 어떻게 하시겠습니까?

💡 친구와 여행을 가려고 하는데 3시간이나 기다렸더니 만석이라고 한다. 어떻게 하겠습니까?

💡 변두리라는 단어를 들으면 어떤게 떠오르나요?

💡 최근에 한 거짓말은 무엇입니까?

💡 남자 승무원의 역할은 무엇이라고 생각합니까?

💡 물품을 세관신고를 하지 않고 승무원에게 몰래 숨겨달라고 요청하는 승객께 어떻게 대처할 것입니까?

💡 비행기 출발시간이 다되었는데 손님이 라운지에 무얼 두고 오셨다고 가서 가져오겠다고 하실 때에는 어떻게 대처하겠습니까?

💡 승무원이 꿈이 되는 데 영향을 준 사람은 누구입니까?

💡 여성이 많은 회사로서 장·단점은 무엇이라고 생각합니까?

💡 졸업한지 오래인데 스튜어디스를 갑자기 선택한 이유는 무엇입니까?

💡 유니폼을 입고 해서는 안 되는 행동이 있다고 생각하십니까?

💡 대한항공 서비스에 건의하고 싶은 부분은 무엇입니까?

아시아나항공 기출문제

💡 자기 자신을 사자성어로 말해보세요.

💡 아시아나 발전을 위해 다른 회사에 어떤 점을 벤치마킹하면 좋을까요?

💡 남자 승무원의 역할은 무엇인가요?

💡 인턴제도에 대해서 개인적인 생각은 어떠세요?

💡 가장 좋았던 서비스에 대해서 말씀해보세요.

💡 가장 나빴던 서비스에 대해서 말씀해보세요.

💡 좋은 항공사란 어떤 항공사입니까?

💡 (식품공학 전공자) – 중국 음식에 안 좋은 이물질을 첨가하는 것에 어떻게 생각하세요?

💡 가족소개 해보세요.

💡 연예인과 이름이 동일한데, 그에 대한 의견과 에피소드 있었나요?

💡 상품 원가공개에 대한 개인 의견을 말씀해보세요.

💡 특이한 자격증을 따셨는데요, 그에 대한 이유가 있습니까?

💡 학점이 좋지 않으신데 공부 열심히 하시지 않으셨습니까?

💡 사진 수정에 대한 자신의 견해를 말씀해보세요.

💡 대학시절 부도덕적이거나 비윤리적인 행위를 한 적이 있습니까?

💡 승무원이 되기 위해 무슨 준비를 했습니까?

💡 아름다운 사람이란 어떤 사람이라고 생각하십니까?

💡 아시아나에서 '집념과 열정'을 매우 중요하게 여기는데 열정과 집념을 보여줬다고 생각하는 경험을 소개해보세요.

💡 "감사합니다.", "고맙습니다." 라는 말을 자주 하십니까?

💡 등록금 투쟁에 대하여 학생과 학교 측의 입장에서 말씀해보세요.

💡 부동산 원가공개에 대하여 어떻게 생각하는지요?

💡 현재 인터넷상에서 은어나 속어 등 신·구세대 간 이질감을 나타내는 언어가 있는데 어떻게 생각하는가? 어떤 언어들이 있는지요?

💡 결혼하면 자식에게 무엇을 물려주고 싶은지요?

💡 최근 인수위의 정부 부처 축소에 대한 장점과 그 이유를 설명해보세요.

💡 졸업하고 1년 동안 무엇을 하였습니까?

💡 토익점수가 높은데 외국에 거주한 것이 이유입니까?

💡 영어로 자기소개서에 쓴 대로 요약하여 소개해보세요.

💡 신문기자의 이력이 있는데 설명해주시겠어요?

💡 영문학과에서 국문학과로 전과한 이유는 무엇입니까?

💡 언제 결혼할 것입니까?

💡 태권도 자격증이 있는데 지금도 하십니까?

💡 환율의 변동이 항공업계에 미치는 영향을 말씀해보세요.

💡 청년실업에 대한 본인의 의견을 말씀해보세요.

💡 지금까지 학원 다니신 적 있으십니까? 무슨 학원을 다녔습니까?

💡 한국의 사교육에 대해서 말씀해주세요.

💡 금호그룹 중 아시아나 제외한 그룹 계열사의 이미지에 대해 얘기해보세요.

💡 계열사를 모르고 계십니까? 어떻게 아시아나에 지원을 하시고 모를 수가 있습니까?

💡 자신의 대학을 20초 동안 광고해보세요.

💡 (토익점수 높으신 분) 지금 심정을 영어로 표현해보세요.

💡 학생들이 학비 때문에 데모하는 것에 대해서 어떻게 생각해요?

💡 여성 흡연에 대해서 어떻게 생각하세요?

💡 아시아나항공에 대해 조사한 거 다 말해보세요.

💡 스타얼라이언스에 대해서 말해보세요.

💡 (전공-의상디자인) 대한항공 & 아시아나 유니폼 비교 분석해 보시기 바랍니다.

💡 취업불황이라고 하는데 그에 대한 생각을 말씀해보세요.

💡 본인의 모토에 대해서 말씀해보세요.

💡 인간의 본성은 착하다고 생각합니까?

💡 우리나라 경제가 아시아나에 미치는 영향은 무엇입니까?

💡 이 방에 들어오기 전에 무슨 생각을 하셨는지?

💡 아시아나 최근 뉴스 3가지?

💡 승무원의 장점 3가지, 단점 3가지?

💡 아시아나의 항공기를 타보았는지?

💡 아시아나항공 서비스에 대해서 아는 것?

💡 어떤 서비스를 할 수 있는지 말해보세요.

💡 세계 최고의 서비스란 무엇이라고 생각합니까?

💡 승무원이 되기 위해 준비한 것은?

💡 항공기의 변천사에 대해 말해보세요.

💡 왜 미소를 지으면서 서비스를 해야 한다고 생각합니까?

💡 20대 초중반 여성들의 관심사로 취업 말고 뭐가 있는지 말해보세요.

💡 친구 중에 승무원된 사람 있습니까?

💡 당신이 욕을 하지 않았는데 승객분이 당신이 욕을 했다고 하면 어떻게 하겠습니까?

💡 승무원이 하고 싶습니까?

💡 승무원이 하는 일에 대해서 한 문장으로 말해보세요.

💡 신문 보십니까? 어느 면부터 보시나요?

💡 아버지와의 기억에 남는 일을 말해보세요.

💡 대한항공과 아시아나의 차이점이 뭐라고 생각하나요?

💡 아시아나 또는 대한항공 타 보신 적 있으세요? 비행기 탔을 때의 기분은?

💡 멀리서 오셨는데 하고 싶으신 말 하세요.

💡 아시아나항공에서 학력 제한과 키 제한을 폐지한 것에 대한 자신의 의견?

💡 옆 지원자의 느낌에 대해서 이야기해보세요.

💡 홍어, 닭발, 돼지껍데기, 곱창 중 외국인한테 추천음식과 그 이유는?

💡 신용카드와 현금결제 중 어느 쪽을 더 선호하시나요?

💡 막걸리쌀빵이 샌드위치로 만들어지면 속재료는 어떤 것?

💡 평생 쓰고 남을 만한 로또에 당첨된다면?

💡 요즘 잘나가는 휴대폰이 무엇인가요?

💡 남성의 성형수술에 대하여 어떻게 생각하나?

💡 콩쥐팥쥐, 신데렐라 인물 중 현대적으로 인물을 재해석해보세요.

💡 과정과 결과 중 어느 것이 더 중요한가요?

💡 스타벅스가 어떠한 마케팅 전략으로 성공했나? (던킨과 비교)

💡 사회공헌활동이란?

💡 패션 관련 TV프로그램에 어울릴 만한 사람 추천해보세요.

💡 100만원을 줄테니 백화점에서 본인만을 위해 무엇을 구입하실건가요?

💡 20대 여성이 가장 까다로운 손님인데 어떻게 서비스할 건지 말해보세요.

💡 남아공월드컵 응원가를 추천한다면?

💡 수치심, 죄책감, 후회에 대해 비교해서 말씀해주세요.

💡 요즘 이슈가 되고 있는 것에 대해 말해주세요.

💡 맛 없어서 왜 파는지 모르겠다 하는 커피와 추천 커피는?

💡 아시아나항공 CF 중 최신 것과 가장 기억에 남는 것은?

💡 비빔밥을 외국인에게 설명한다 생각하고 영어로 말하세요.

💡 오늘 아침 신문을 보았나요? 아시아나항공 최신 기사는 어떤 것이 있었나요?

💡 팀에서 리더인 편인지, 지지자인 편인지?

💡 아시아나 회장님과 사장님에 대해 아는 것을 이야기해보세요.

💡 선배님의 생각이 내 생각과 다르게 잘못된 것같은 행동을 한다면 어떻게 하시
   겠습니까?

💡 아이 출산 후 복직하려 하는데 아이가 엄마와 떨어지지 않으려고 하면?

💡 아시아나항공의 사회공헌활동을 알고 계신지? 그렇다면 추천하고 싶은 사회
   공헌활동은?

💡 머리를 길러 본 적 있습니까?

💡 나이가 어린 선배에게 어떻게 대하겠습니까?

💡 아시아나의 고객센터 번호를 아십니까?

💡 객실승무원직이 아닌 다른 부서에 입사하라고 한다면 입사를 하시겠습니까? 아니면 포기하시겠습니까?

💡 상사가 퇴근시간이 지났는데 추가근무를 원한다면 어떻게 하겠습니까?

💡 자신을 한 가지의 색에 비유해보세요.

💡 자신을 한 단어의 형용사로 표현해보세요.

💡 외국어 자격증이 있으신 분들 자연스럽게 대화하듯이 이야기해보세요.

💡 기내 흡연에 대해서 어떻게 생각하나요?

💡 아시아나 최신 기사를 아는 분 손들고 이야기해보세요.

💡 몇년 후 개인적으로 이루고 싶은 꿈이 있다면?

💡 월급이 많지 않아도 다니겠는가?

💡 자신의 어떤 점이 승무원에 잘 맞는지?

💡 급하게 비행가야 하는데 임산부가 골목길에 쓰러져 있다면?

💡 봉사경험 중 가장 슬펐던 경험을 말해보시오.

💡 직업의 의미는?

💡 면접위원들을 웃겨보세요.

💡 직무, 직책, 직급의 의미를 각각 설명해보세요.

💡 후진타오 주석과 오바마 대통령의 차이가 무엇이라고 생각하세요?

💡 아시아나 동남아 노선 중 여행하고 싶은 곳은?

💡 이 교정하셨습니까?

💡 자격증은 어떻게 취득했나요?

💡 자신의 성격의 장·단점은?

💡 싫어하는 사람의 유형과 그런 사람이 선배가 된다면 어떻게 지낼 것인가?

💡 기내에서 이성으로부터 연락처를 받는다면 어떻게 대처할 것인가?

💡 가훈이 무엇인가?

💡 추석은 어떻게 지냈는가?

💡 이름으로 3행시를 지어본다면?

💡 외국인에게 추천하고픈 관광지는 어디인가?

💡 면접위원을 후배라고 생각하고 조언을 해 준다면 어떻게 말할 것인지 대화로

말해보세요.

💡 많은 아르바이트를 했는데, 번 돈은 어떻게 사용했나?

💡 키가 무척 큰데, 어떻게 그렇게 키가 클 수 있나요?

💡 무상급식에 대한 생각은?

💡 최근 읽었던 책은 무엇인가요?

💡 행복이란 무엇이라 생각하는가?

💡 아시아나항공을 이용해 본 적이 있는가? 없다면 아시아나항공의 장·단점을 말해보세요.

💡 유니폼에 대해 어떻게 생각하는가?

💡 미인대회에 대해 어떻게 생각하는가?

💡 승무원이 되면 어느 나라를 가보고 싶은가?

💡 지금 심정을 사자성어로 표현해보라.

💡 아시아나항공의 개선점과 단점은?

💡 최근 읽은 책, 영화, 좋은 구절을 말해보라.

💡 특기를 보여주세요. (장구가 특기인 분한테 장구가 없으니, 입으로 소리내어 보세요)

💡 다시 대학교 1학년이 된다면 무엇을 하고 싶나요?

💡 친구들이 왜 자신을 좋아하는지 이유를 2가지씩 말씀해주세요.

💡 최근에 읽은 책을 소개해보세요.

💡 당신이 생각하는 서비스에 대해서 말해보세요.

💡 시력이 어떻게 되나요?

💡 체력관리는 어떻게 하나요?

💡 스트레스는 어떻게 해소하나요?

💡 아르바이트 경험에 대해서 이야기해보세요.

💡 승무원에게 가장 중요한 자질은 무엇이고 당신은 어떻게 서비스할 것인가요?

💡 어제 뭐 했어요?

💡 토익성적이 높은데 어떻게 공부했어요?

💡 지난 여름에 뭐 했어요?

💡 끝나고 뭐 할 거에요?

💡 직장이랑 당신의 집과 거리가 얼마나 되나요?

💡 최근에 본 영화는 어떤 것이었나요?

💡 즐겨보는 프로그램이 무엇인가요?

💡 여름방학 때 무엇을 할 계획인가요?

💡 자신의 단점은 무엇인가요?

💡 이륙 직전에 승객이 두고 온 게 있다며 내리겠다고 하면 어떻게 하겠습니까?

💡 승객이 이미 술에 취하셨는데 술을 계속해서 달라고 한다면 어떻게 하겠습니까?

💡 기내에서 아이가 운다면 어떻게 하겠습니까?

💡 토마토 주스를 손님에게 쏟았으면 어떻게 할 건가요?

💡 아이엄마가 우유를 타오라고 시켰는데 적정온도는 어떻게 맞출 건가요?

💡 왜 아시아나항공이 좋은지?

💡 최근에 본 영화와 책을 영어로 말해보겠는가?

💡 장기자랑을 해보세요.

💡 집에서 나올 때 부모님께서 뭐라 하셨는가?

💡 아시아나항공 승무원이 되기 위해서 무엇을 준비했었는가?

💡 10년, 20년, 30년 후 자신의 모습을 말해보세요.

💡 여기까지 어떻게 왔는지 영어로 말해보세요.

💡 살면서 가장 후회되는 일이 무엇인가?

💡 본인의 전공을 선택한 이유가 있는가?

💡 서비스란 무엇이라 생각되는가?

💡 지금 생각나는 사자성어와 그 뜻은?

💡 대학생활에서 기억하는 3가지를 말해보라.

💡 아시아나 직원 수가 대충 얼마 정도 되는지 아는가?

💡 국제선과 국내선이 동시에 진행될 경우 어느 부문에 응시할 것인지?

💡 한 달 용돈을 얼마 받는가? 용돈을 어떻게 충당하고 쓰는지?

💡 아르바이트 경력이 있는가? 있다면 일하면서 힘들었던 점을 이야기해보세요.

💡 최근 금연광고와 관련 흡연에 대한 생각을 이야기해보세요.

제주항공 기출문제

💡 자기소개 해보세요.

💡 지금까지 면접 본 경험에 대해서 말해보세요.

💡 학교가 먼데 통학했습니까?

💡 혼자 해외여행한 경험이 있던데 어떻게 혼자 하게 되었습니까?

💡 미국 동부와 서부를 어떻게 여행했습니까?

💡 교내 아나운서 경험 있는 분 멘트해보세요.

💡 봉사 경험 중 가장 슬펐던 경험을 말해보세요.

💡 자신의 어떤 점이 승무원에게 잘 맞다고 생각하십니까?

💡 경력에 대해서 그리고 회사 관련 자격증에 대해서 말해보세요.

💡 월급이 많지 않아도 다니겠습니까?

💡 (경력사항 보고) OO회사 어느 부서에서 일을 했습니까?

💡 승무원의 장점과 단점에 대해서 말해보세요.

💡 제주항공이 가지는 큰 장점은 무엇입니까?

💡 제주항공의 첫 번째 외국 노선이 어디인지 아시나요?

💡 제주항공에 대해서 아는 대로 말씀해보세요.

💡 제주항공에 승무원으로 입사 후 얼마 동안 근무할 계획입니까?

💡 자기 PR 해보세요.

💡 지금까지 면접 본 경험에 대해서 말해보세요.

💡 전공과 승무원과의 연관성은?

💡 혼자 해외여행한 경험이 있던데 어떻게 혼자 하게 되었나?

💡 장기자랑 준비한 것 해보세요.

💡 LCC가 무엇인가요?

💡 급하게 비행가야 하는데 임산부가 골목길에 쓰러져 있다면?

💡 자신의 어떤 점이 승무원에게 잘 맞는지?

💡 제주항공의 장점과 단점은?

💡 제주항공과 타 항공사의 차이점에 대해 말해보세요.

💡 제주항공 최신 뉴스에 대해 말해보세요.

💡 제주항공 승무원의 장점과 단점에 대해서 얘기하시오.

💡 인생의 목표가 무엇인가?

💡 제주항공 유니폼에 대한 자신의 생각은?

💡 제주항공과 대한항공, 아시아나항공 세 항공사에 동시에 입사기회가 왔다면 어디를 택하겠는가? 왜?

💡 5년 후 자신의 모습은?

💡 한 남자 승객이 마음에 든다며 연락처를 요구한다면?

💡 지원동기

💡 고향소개

💡 승무원의 장단점

💡 승무원의 자질과 자신이 부합하는 점

💡 제주항공의 5가지 핵심가치[4] 그 중 자신이 가장 자신 있는 가치를 말하고 그렇게 생각하는 이유

💡 특기, 취미

💡 제주항공 이용경험과 느낀 점

💡 가고 싶은 취항지가 있다면 그 이유

💡 저비용의 가치가 무엇이라고 생각하는 지

💡 평소에 체력관리를 어떻게 하세요?

💡 왜 제주항공이어야만 하는가?

💡 제주항공이 왜 당신을 뽑아야 하는지 설명해보세요

4 제주항공의 경영이념, 경영가치체계, 5가지 핵심가치-안전, 저비용, 도전, 팀워크, 신뢰

💡 자신의 강점에 대해 말씀해보세요

💡 전공이 항공과 인데 무엇을 배우셨죠?

💡 성격의 장단점

💡 다른 항공사 지원했나요?

💡 떨어지게 된다면 이유가 뭐일 거 같나요?

💡 교환학생 해외봉사 등 해외 경험이 있다면 말해보세요

💡 가장 힘든 순간 극복한 경험이 있다면?

💡 언제부터 승무원이 되고 싶었나요?

💡 롤모델이 있다면 말씀해보세요

💡 제주항공에 서비스팀이 많은데 들어가고 싶은 서비스팀이 있는 지

💡 제주항공에 추천하고 싶은 서비스가 있다면?

💡 손님이 기내식이 왜 유료냐고 따진다면 어떻게 하겠는가?

💡 영상소개(재주캐스팅)

💡 왜 재주캐스팅으로 지원했는지(재주캐스팅)

💡 재주캐스팅의 장단점(재주캐스팅)

💡 자신이 끼를 가지고 있다고 생각하는가(재주캐스팅)

💡 (일반지원자인데 중국어, 일본어 자격증이 있는 경우) 왜 특기자 전형으로 지
   원하지 않았죠? 자신이 없었나요?

💡 자신이 인생에서 중요하게 생각하는 가치(중국어 특기자)

💡 인생의 목표(중국어 특기자)

💡 사드에 대해 개인적인 생각(중국어 특기자)

💡 끝나고 뭐할 건가(중국어 특기자)

💡 (남자 지원자) 히딩크가 축구감독을 맡게 된다면 자신의 의견(중국어 특기자)

진에어 기출문제

💡 자기소개 해보세요. (질문 후 꼬리질문 이어짐)

💡 진에어와 대한항공을 제외한 인상 깊었던 항공사를 말해보세요.

💡 승무원의 자질에 대해서 말해보세요.

💡 자신만의 강점을 이야기해보세요.

💡 남자친구가 승무원이 되는 것을 반대한다면 어떻게 할 것인가요?

💡 전공이 승무직과는 거리가 먼데 왜 지원하게 되었나요?

💡 중국어로 자기소개 해보세요. (중국어 전공자)

💡 자신의 신체 부위 중 가장 예쁜 곳, 그리고 가장 못생긴 부분을 말씀해보세요.

💡 남자친구가 있다면 남자친구 어떤 점이 마음에 드나요?

💡 본인을 어필해보세요.

💡 '손님은 왕이다'라는 말을 어떻게 생각하나요?

💡 "서비스는 ○○○이다." 한번 대답해 보세요.

💡 기내에서 신발을 벗고 있는 승객에게 어떻게 할 것인가요?

💡 이착륙 시 좌석등받이를 뒤로 하고 있는 승객에게 어떻게 대처할 것인가요?

💡 진에어가 더욱 성장하기 위한 방법은 무엇이라고 생각하나요?

💡 진에어 면접보러 간다고 하니 주위의 반응은 어땠나요?

💡 스트레스받을 땐 어떻게 하나요?

💡 본인을 사물에 비유해보세요.

💡 미소 연습은 어떻게 하나요?

💡 진에어의 청바지를 아시나요?

💡 승객이 엉덩이를 찌르면서 부르면 어떻게 할 것인가요?

💡 청바지를 좋아하나요? 잘 어울린다고 생각하나요? 몇 벌 갖고 있나요?

💡 기내에서 승객이 뒷사람이 시끄럽다고 컴플레인하면 어떻게 할 것인가요?

💡 진에어를 타 본 적이 있습니까?

💡 취미에 대한 꼬리질문

💡 진에어 승무원들이 직접 기내 청소하는 것에 대해 어떻게 생각하십니까?

💡 손님에게 구애를 받았을 때 어떻게 대처할 것입니까?

💡 진에어에 입사하길 희망하는 이유는 무엇입니까?

💡 진에어를 알게 된 루트를 설명해보세요.

💡 진에어 마케팅 방법에 대해 설명해보세요.

💡 자율 좌석에 대해서 어떻게 생각하십니까?

💡 취미생활에 대해서 말해보세요.

💡 진에어 승무원이 되기 위한 강점은 무엇이라고 생각하십니까?

💡 가고 싶은 도시에 대해 설명해보세요.

💡 면접 끝나고 무엇을 할 것입니까?

💡 승무원이 되기 위해 어떤 준비를 했습니까?

💡 내가 다른 지원자들보다 나은 점은 무엇이라고 생각하십니까?

💡 진에어에 대한 자신의 생각을 말해보세요.

💡 진에어가 청바지를 입는데, 자신의 생각을 말해보세요.

💡 진에어가 취항하는 도시에 대해 말해보세요.

💡 (외국어 전공자분) 전공한 외국어로 자기소개 해보세요.

💡 자기 PR을 해보세요.

05

에어부산 기출문제

💡 (타 지역 거주 지원자에게) 베이스가 부산인데 괜찮은가요?

💡 최근에 읽은 책은?

💡 영어 기내 방송문 읽어보세요.

💡 자기소개 해보세요.

💡 지원동기는?

💡 아르바이트 경력에 대한 질문

💡 제2외국어 능력자들에게 자격증에 대한 질문

💡 졸업하고 1년 동안 무엇을 했나요?

💡 에어부산 유니폼에 대해 어떻게 생각하나요?

💡 취미, 특기는?

💡 아침에 무엇을 먹었나요?

💡 존경하는 인물은?

💡 좌우명은?

💡 신체 중 가장 자신 있는 곳은?

💡 나쁜 버릇이 있다면 어떤 점인가요?

💡 승무원이 되면 가장 먼저 무엇을 할 건가요?

💡 본인이 승무원에 왜 어울린다고 생각하나요?

💡 지금까지 살면서 가장 기억에 남는 일은?

💡 에어부산 이외에 다른 항공사 지원해 본 경험이 있나요?

💡 살면서 가장 보람 있었던 일은?

💡 면접을 위해 어떤 것들을 준비했나요?

💡 (경력자에게) 일을 그만둔 이유는?

💡 진에어와 에어부산의 차이점은?

💡 에어부산의 제1덕목은?

💡 어떤 질문을 받길 원하나요?

💡 나이에 대한 질문

💡 마지막으로 하고 싶은 말은?

💡 에어부산 면접을 준비하면서 궁금했던 점은?

💡 저가 항공사에 대해 어떻게 생각하나요?

💡 좋아하는 MC가 누구인가요? 흉내 한번 내보시겠어요?

💡 기내에서 아이가 울고 있는데 어떻게 달래주시겠어요?

💡 승무원의 자격은 무엇이라고 생각하나요?

💡 외국인에게 우리나라의 음식을 추천한다면 무엇을 추천하시겠어요?

💡 전공 관련 질문들(예 : 승무원과의 연관성, 전공에 대한 설명)

💡 에어부산 입사를 제외한 올해의 목표는?

💡 서비스의 가장 중요한 점은?

💡 에어부산 타 본 적 있나요?

💡 어학연수 경험에 대한 질문

💡 남자친구가 있으신가요?

티웨이항공 기출문제

💡 자신있는 외국어로 자기소개를 해보세요.

💡 원하는 급여는 얼마인가?

💡 일이 힘들어도 할 수 있겠는가?

💡 티웨이항공의 장점은 무엇이라 생각하는가?

💡 현재 티웨이항공이 우선적으로 해야 할 것은 무엇이라 생각하는가?

💡 현 티웨이항공의 사장님 성함은?

💡 좌우명이 있다면?

💡 저가 항공사의 나갈 방향과 마케팅 전략이 있다면?

💡 객실 서비스는 무엇이라고 생각하는가?

💡 티웨이항공의 회사명칭의 뜻은?

💡 영어구술능력이 반드시 필요한 이유는?

💡 대학을 졸업하고 무엇을 하였는가?

💡 티웨이항공에 대해서 아는 대로 말해보세요.

💡 승무원이 되기 위해 어떤 노력을 했나요?

💡 항공과인데 가장 기억에 남는 과목이 무엇인가요?

💡 대한항공이나 아시아나항공 안 가고 왜 조그만 티웨이 오려고 하나요?

💡 티웨이항공 비전에 대해 말해보세요.

💡 삼성임직원 비서가 나은데 왜 승무원이 되려고 하나요? 비정규직이 정규
　직 전환이 되나요?

💡 전현차에 가입되어 있을 텐데 후기 어떻게 쓸 건가요?

💡 추가적으로 우리에게 궁금한 사항이 있나요?

이스타항공 기출문제

💡 자신의 별명이 무엇인가?

💡 이스타항공을 알게 된 계기는?

💡 승무원으로서 필요한 자질은 무엇인가?

💡 자신만의 스트레스 해소법이 있는가?

💡 어젯밤 꿈은 무슨 꿈을 꾸었는가?

💡 자기소개 해보세요.

💡 이력서 이외에 하고 싶은 말?

💡 자신만의 특별한 전략이 있는가?

💡 입사 후 포부를 이야기해보아라.

💡 졸업하고 무엇을 하였나?

💡 승무원에게 가장 큰 임무는 무엇이라 생각하는가?

💡 자기를 PR 해보시오.

💡 이력서에 관련된 질문

💡 경력에 관한 질문

💡 학과에 대한 질문

💡 객실 서비스는 무엇이라 생각하는가?

💡 이스타항공을 지원한 이유는?

💡 취미/특기가 무엇입니까?

💡 자신의 전공에 대해서 설명해보세요.

💡 본인의 전공과 승무원의 연관성에 대하여 말해보십시오.

💡 자신의 장/단점은 무엇입니까?

💡 단점이 있다면 무엇을 어떻게 보완해야 한다고 생각하시나요?

💡 서비스의 정의는 무엇이라고 생각하십니까?

💡 대한항공과 아시아나항공도 지원하신 적이 있으신가요?

💡 저가 항공사인 이스타항공이 더 많은 고객 유치를 하기 위한 아이디어는 있으신가요?

💡 신생항공사인데 느낌은?

💡 승무원의 자질은 무엇이라고 생각합니까?

💡 승무원의 장점은?

💡 10년 후 본인은 무엇을 하고 있을 것 같나요?

💡 본인을 색깔에 비유한다면?

💡 이스타항공의 발전가능성에 대한 본인의 의견은?

💡 이스타항공 유니폼에 대한 본인의 견해는?

💡 이스타항공에서 왜 본인을 채용해야 하나요?

💡 체력관리는 어떻게 하세요?

💡 화난 승객을 어떻게 대하실 거죠?

에어서울 기출문제

💡 자기소개

💡 에어서울 지원동기

💡 같은 조에서 본인 이외에 누가 될 것 같은지

💡 승무원 언제부터 준비했는지

💡 승무원을 하기 위해 어떤 것을 준비했는지

💡 준비하면서 어렵다고 생각했던 질문을 말하고 대답해주세요.

💡 옆 지원자에게 질문하고 질문 받은 사람이 대답해 주세요.

💡 점심 먹고 와서 졸린 데 졸음을 달아나게 할 무언가가 있으면 손을 들라

💡 전공에 대해 설명해 보세요

💡 에어서울의 어떤 승무원이 될 것인가?

💡 최근 영화를 보고 느낀 점

💡 에어서울이 다른 항공사와 차별화된 점

💡 본인이 에어서울에서 뭘 할 수 있는지

💡 본인을 한 단어로 표현해보세요

💡 대학시절 에피소드

💡 다른 지원자보다 졸업한지 좀 지났는데 그 동안 뭐하면서 지냈는지

💡 상대적으로 피부가 어두운데 따로 태닝 같은걸 한 건지

💡 개별질문 못 받으신 분 하고 싶은 말 해주세요

💡 갑자기 행운이 온다면 어떤 걸 얻고 싶은가

💡특기가 동물 이름 표현하기 인데 에어서울을 동물로 표현한다면?
특기가 필라테스인데 자신 있는 동작 해봐라

💡20년 넘게 살면서 인생에서 가장 중점적으로 생각하는 것이 무언인가

💡인생의 가치관

💡학점이 낮은데 특별한 이유가 있나

💡(인하공전 출신 지원자)대한항공으로 보통 많이 가지 않나? 왜 에어서울에 지원했나?

💡다른 회사 많이 지원 했을 텐데 탈락해서 에어서울 지원했는지

💡민트패스는 성공이냐 실패냐/민트패스 개선방안

💡질문 못 받았다고 느끼시는 분?

💡면접장까지 무슨 생각을 하면서 왔는지

💡작년에 지원 했는지

💡글로벌 비즈니스 학과인데 가장 기억에 남는 수업/ 비즈니스에서 필요한 매너가 무엇이라고 생각하는지

💡(키오스크 경력자)현장에서 일하면서 에어서울이 개선해야 할 점

💡(현직 간호사)병원을 다니시는 건지?/그만 둬야만 준비 할 수 있는 건지

💡전공이 다른데 왜 승무원을 지원 했는지/전공이 승무원 하는데 어떤 부분이 도움이 될 것 같은지

💡에어서울 승무원 안되면 승무원 포기 할건지

💡중국어로 지금 기분

💡영어 잘하는데 외항사 지원 왜 안 했는지

💡다른 항공사 면접 본 경험

💡메이크업 본인이 한 건지

💡학교 위치가 어딘지

💡(두 번째 면접 지원자에게)저번 면접에 비해 뭐가 나아졌는지

💡어필하고 싶은 점 2가지 단어로 표현해봐라

💡에어서울 승무원이 되기 위해 노력한 점

💡자소서 3번 설명해 봐라

- 다른 항공사 지원 몇 번 했는지
- 최종 몇 번 가봤는지
- 왜 떨어진 것 같은지
- 항공서비스학과 분들은 다른데 지원한 것 있는가
- 왜 늦게 졸업했는가
- 여러 항공사 공부 했을 텐데 에어서울 빼고 LCC중에서 가장 좋은 곳/제일 별로인 곳 이유
- 승무원 지인이 있는지
- 지인이 본인 항공사 들어오라고 추천하는지
- 에어서울 취항지 중 어디를 추천할 것인지
- 에어서울만의 특별한 점
- 국내 LCC항공사 중 가장 경쟁력 있다고 생각하는 회사
- 에어서울은 후발 주자인데 차별화된 전략은 무엇이 있을지(서비스 이야기 제외)
- 에어서울의 이미지를 솔직하게
- 4학년 때 본인은 어떤 선배였는지
- 1기 승무원이 된다면, 선배로서 후배 승무원들에게 어떤 것을 해줄 수 있을 것 같은지
- 지금 생각나는 사람에게 영상편지
- 사람들과 친해지는 노하우
- 에어서울 취하지 중 가보고 싶은 곳
- 에어서울이 취항했으면 하는 곳
- 가장 기억에 남는 여행지 소개
- 자신을 위해 투자 한 일
- 자신의 이상형
- 사드 배치로 인한 북한과 중국의 변화를 예측해본다면
- 면접관에게 추천하고 싶은 것이 있다면? (영화, 책, 운동 상관없이 편하게)
- 최근에 읽은 책
- 본인을 왜 에어서울에서 뽑아야 하는지 손 들어서 말하기

💡 오늘 여기까지 어떤 수단으로 어떤 마음으로 왔는지?

💡 대선 때 어떤 공약 보고 뽑았는지 (누굴 뽑았는지가 아님) 안 했으면 안 했다 해도 됨

💡 남들이 본인한테 말하는 이거 하나만 딱 고쳐라! 하는 것

💡 에어서울이 가는 공항 중 가보고 싶은 공항

💡 스트레스 해소법

💡 에어서울 아쉬운 점 50초 답변

💡 살면서 가장 힘들었던 일과 어떻게 극복했는지

💡 민트스토리할 때 어디를 가장 하고 싶은가?

💡 항공사에 있어서 승무원이 미치는 영향

💡 만약 임원면접 합격했는데 다른 항공사랑 겹치면 어떤 항공사를 선택하고 왜 선택했는지 이유

💡 (한 명만 시계를 안 참)그 분에게 시계를 안 찬 이유와 시간 관리를 어떻게 하는지

💡 다른 사람들은 안 믿는데 본인은 믿는 것은?

💡 서류상의 키와 실제 키가 다르게 나왔을 텐데 이유가 무엇인가?

💡 최근 가족 이외에 다른 사람을 도와준 경험

💡 체력관리 방법

💡 (광고홍보학과) 에어서울 프로모션 방법

💡 취미가 악기연주인데 무슨 악기를 연주할 수 있는가/노래인데 노래 한 소절 해봐라/기상캐스터하기가 취미인데 지금 이 상황을 기상캐스터처럼 표현해봐라

💡 만약 내 인생에 마지막 순간이 온다면 어떤 말을 하고 싶은지

💡 만약에 다시 태어난다면 바꾸고 싶은 것

💡 에어서울을 10글자로

💡 최근 부모님께 화낸 적이 있다면? 언제 왜?

💡 끝나고 뭐 할건지, 오늘 하루를 어떻게 마무리 할 것인지

💡 기내서비스 추천 해달라

💡 1차 붙고 2차 면접까지 가면 뭐 할 것인지

💡 (영문과)영어로 에어서울 지원동기, 면접장까지 어떻게 왔는지 과정 설명

💡 (일어, 중국어 자격증)간단한 자기소개

💡 몇 시에 도착해서 누구랑 왔는지

💡 자신과 닮은 연예인

💡 끝으로 하고 싶은 말

💡 민트색 유니폼이 본인과 잘 어울릴 것 같은가

💡 평소 항공티켓구매를 어떻게 하는지

참　고　문　헌

강미연(2000). 항공사 승무원 문화에 나타난 여성성 분석, 학위논문, 서강대학교.

김귀현(1982). 산업훈련론, 서문출판.

김영진(2005). 국내 항공사 외국인 객실승무원의 한국어 교육 실태에 관한 연구, 석사학위
　　　　논문, 한국항공대학교.

김영진(2010). 감정노동과 고객지향성의 관계에서 소진의 역할-항공사 직원을 중심으로-,
　　　　박사학위논문, 가천대학교.

김영진 · 이승연(2015). 승무원처럼 이미지 메이킹 하라, 대왕사.

김영준 · 김필라 · 박수미(2007). 스튜어디스 면접, 훈민사.

김정희(2004). 리더십 유형이 직무만족과 직무성과에 미치는 영향연구.

고영민(2003). 취업영어인터뷰, 한올출판사.

국립국어원. 국어연구원에 물어보았어요.

네이버 블로그. 싱그러운 햇살처럼.

대한항공 사내 자료(2004).

대한항공 객실 훈련원 업무 현황집(2010).

박천우(2002). 승무원 자질계발, 백산출판사.

박혜정(2007). 멋진 커리어우먼 스튜어디스 면접, 백산출판사.

박혜정 · 서성희(1999). 나도 스튜어디스가 되고 싶다, 현실과 미래.

박혜정 · 서성희(2000). 최신 항공 실무, 백산출판사.

백종찬 · 김영진(2017). 항공사 승무원을 위한 일본어 실전회화와 기내방송, 대왕사.

손태근(1987). 인간자원개발과 교육훈련, 집문당.

아시아경제. 2012년 9월 10일.

아시아나항공 사내 자료(2005).

아시아나항공 객실 훈련원 업무 현황집(2009).

양혜순(2008). 취업면접영어, 새로미출판사.

양희옥 · 김성희(2003). "리더십유형이 국적항공사 객실승무원의 만족도와 직무성과에 미
　　　　치는 영향", 한국문화관광학회, 문화관광연구 제5권.

에어라인뉴스센터. 스튜어디스가 되는 길.

엄민용(2009). 더 건방진 우리말 달인-달인편-, 다산초당.

염순섭(2003). 항공사 객실 여승무원 채용에 관한 연구, 석사학위논문, 경기대학교.

원혜영(2007). 서비스 교육훈련이 직무만족과 직무성과에 미치는 영향에 관한 연구, 석사학위청구논문, 세종대학교 대학원.

유임정(2005). 항공사 객실승무원 영어교육 실태연구, 석사학위논문, 한양대학교.

윤선정 · 박연옥(2009). 항공객실업무, 새로미출판사.

이경식(2004). "국내항공사 객실승무원 교육훈련 실태분석 및 교육훈련에 관한 연구", 석사학위논문, 한국항공대학교.

이은영 · 김민수(2009). 항공 승무원 인터뷰, 새로미출판사.

이향정 · 고선희 · 오선미(2009). 최신항공업무론, 새로미출판사.

이혜경(1997). 국내 항공사의 경쟁력 강화를 위한 영업직 교육 프로그램의 개선에 관한 연구, 석사학위논문, 한양대학교.

임연우 · 김영진(2012). 항공예약과 운임, 새로미 출판사.

조선일보. 2005년 3월 28일.

최상희(2006). 신문스크랩 기술, 넥서스BOOKS.

한준상(1995). 사회교육론, 청아출판사.

허희영 · 유용재(2003). 항공관광업무론, 명경사.

허희영 · 유용재(2005). 항공관광업무론, 명경사.

■ **인터넷 자료**

www.airbusan.com

www.flyasiana.com

www.jinair.com

www.koreanair.com

www.nwa.com/kr

www.recruit.airbusan.com

recruit.flyasiana.com

www.skyteam.com

www.flyairseoul.com

www.estarjet.com

www.jejuair.net

www.jinair.career.co.kr

www.kr.united.com

www.oneworld.com

recruit.koreanair.co.kr

www.staralliance.com

www.twayair.com